本书承四川大学人文社科期刊资助项目资助出版

四川大學法学院
SICHUAN UNIVERSITY LAW SCHOOL

编 辑 部

卷首语

新的一卷《四川大学法律评论》与读者们见面了。承蒙学院的信任和支持，我很荣幸再次作为执行主编参与本书的编辑工作。

2021年6月至7月，《四川大学法律评论》编辑部面向四川大学法学院全体在读研究生、本科生进行了招新，最终将12名博士、硕士研究生录用为编辑，将6名本科生录用为助理编辑。同时，编辑部聘请四川大学法学院的张郭副教授、严若冰博士生担任副主编。作为兼职编辑人员，他们都为《四川大学法律评论》第20卷的编辑付出了辛勤的劳动。根据第20卷编辑工作的具体分工，张亦衡编辑初审、二审了数量较多的投稿文章，焦祎晨、张婉秋、邹雨桐三名助理编辑初步审校了所有的拟录用文章。鉴于最新出版要求，严若冰副主编组织部分编辑、助理编辑再次进行了全面审读，其间再度联系了各位作者、译者，勘正了一些内容和形式上的错误。在此一并表示诚挚的感谢。

相对于前一卷，《四川大学法律评论》第20卷在审稿流程、用稿规范方面更加完善，完全采用了三审制，谢绝人情稿、关系稿。在征稿期间，编辑部收到投稿文章共计180多篇，经过初审和二审，40篇文章入围终审。经过评审会终审，18篇文章被确定录用，其中，论文15篇，译文1篇，书评2篇。2021年10月20日之前的投稿，若未被本卷采用，原则上均视为退稿，恕不一一通过投稿电子邮箱回复作者，感谢各位作者的关注和支持。2021年10月20日之后的投稿将自动进入第21卷的选稿范围。第20卷分为三个栏目："论文""译文""书评"。由于论文的学科方向相对多元，故未设置专栏。此外，第20卷更换了封面，特别感谢四川大学法学院的李双君老师和赵华老师提供图片素材。

《四川大学法律评论》的发展依然存在各种现实“瓶颈”，实际上，在第19、20卷的编辑过程中，我与其他几名主编就本书的发展规划进行了研讨。例如，如何增加本书的辨识度，究竟是凸显法治四川的地域特色，还是立足川大法学的优势学科。又如，如何提升稿件质量，是否可以进一步吸纳不同学科背景的编辑人员，是否可以由一名主编负责一卷的组稿。此外，从第21卷起不再接受内稿，即《四川大学法律评论》编辑部任何在职成员的任何投稿。当然，编辑部也将进一步提升审稿效率、缩短审稿周期。

文章千古事，得失寸心知。向作者致敬，与编者共勉，请读者指正。

邹　奕

2021年12月19日

动”“计算机设施的位置”“金融信息/金融计算设施所在地的服务提供者”三个部分构成。就三部分的关系而言,WTO 电子商务谈判延续了高水平区域自由贸易协定的做法,对一般信息流动和特殊的金融领域信息流动,数据的本地化和设施的本地化等问题作了清晰的规划和区分。具体来看,第一部分汇编了来自成员方提案的 8 项内容,主要针对普遍的商业活动所需信息的流动;第二部分就计算机设施的本地化问题展开,涵盖了 9 个条款,除界定基本术语外,还设定了“原则 + 监管例外”模式,并针对原则条款补充了“排除适用情形”;第三部分基于金融服务部门的敏感性,专为该部门的数据跨境流动归纳出了 11 个条款,内容由“术语界定 + 流动原则 + 金融监管特殊性 + 审慎例外 + 个人信息保护例外”构成。[4]

“间接影响规则”主要由框架 D 部分“交叉问题”第一节“透明度、国内监管与合作”的第 3 条“国内监管”条款,以及附件一第 6 条“一般例外”条款和第 7 条“安全例外”条款构成。从条款的功能来看,国内监管条款通常用于规范具体措施的执行方式,而一般例外和安全例外条款则为整个电子商务协定划定豁免义务的空间,对 WTO 争端解决案件中成员方政策措施的评估结果具有重要影响。因此,这些条款的谈判成果将间接影响数据跨境流动规则的合法性。

2. 条款内容的构成模式基本明晰。为提高文件的透明度,编写小组使用了方括号和备选案文[5]来反映提案中的措辞、逻辑和理念差异,并在每项条款规定下都列了一个方框来表明案文所依据的是哪些成员的提案,由此可以较为清晰地发现每一条款所代表的具体议题是否存在较大分歧,以及争议的焦点何在。

在数据跨境流动规则方面,谈判主要围绕如何平衡数字贸易发展与成员监管需要而展开,集中在核心流动规则中的“不阻碍数据跨境流动原则条款”、“合法的监管例外条款”[6]及“间接影响规则”的细节设定中。例如,

---

〔4〕 WTO, WTO Electronic Commerce Negotiations Consolidated Negotiating Text—December 2020, INF/ECOM/62/Rev. 1, 14 December 2020.

〔5〕 例如,B 部分第二节第 5 条的原文表述为“[Alt 1: No [Party/Member] shall [prohibit or restrict/prevent] the cross – border transfer of information…]; [Alt 2: Each [Party/Member] shall allow…]; [Alt 3: The [Parties/Members] are committed to ensuring cross – border data flows…]”。

〔6〕 由于谈判案文中并未设置 B 部分每小节下各条款的小标题,为梳理框架的需要,笔者根据条款的核心内容提炼了上述小标题。

在电子商务开放部分的核心——B部分第二节第5条“不阻碍数据跨境流动原则”条款的构建中,参与谈判的成员都认识到数据流动对数字经济发展的意义,原则上达成了共识,并且形成了三种模式的备选案文。备选案文1整合了美国、加拿大等多位成员的相似提案,表述为“只要该项活动是企业的商业行为或为消费者获取、分配和使用服务和应用,成员方不得限制以电子方式跨境传输信息,包括个人信息”;源于巴西、新加坡等成员意见的备选案文2规定“若该活动是成员的个人商业行为或涵盖人员的商业活动,每一成员应当允许通过电子方式跨境传输信息,包括个人信息”;备选案文3则由欧盟单独提出,设定为“缔约方致力于确保数据跨境流动以便利数字经济中的贸易,为此目的,跨境数据流动不应受到下列因素的限制:(a)要求在成员方领土内使用计算机设施或网络元件处理……(b)要求在成员方境内将数据本地化以便存储或处理;(c)禁止在其他成员方境内存储或加工数据;(d)使数据的跨境流动取决于成员方境内计算机设施的适用或本地化要求”。[7]

可见,上述三种规则塑造模式的差异在于以下方面:(1)表述成员方义务的措辞及其约束性效果不同。就商业活动中的数据跨境流动,美国、加拿大等成员方提议的措辞为“任何缔约方均不得禁止或限制”,取自《美国—墨西哥—加拿大自由贸易协定》(U. S. – Mexico – Canada Agreement, USMCA)[8]数字贸易章节第19.11条,采取设定消极义务的形式,在语气上相对强硬;日本、新加坡等成员方则建议使用“成员应当允许”这样相对温和的措辞,这在《全面与进步跨太平洋伙伴关系协定》(Comprehensive and Progressive Agreement for Trans – Pacific Partnership, CPTPP)[9]和《数字经济伙伴关系协定》(Digital Economy Partnership Agreement, DEPA)[10]中均有被使用;欧盟的提案则使用了“缔约方/成员致力于确保”这一更倾向于积极义

---

〔7〕 WTO, WTO Electronic Commerce Negotiations Consolidated Negotiating Text—December 2020, INF/ECOM/62/Rev. 1, 14 December 2020.

〔8〕 《美国—墨西哥—加拿大自由贸易协定》是美国、墨西哥与加拿大于2018年11月30日在阿根廷首都布宜诺斯艾利斯签署的自由贸易协定,替代了原先的《北美自由贸易协定》。

〔9〕 在美国退出《跨太平洋伙伴关系协定》(TPP)之后,日本、新加坡、越南等其余11国继续推进谈判并一致决议更名,于2018年3月8日在智利首都圣地亚哥签署了《全面与进步跨太平洋伙伴关系协定》这一高水平的自由贸易协定。

〔10〕 《数字经济伙伴关系协定》是智利、新西兰和新加坡于2020年6月12日通过线上数字签名签署的贸易协定。

《服务部门分类表》(MTN. GNS/W/120)及其对应的《联合国中心产品分类表》(United Nations Central Product Classification, CPC)代码,GATS 中基于数据的服务主要集中于计算机及其相关服务部门中的数据处理服务(CPC843)、数据库服务(CPC844)与增值电信服务部门中的数据和信息传输服务(CPC7523)。[24] 在此框架下,因数据跨境流动规则针对"传输数据"而非"服务",措施对应的类别需要结合数据在具体服务中的"角色"来认定,而数据既有可能以其内容价值为标的被交易,如收集消费者信息并转售或共享的大数据服务等,也有可能只充当过程中的必要传输媒介,如在线社交媒体服务实时数据等。这就意味着,在未来具体的争端解决案件中,还需要结合"技术中立原则"[25] 和已更新至 2.1 版本的《联合国中心产品分类表》对原 CPC843 和原 CPC844 等具体服务分类对应更新的说明[26] 综合判断措施归属的服务类别,而认定的结果将直接影响成员的义务判定。其次,部分成员方的义务涵盖范围将被"变相扩大"。检索 WTO 成员对 CPC7523、CPC843 和 CPC844 的承诺情况可以发现:中国、俄罗斯、加拿大、澳大利亚等部分成员未承诺 CPC844,印度尼西亚等成员对 CPC843 和 CPC844 均未作承诺,但在 CPC7523 下各成员均有承诺且在模式 1 下的承诺均"没有限制"。[27] 这就意味着,限制数据跨境流动的措施在 GATS 框架下若没有对应的具体承诺就不一定违规,但在针对"数据传输"不得施加限制的新纪律要求下必然违背义务。

其二,谈判成果挑战 GATS 国内监管框架下的标准要求。WTO 框架下的"国内监管"主要体现在 GATS 第 6 条,包含对服务具体承诺部门中成员方国内监管措施的执行方式、成员提供救济措施、许可和资历标准等方面的

---

[24] 参见裘韵:《论数字经济影响下贸易壁垒新形态的法律规制困境》,苏州大学 2019 年硕士学位论文,第 29 ~ 38 页。

[25] 此处的"技术中立原则"指基于 WTO 的"非歧视"原则,GATS 被认为是一个"成长的协议",其承诺的范围和内涵需要不断变化以适应技术进步,特别是涉及新的服务传输形式等方面。该原则产生于 WTO 争端解决实践,在美国赌博案(DS285)和中国电子支付案(DS413)中均被认可。

[26] 根据 CPC2.1 版本的说明,原 CPC843"数据处理服务"对应 CPC 8316"IT 基础设施和网络管理服务",包括管理和监视通信网络和连接的硬件,以诊断网络问题,并收集管理和微调网络流量的容量和使用统计数据等,原 CPC844"数据库服务"对应 CPC843"在线内容",包括从数据库和其他信息向所有或有限用户提供在线数据检索服务等。

[27] 参见裘韵:《论数字经济影响下贸易壁垒新形态的法律规制困境》,苏州大学 2019 年硕士学位论文,第 29 ~ 38 页。

要求。[28] 其中,值得注意的是GATS第6.4条关于进一步制定监管纪律以"确保成员的监管要求不对国际贸易构成不必要的障碍"的临时性规定,这是将一般性规则发展为具有可操作性的具体纪律的重要授权依据,并附带了"客观和透明标准""确保服务质量方面不施加额外负担""许可程序本身不构成对服务提供的限制"这三项条件。在WTO电子商务谈判中,当然也涵盖对限制数据跨境流动措施的实施方式的规范,目前拟定的国内监管条款的两项备选案文[29]在思路上均以GATS第6条为参照,提供了节选该条的内容并略作修改的路径选择,区别只在于备选案文1突出了国内监管的"必要性标准",而备选案文2特别提出了内容审查权利的保留。

数据跨境流动的技术特性对国内监管条款的标准需求更高,而GATS的国内监管框架本身尚未完善,指导性不强,吸纳新规则将面临挑战。该挑战主要表现为以下方面:一是GATS第6.4条缺少可操作的"必要性标准",无法满足备选案文1可能涉及的"双重必要性检验"需求。由于B部分第二节的第6条例外条款在备选案文1中也设置了"(b)该措施不对信息的转移施加超过实现合法政策目标所必需的限制"的条件,但该条件并未明确其指的是"措施的实施方式",还是指"措施的实施效果"也需符合必要性标准,如果是后者,则未来判断数据跨境流动措施的合法性需经过两种必要性测试的检验。但在现有的GATS框架下,国内监管条款中缺失指导性的"必要性标准",争端解决实践中常用的"必要性标准"主要源于一般例外条款,而这两类条款的"必要性标准"在适用对象、合法政策目标的界定等方面都有区别,[30]不宜交替适用。二是GATS第6.4条授权制定多边国内监管纪律的谈判仍未结束,无法为备选方案2需要的发展隐私、内容审查、数据安全

---

[28] 参见石静霞:《WTO服务贸易法专论》,法律出版社2006年版,第228~234页。

[29] 备选案文1由日本提案,要求"各缔约方应确保其影响电子商务所有措施,包括与其收集信息有关的措施,以透明、客观、合理和不偏不倚的方式加以执行,并且不超过实现合法公共政策目标所需的负担";备选案文2的提议来自中国,表述为"认同服务贸易总协定第6条关于国内规章的规定应在适用范围内适用于本协定。为此目的,该条款应当比照纳入本协定并成为本协定的组成部分。本协定的任何规定不得解释为影响缔约方/成员为实现合法的公共政策目标而进行内容审查的权利"。

[30] "必要性标准"在WTO国内监管条款和一般例外条款中的区别在于:(1)适用对象不同。GATS第6.4条的必要性标准仅适用于成员采取的非歧视性贸易限制措施,而GATS第14条允许的例外可以是歧视性的,只要未变相限制贸易。(2)对合法政策目标的界定范围不同。GATS第6.4条作为临时条款仅在条件中提到"为保证服务质量"而未进行说明,GATS第14条将"合法政策目标"限制在公共道德等有限的目标范围。

其二，增设特殊与差别待遇条款，解决成员方的数字基础设施建设能力不足问题。这一方面，区域自由贸易协定作为谈判中多数备选案文的“蓝本”可以提供借鉴。例如 RCEP 的电子商务章节中就有部分高标准条款为确实欠缺履行能力的成员注明了“在本协定生效之日起五年内不得被要求适用本款”，CPTPP 中也有类似的以成员相关能力的达标作为适用规则起算日期的条款，实际上“冻结”了这些成员履行义务的“起始期限”，充分照顾了欠发达国家的利益，体现了特殊与差别待遇原则。在 WTO 数据跨境流动规则中，也可以考虑将实施相关条款的程度和时限与成员的实施能力相关联，[41] 允许参与谈判的发展中成员和最不发达成员在数字鸿沟严重或缺乏数字基础设施建设能力阶段获得更多的技术援助，并暂缓履行数据跨境流动规则的负担性条款。

2. 以统一标准协调数据跨境流动与监管自主权的平衡。虽然各成员已普遍承认数据跨境流动国内监管要求的必要性，但监管要求对贸易的限制影响也是客观存在的，在规则的构建中仍要沿袭 WTO 平衡贸易自由化和国内监管自主权的思路，并充分考虑数据作为创新要素带来的技术方面的影响。因此，至少在市场准入和规范监管措施的程序标准两方面，既要汲取现有 WTO 国内监管纪律的经验教训，也有必要以“数据”为核心提高规则的技术性，减少政治性。

其一，构建数据跨境流动准入条款，并配套对应的数据分级分类统一标准。我国提案可参考国内规制中的数据分类分级管理，借鉴服务部门或关税减让谈判的形式，[42] 根据各成员的核心主张、数字建设能力等实际情况，利用负面清单谈判数据流动准入承诺，同时参照多数国家数据分类和分级标准的实践，以行业为导向分类，根据数据的价值、生产地、生产阶段和影响的对象等讨论分级。在此基础上，可以通过负面清单允许部分重要行业中的重要安全数据、敏感个人数据、生物特征数据等保留本地存储、强制安全评估并提供高水平安全保障出境等监管要求。例如，欧盟数据保护委员会于 2020 年发布的《车联网个人数据保护指南(征求意见稿)》就对个人数据予以分类分级，包括“个人信息”“个人敏感信息”“生物特征数据”等；我国

---

[41] 参见林福辰、杜玉琼：《发展与蜕变：多边视域下数字贸易规则建构路径之审思》，载《江海学刊》2020 年第 5 期。

[42] 参见陈咏梅、张姣：《跨境数据流动国际规制新发展：困境与前路》，载《上海对外经贸大学学报》2017 年第 6 期。

于2021年5月发布的《汽车数据安全管理若干规定(征求意见稿)》也体现了依据数据的分级分类细化规范智能汽车在境内产生的重要数据的思路，包括对“军事管理区等重要敏感区域的人流车流数据”“高于国家公布地图精度的测绘数据”进行分级分类等。如此，通过多层次推进的谈判建立在科学、合理且有限保留等标准上的“数据分类分级准入开放”承诺模式，亦可促进能源、交通、医疗等数据密集部门内的数据跨境安全自由流动。这一创新和发展的模式在一定程度上也可以缓解欠发达成员参与数据跨境流动议题谈判的担忧，因为在目前的备选案文中发达成员主导模式的开放水平固然较高，但对于发展中成员和欠发达成员而言压力也更大。

其二，以安全为价值导向，补充重要数据跨境流动的统一认定标准。我国此前虽已在国内监管条款中建议比照纳入GATS第6条，但GATS第6条本身并不完善，其中第4款授权进一步细化的国内监管纪律未定，而且数据跨境流动因其敏感性，需要更明确的规范指引。对此，可在总结我国于2021年6月通过的《数据安全法》关于数据跨境流动监管要求的立法经验的基础上补充提案，以高透明度和低监管成本作为评估监管的“必要性标准”。例如，《数据安全法》第21条“数据分类分级保护制度”中明确要求制定“重要数据目录”的措施，就有利于推动数据出境安全管理中“重要数据”统一认定标准的建立，为形成高透明度的监管奠定基础；该法第17条根据数据安全协同治理原则将监管划分为国家统筹、行业自律和社会监督三个层次，并支持行业和社会的多元主体参与数据安全技术标准的制定，在一定程度上有利于以非政府单方的对包括收集、存储、使用、传输、共享等的数据处理活动监管减轻成本。此外，还有必要建议推进基于多边共识的国际标准的建立，包括隐私标准、安全标准等，[43]作为成员标准互认的基础。

3.细化例外条款促进数据跨境安全有序自由流动。由于国际贸易协定谈判中的规则本质上是在成员妥协的基础上形成的，例外条款历来在平衡贸易自由化与各主权国家的公共政策目标上发挥重要作用，其划定的豁免监管措施的空间在解释和认定上与条款措辞的选用及表述有关，并直接影响特定例外的可操作性，因此在规则构建之初就应当予以重视并仔细推敲。尤其是在发达成员以大量双边和区域自由贸易协定“背书”并极力推行“高水平开放原则+例外”的模式下，例外条款的设置将是发展中国家表达价值

〔43〕　参见韩逸畴:《国际法中的“建设性模糊”研究》，载《法商研究》2015年第6期。

多、认可度较高的主要有三类观点:高校是法律法规授权的组织;高校是公务法人;高校是事业单位法人。其中,公务法人说是对大陆法系公法人理论的本土适用。[2] 法律法规授权的组织和事业单位法人是当前学界对于高校法律性质最为主流的判断。关于高校与学生的法律关系,学界的观点则包括公法上的特别权力关系、教育行政管理关系、教育民事法律关系、教育行政管理关系和教育民事法律关系的复合、不同场景的具体分析几种。[3]

根据我国《教育法》和《高等教育法》的规定,学校及其他教育机构,是由国家制定发展规划并举办的;统一领导和管理全国高等教育事业的主体部门是国务院,即中央人民政府,最高国家权力机关的执行机关,最高国家行政机关,管理由国务院确定的主要为全国培养人才的高等学校。国务院其他有关部门在国务院规定的职责范围内,负责有关的高等教育工作。省、自治区、直辖市人民政府则统筹协调本行政区域内的高等教育事业,管理主要为地方培养人才和国务院授权管理的高等学校。因此,高校在法律上与国家行政部门之间存在隶属关系。作为政府的管理对象,高校处于行政相对人的位置;当高校行使法律赋予的行政管理权时,需要在行政法律法规授权的范围内活动。

同时,两部法律的相关规定又确认了高校的独立法人资格,在行使教育职能的过程中,高校在法律规定的范围内具有独立性。学校及其他教育机构具备法人条件的,自批准设立或者登记注册之日起取得法人资格,在民事活动中依法享有民事权利,承担民事责任。根据我国《民法典》的规定,为公益目的或者其他非营利目的成立的非营利法人包括事业单位、社会团体、基金会、社会服务机构等。其中,高校即是为适应经济社会发展需要,提供公益服务设立的事业单位,是具有民事主体资格的从事公益事业的社会组织。因此,从本质上说,高校又具有民事主体资格。只不过,高校作为从事公益服务的事业单位,以人才培养、科学研究和服务社会为宗旨,以高校自治和学术自由为基本精神,具有特定的服务目的,与从事公益服务的其他事业单位相比,具有自身的特殊性。[4]

---

[2] 参见刘旭东:《公立高校招生权的可诉性分析——兼论对高校法律地位理论的反思》,载《高教探索》2021 年第 3 期。

[3] 参见王彬彬、刘胜、寇灵慧:《中国特色高校学生管理制度的法制进步及其践履——基于〈普通高校学生管理规定〉的分析》,载《现代教育科学》2019 年第 2 期。

[4] 参见龚钰淋:《我国公立高校的法律地位》,载《重庆行政:公共论坛》2013 年第 3 期。

因此,高校具有行政主体资格,是法律、法规授权的行政主体,同时它又是具有民事主体资格的事业单位法人。当它以法律、法规授权的行政主体身份出现时,与学生形成行政法律关系,其部分行为的形式具有单方性、强制性,体现出非平等主体间的行政法律关系;[5] 当它以法人身份出现,行使服务职能时,与学生形成民事法律关系,在民事活动中享有民事权利,也承担民事责任。高校与大学生的法律关系由此体现为复合的面向,是行政兼民事的法律关系,具有二重性。

二、高校法律地位与学生工作法治化的关系

《普通高等学校学生管理规定》是教育部出台的规范高校学生管理的行政规章,是高校学生管理的重要依据和基本制度。该规章最早是由国家教育委员会于1990年1月颁布实施的,是我国高校学生工作的法制化起点;2005年的修订则确立了一系列依法治校、保护学生合法权益的新规则;当前正在实施的《普通高等学校学生管理规定》(以下简称教育部41号令)则是随着高等教育综合改革的不断深化和《国家中长期教育改革和发展规划纲要》的深入实施,植入了以质量为核心、依法治校、民主管理等学校教育管理与服务的新内涵。教育部41号令的修订原则除了突出立德树人的根本要求、为高校深化综合改革提供支持外,还体现了以学生为本,增补了有关赋予学生利益行为的规范操作,以及着力推进高校依法治校。[6] 这就体现了以人为本和依法治校的双重理念,也是对高校复合型法律地位的遵照和映射。对于规范高校学生管理的重要制度,高校工作者在执行中如何做到既尊重和保护学生利益,又依法治校强调依法实施管理成为高校学生工作的重要课题。

20世纪70年代恢复高考制度后,在相当长的时间内,我国高校是一个准行政机关,具有相当强的行政性,民事主体属性相对较弱,高校与大学生之间主要属于内部的行政管理关系。此后的一系列高等教育改革目标则包

---

〔5〕 参见胡肖华、徐靖:《高校校规的违宪审查问题》,载《法律科学(西北政法学院学报)》2005年第2期。

〔6〕 参见教育部有关部门负责人就修订《普通高等学校学生管理规定》答记者问,载中华人民共和国教育部2017年2月16日,https://baike.baidu.com/reference/7976864/1038PE8Lh3YwlxdOlO_slYhW89-lex3HLITC50HXlZscjTzjKklk2R7NxPWV8gBMc81I_1bsoHjbNRIHW4IqMB4AgKeFBXbBojm6Hk3v0xiQZC6rVMBNSNf48vgJ。

行政行为，不能完全适用法律保留原则。为维持学校的正常运作，仍有必要赋予其一定的管理与命令权力。只有涉及学生基本权利的重要事项，均应由立法或司法解释予以界定，也均可寻求法律救济。[15] 当高校在国家法律的授权下行使行政管理权的过程中和学生发生争议时，基于高校的人文使命和明德之道、大学学术权力特有的专业性特征以及诉讼成本等因素，对大学治理的法治要求不能等同于其他组织，诉讼不应当成为高校和学生产生冲突时的第一手段，而是应当通过校内申诉、法律顾问制度等更加完备的校内治理机制等处理校生纠纷，鼓励运用协商、调解、仲裁等替代性纠纷解决机制，增强诉讼外其他法定权利救济制度的有效性等举措，并力图将其作为诉讼的前置程序。学校行政管理程序合规的要求和扩大学生的民主参与途径、丰富学生参与学校事务管理的方式，在减少校生纠纷的同时更能够有效促进高校建构符合法治精神的大学规章制度体系，也能够建构高校学生的法治信仰与素养，彰显大学治理体系的法治思维与法治精神。[16]

四、"法无禁止则可为"的民事主体

"法无禁止则可为"是针对普通公民而言的，也是立宪国家奉行的宪法原则。[17] 它可被理解为公民在法律没有明确禁止的情况下可以按照自己的意志行事和捍卫自己的权利，阐释的是法与个体自由之间的关系，强调的是"私权利"。当前，我国高校和学生之间的法律关系主要还是体现为行政主体与行政相对人的关系，体现为教育、引导大学生成长成才及考核评价的行政权力的运用。高校的民事主体地位，更多体现为一些对外交易活动，如采购办公用品、建筑校舍、出租场地等。高校和学生之间是一种教育管理服务的关系。在教育、管理和受教育和管理的场域，仍然体现为行政管理职权的行使。谈及民事法律关系，则应当从二者作为私人主体的民事合意展开。这样的关系主要体现于学校提供服务的过程中，如住宿、饮食等后勤管理服务。在从事服务类工作时，高校与学生形成民事法律关系，和"法无授权不可为"的行政法律关系相反，是"法无禁止则可为"。当法律没有禁止性规

---

〔15〕 参见马怀德：《公务法人问题研究》，载《中国法学》2000 年第 4 期。

〔16〕 参见刘虹豆、姚荣：《司法审查介入高校与学生纠纷的范围：英国经验与中国困局》，载《高教探索》2015 年第 12 期。

〔17〕 参见童之伟：《宪法学研究须重温的常识和规范——从监察体制改革中的一种提法说起》，载《法学评论》2018 年第 2 期。

定时,高校完全可以建构符合法治精神的大学规章制度治理体系。治理体系的建构主要有以下四个层面的要求。对于一线学生工作而言,实则更为集中地体现了兼具管理与服务的二重性。

1. 高校法律风险防控的基础性工作就是要推动学校规章制度的合法化,以上位法为遵循,结合本校特点和学生工作规律,和法律专业人士一道,去细化深化法律法规。比如,《民法典》关于侵权责任的规定就是需要高校去关注的。根据相关规定,高校承担过错责任原则,而非无限责任、连带责任,这些都为高校在处理和学生人身权利、财产权利相关的纠纷时提供了法律遵循。根据《精神卫生法》的规定,疑似精神障碍患者发生伤害自身、危害他人安全的行为,或者有伤害自身、危害他人安全的危险的,其近亲属、所在单位、当地公安机关应当立即采取措施予以制止,并将其送往医疗机构进行精神障碍诊断。学生自杀、自伤的,学校已经履行了相应职责,行为并无不当的,没有法律责任。除此之外,2019年"两高"、教育部、公安部、司法部联合出台的《关于完善安全事故处理机制 维护学校教育教学秩序的意见》中,借鉴了治理"医闹"的执法,围绕依法治理"校闹",构建了完整的治理体系。教育部41号令、《学生伤害事故处理办法》等对大学在哪种情况下要承担哪种责任、哪些情况下学校没有责任、典型纠纷的处置程序等均有明确的规定。这就需要高校每年都应当根据国家相关规定的变动去审视现有的制度是否合规,同时通过大数据等现代手段调适高校的管理制度与学生实际相适应。

2. 观念的转变。在中国古代社会,学校对学生享有具有"父权"般的绝对权威和绝对管理权,师生关系类似于父子关系,教师享有绝对控制权,故而"一日为师、终身为父"。随着社会的进步,人们逐渐意识到,大学不是学生安全的保险者,在学习生活的几乎所有阶段,大学生应当被看作成年人。高校应当在民事法律关系中和学生之间、和家长之间形成契约关系,签订相应的合同,明确双方的权利义务,对于学生违反学校日常管理规定的行为也可以通过合同的方式予以固定。高校与学生的民事法律关系固定为法定的契约关系,高校与学生的民事纠纷便涉及高校与学生双方订立的合同内容,这种法律关系的深刻变革背后便是传统的代替父母理论到契约关系理论的演绎。不过,观念的转变是最难的。以学生校内住宿为例,入住学生宿舍是全日制在校学生的合法权益,维护大学管理的基本秩序也是高校的合法权利。高校与学生可以通过签订《寝室入住协议》《安全责任书》等明晰双方

刑法和民事规范中亦共同使用大量法律术语。[2] 易言之，刑法将民法规范作为犯罪构成要件要素，[3] 民法等规范进入到刑法领域，形成刑事法律规范和民事法律规范之间的交叉。三是行为上的交叉。同一行为完全能同时引起刑事关系和民事关系，如犯罪行为同时也构成民事侵权或违约，侵占罪与不当得利、违法合同和不法原因给付之间也存在千丝万缕的联系，事实的交错形成法律关系的交错，此为实体上刑民交叉的本质所在。四是法律责任的交叉。刑事责任和民事责任是从不同角度对其调整的行为进行的评价，刑事责任的追究是基于社会整体利益的考虑，民事责任则主要从受害人个体角度出发；刑事责任偏重于惩罚，民事责任偏重于平复伤害。刑事责任和民事责任的交叉首先体现于责任的竞合和交织，前者如犯罪行为与严重民事侵权行为的竞合，行为人既要承担刑事责任，也要承担民事责任，往往通过刑事附带民事诉讼一并处理。后者如在交通工具中受到犯罪伤害，既有因犯罪行为引起的侵权责任，又有承运人未尽安全注意义务所致的违约责任，形成较为复杂的交织状态。刑事责任和民事责任的交叉还应当包括二者的相互转化，包括构成要件上的转化和处断上的转化。构成要件上的转化是指民事责任的承担成为刑事上出罪的理由，[4] 或民事责任的不承担导致刑事责任的产生。[5] 处断上的转化指民事责任的及时有效承担减轻刑事责任的程度，见诸于恢复性司法、刑事和解等理念。[6] 我国司法实践

---

〔2〕 例如，破坏社会主义市场经济秩序罪一章中的金融票证、有价证券、股票、商业秘密；侵犯公民人身权利、民主权利一章中的婚姻自由、配偶、家庭成员；涉及法律行为的占有、买卖、保管等概念。

〔3〕 参见朱铁军：《刑民实体关系论》，上海人民出版社2012年版，第75页。

〔4〕 例如最高人民法院《关于审理交通肇事案件具体应用法律若干问题的解释》（法释〔2000〕33号）第2条规定："交通肇事具有下列情形之一的，处三年以下有期徒刑或者拘役：（一）死亡一人或者重伤三人以上，负事故全部或者主要责任的；（二）死亡三人以上，负事故同等责任的；（三）造成公共财产损失或者他人财产损失，负事故全部或者主要责任，无能力赔偿数额在三十万元以上的……"根据其第3项的规定，对于交通肇事只造成公私财产损失的，是否进行了足额民事赔偿成为罪与非罪的重要界标。

〔5〕 例如刑法中拒不支付劳动报酬罪。

〔6〕 最高人民法院、最高人民检察院印发《关于常见犯罪的量刑指导意见（试行）》（法发〔2021〕21号）第3条第11项规定："对于积极赔偿被害人经济损失并取得谅解的，综合考虑犯罪性质，赔偿数额，赔偿能力以及认罪、悔罪表现等情况，可以减少基准刑的40%以下；积极赔偿但没有取得谅解的，可以减少基准刑的30%以下；尽管没有赔偿，但取得谅解的，可以减少基准刑的20%以下……"其第（十二）项规定："对于当事人根据刑事诉讼法第二百八十八条达成刑事和解协议的，综合考虑犯罪性质，赔偿数额、赔礼道歉以及真诚悔罪等情况，可以减少基准刑的50%以下；犯罪较轻的，可以减少基准刑的50%以上或者依法免除处罚。"

中也存在大量死刑案件因为民事赔偿的到位,罪行得到被害人谅解从而判决死刑缓期执行的案例。

因此,刑民交叉现象不仅存在而且越来越紧密,在刑民交叉的语境下探讨涉罪合同的效力,还必须提及法秩序的违法一元论与违法相对论之争。违法一元论认为,违法是指对整体法规范、整体法秩序的违反,即任何违法行为都将破坏整体法秩序。整体法秩序宛如一条帆船,民法这一部分破了也好,刑法这一部分破了也好,都会使整个帆船破裂。〔7〕 于是,违法性的判断在法整体秩序上应当是一元的,被判定为刑事不法的行为也必然不产生民事法律效力。违法相对论认为,在各个不同的法律领域中,目的、法律效果各不相同,作为推导出效果的要件,违法性中存在差异也是理所当然的。〔8〕 只要在法秩序目的所必要的范围内、在可能的前提下消除矛盾就够了,没有必要将其绝对排除。各种法律基于其固有的目的,而产生不同的法律效果;刑法上的违法性与其他法律上的违法性具有区别。〔9〕 由于各个法律管制的基础、原因和针对性可能是不同的,而这些不同当然最终也会导致其在违反后的法律后果评价上出现差异。〔10〕 由于刑法和民法的性质、任务、功能等方面的不同,刑法上的犯罪行为未必就丧失其民事法律效力。在严格的违法一元论理论之下,涉罪合同的效力问题似乎没有探讨的余地,因此对涉罪合同效力的研究必须在刑民交叉的语境下,以违法相对论为理论前提。

二、涉罪合同效力之本体分析

(一)合同要素与涉罪合同效力

1. 合同主体涉罪

在合同双方或多方都涉嫌犯罪的情况下订立的合同,从刑法的角度看多见于共同犯罪,从民法的角度看往往构成恶意串通,涉案合同归于无效。只有在一方主体涉嫌犯罪,而另一方主体出于善意与之签订合同时,合同的

〔7〕 参见张明楷:《外国刑法纲要》(第2版),清华大学出版社2007年版,第149页。

〔8〕 参见[日]前田雅英:《刑法总论讲义》(第6版),曾文科译,北京大学出版社2017年版,第25页。

〔9〕 参见王玉珏:《刑法中的财产性质及财产控制关系研究》,法律出版社2009年版,第51页。

〔10〕 参见黄忠:《民法如何面对公法:公、私法关系的观念更新与制度构建》,载《浙江社会科学》2017年第9期。

效力才有探讨的余地。当多名参与法律行为的当事人之中仅有一人的行为因法律行为的实施而构成犯罪时,法律行为的实施尚不足以构成犯罪。[11] 例如国有公司、企业的董事、经理利用职务便利,自己经营或者为他人经营与其所任职公司、企业同类的营业,获取非法利益,数额巨大的,构成非法经营同类营业罪。此罪的行为人经营同类业务必然会与其客户订立相应的民事合同,行为人具备签订合同的民事行为能力,合同各方的意思表示真实,涉案的营业种类和内容不为法律所禁止,那么尽管合同的一方主体构成犯罪,其签订的合同本身当为有效。合同主体涉罪的情形还应当注意区分合同主体与犯罪主体。例如,通过贿赂国有企业管理人员签订的合同,合同的主体是企业,犯罪的主体是其管理人员,企业与第三人签订的经济合同并不因与犯罪相关联而当然无效,除非合同本身是贿赂犯罪的工具。[12]

2. 合同标的涉罪

合同标的,指合同权利义务指向的对象,是合同关系的客体。[13] 学界多数认为合同关系的标的为给付行为,但我国《合同法》(已失效)第 12 条(《民法典》第 470 条)因为有数量、质量等要素的提法,通常被按照标的物理解。[14] 据此合同标的既包括物(有体物和无体物),也包括给付行为。合同标的涉罪,是指合同的标的与犯罪客体或客观方面的竞合,包括物的竞合和行为的竞合。例如买卖毒品或枪支的合同,其标的物直接为刑法所禁止;又如签订一个委托杀人的合同,合同的标的完全是一种犯罪行为。标的是一个合同的基础,没有标的,就失去了订立合同的出发点和归宿,当事人权利义务的实现便无从着手,合同也无法履行。[15] 因此标的涉罪的合同当属无效。

3. 合同目的涉罪

严格说来,合同目的并不是民法实体法上规定的合同要素,单纯的不包含涉罪因素的民事合同的生效,不问合同之目的。但因为各国立法无论是

〔11〕 参见[德]维尔纳·弗卢梅:《法律行为论》,迟颖译,法律出版社 2013 年版,第 406 页。

〔12〕 See Liu Qiao and Ren Xiang, *Balancing Public Interest with Transactional Security: The Validity of Contracts Tainted with Corruption Under Chinese Law*, (paper represented at the 19th International Congress of Comparative Law, Vienna, Austria, July 2014), in Ius Comparatum - Global Studies in Comparative Law 11, 2015, p. 77 - 98.

〔13〕 参见王玉梅:《合同法》(第 2 版),中国政法大学出版社 2014 年版,第 30 页。

〔14〕 参见崔建远:《合同法学》,法律出版社 2015 年版,第 54 页。

〔15〕 参见陈小君:《合同法学》(第 4 版),中国政法大学出版社 2014 年版,第 36 页。

犯罪构成的“三阶层”还是“四要件”模式,都注重对犯罪主观方面的考察,使合同目的在涉罪合同效力的判定上也具有了实质性意义。合同目的指合同双方的共同目的,合同目的一旦涉罪,合同便不应当有效。例如合同双方签订一个房屋买卖合同其实是为了实现一方向对方行贿的目的,则买卖合同当然应当被判定为无效,否则有变相鼓励犯罪之嫌。只一方当事人具有犯罪目的不等于合同目的涉罪,合同一方当事人的犯罪动机不等于合同目的违反刑事法规定,只有当这样的动机被对方知晓至少是默认接受时,才能认定合同目的违反强制规范。[16]

4. 合同履行中实施犯罪对先合同效力的影响

犯罪行为欲对合同效力产生阻却,须是发生在合同订立阶段。合同履行阶段实施犯罪行为的,合同效力应当依照《民法典》及相关法律规定去认定,犯罪行为原则上不影响合同的效力。例如,甲乙双方订立房屋租赁合同,该房屋为住宅小区,因此甲依据常理认为乙租赁房屋是用来居住,但是乙在取得房屋后用于开设赌场,尽管如此,房屋租赁合同本身不因履行过程中乙的犯罪行为而无效,如若租赁合同不存在其他无效因素,租赁合同有效,乙仍然能依合同取得涉案房屋的使用权,只是不能用来从事犯罪活动。

5. 合同本身的属性对涉罪合同效力认定的影响

通过对已有涉罪合同纠纷的实证案例检索,发现涉罪合同纠纷主要存在于经济领域,包括涉诈骗类犯罪的合同纠纷、涉非法集资类犯罪的合同纠纷、涉非法经营类犯罪合同纠纷、涉保险诈骗合同纠纷、涉票据诈骗合同纠纷等。合同是经济活动中不可或缺的成分,意思自治是市场交易的灵魂,尽管我国实行民商合一的立法例,但是与纯民事领域的合同相比,商事领域的合同对有效性的要求更高,轻易否定其效力给私法自治的理念带来的伤害也更大。刑事犯罪在理论上也有自然犯和法定犯之分,自然犯主要存在于市民日常生活中,法定犯更多地出现在经济活动中。涉及刑民交叉类的疑难案件,大多数都属于法定犯。[17] 随着社会的发展,经济领域现阶段构成犯罪的行为可能今后并不构成犯罪。对于有关市民基本生活秩序、基本人权保障相关犯罪涉及的合同,往往包含伦理因素,凭常识和朴素的正义感便

---

〔16〕 参见叶名怡:《我国违法合同无效制度的实证研究》,载《法律科学(西北政法大学学报)》2015年第6期。

〔17〕 参见杨兴培编著:《犯罪的二次性违法理论与实践——兼以刑民交叉类案例为实践对象》,北京大学出版社2018年版,第126页。

能判定是非曲直,应当果断否定其效力;对于涉犯罪的商事领域的合同,则要考虑时代变迁的因素,尊重商事习惯、接纳商业风险,不轻易因合同涉罪而否定其效力。

(二)犯罪阶段与合同效力

直接故意犯罪存在完成形态和未完成形态。完成形态即既遂,它是指完全实现了分则所规定的全部构成要件的行为。[18] 犯罪的未完成形态又称犯罪的特殊形态。犯罪的特殊形态是在犯罪过程中由于某种原因停止下来所呈现的状态,这种停止不是暂时性的停顿,而是终局性的停止,即该犯罪行为由于某种原因不可能继续向前发展。[19] 传统刑法认为犯罪的未完成形态只存在于直接故意犯罪中,间接故意犯罪和过失犯罪不存在未完成形态。犯罪的特殊形态包括犯罪预备、犯罪未遂和犯罪中止。

1. 犯罪预备阶段合同效力

在犯罪预备阶段,行为人为实施犯罪准备工具、制造条件,如为了杀人去买刀,为了实施电信诈骗去买一部手机。买刀和买手机的民事合同虽然是犯罪行为的一部分,与犯罪构成密切相联,但我们很难说该合同是无效的。究其原因,一是出于维护交易秩序稳定考虑,商家在出售刀或手机时很难辨别对方的用途,如果因合同一方当时人存在犯罪意图就否认合同的效力,进而宣告交易失败或者交易非法,势必引起市场的混乱,使善意缔结买卖合同的商家极度缺乏安全感,最终危及市场秩序的稳定。二是犯罪工具本身不具有价值属性,亦不能作为刑法或民法评价的对象。[20] 从刑法规范出发,刑法禁止的是杀人的行为而不是买刀的行为,普通民众缔结的购买刀具合同和犯罪分子买刀的合同在实质上并无差异,不应因为合同发生在犯罪预备阶段就作出差异化评价,是故犯罪准备过程中的合同一般也不能因行为涉及犯罪而被认定无效。

2. 犯罪实行阶段合同效力

犯罪未遂、犯罪中止和犯罪既遂都是行为人已经着手实行犯罪,只不过犯罪未遂或中止是犯罪行为因意志以外或意志以内的原因中途停止,未能完成一个完整的犯罪客观方面的行为。这种区分对于刑罚的裁量有决定意

---

〔18〕 参见罗翔:《刑法学总论》,中国政法大学出版社2017年版,第150页。

〔19〕 参见张明楷:《刑法学》(第5版),法律出版社2016年版,第330页。

〔20〕 参见刘宪权、翟寅生:《刑民交叉案件中刑事案件对民事合同效力的影响研究——以非法集资案件中的合同效力为视角》,载《政治与法律》2013年第10期。

义,但是并不影响对牵涉其中的民事合同效力的判定。

犯罪实行阶段的合同分为两类,一是合同行为与犯罪行为完全重合。以《刑法》第226条强迫交易罪为例,行为人以暴力、威胁手段强买强卖商品,严重侵害了被害人订立合同的意思自由,无法为民法上的“胁迫”所涵盖,必须进入刑法领域来规制。合同行为同时也是犯罪行为,强迫交易罪下订立的合同仅具有合同的外壳,不具有民事合同的实质,被强迫一方的意思表示存在严重瑕疵,合同不生效力。合同的拘束力源于当事人使自己负有履行义务的承诺,但当其自由受到严重侵犯时作出的承诺,我们便不能强迫其履行。在确保合同拘束力和保护人的自由之间,人的自由胜出。刑法的基本原理是要阻止人们互相伤害。[21] 二是合同作为犯罪的手段和工具。例如,生产销售伪劣产品罪中的买卖合同、骗取贷款罪中的借款合同等合同中,受害人的意思表示自由并未完全被限制,合同行为虽为犯罪客观方面的重要组成部分,但其具有合同的外形和一定程度上的实质内容,因而合同存在有效的空间。

3. 犯罪既遂后合同效力

以财产犯罪既遂后的销赃合同为例,赃物不仅是当事人的权利客体,更是司法机关查实犯罪的证据,这种双重特性要求对赃物应当一追到底。[22] 刑法以及刑事诉讼法对待赃物的处理问题一般是采取没收、追缴、责令退赔等方式,以平复被害人的损失。以公权力为后盾的追赃带有极大的强制性与彻底性,以致销赃合同一般情况下是无效的,但是这一结论受到赃物善意取得理论的挑战。关于赃物是否适用善意取得,域外法大多有所规定。该问题在我国曾引起相当大的争议,物权法最终没有规定赃物的善意取得,但是其他一些法律规定中仍可见赃物适用善意取得的精神,[23] 也有学者对赃物的善意取得作出了具体的类型化分析。[24] 笔者认为,以“权力外观”理论

〔21〕 See Roni Rosenberg, *The Contract: Between Contract Law and Criminal Jurisprudence*, St. Thomas Law Review, Vol. 26 issue 4, Summer 2014.

〔22〕 参见江伟、林辛建、孙燕:《诈骗类案件中刑民交叉问题的调研报告》,载《法律适用》2009年第2期。

〔23〕 例如《关于依法查处盗窃、抢劫机动车案件的规定》(公通字〔1998〕31号)、《关于在审理经济纠纷案件中涉及经济犯罪嫌疑若干问题的规定》(法释〔1998〕7号)。

〔24〕 参见熊丙万:《论赃物的善意取得及其回复请求权》,载《法律科学(西北政法学院学报)》2008年第2期;费安玲、汪源:《论盗赃物善意取得之正当性——以法经济学为分析视角》,载《法学杂志》2018年第7期。

为根据的善意取得制度其实质是如何在静态财产安全(真实权利人)与动态交易秩序(善意第三人)之间进行风险分配并作出倾斜保护,以确定财产权的归属。[25] 承认赃物的善意取得,也就肯定了销赃合同有效的可能性。犯罪既遂后的合同行为除了销售赃物,还包括使用赃款行为。赃款即货币,与赃物不同,其作为一种具有高度替代性的物,其性质和功能决定了对其所有权与占有不能分离。凡占有货币者,不分合法、非法,均取得货币所有权。[26] 因此对于使用赃款的消费合同,无论是购买商品还是服务,一般都认定合同有效。

4. 作为不作为犯罪的先行义务来源的合同效力

这里仅指不纯正不作为犯而言,因为纯正不作为犯的义务源于法律规定,只有不纯正不作为犯才可能因法律行为引起积极的作为义务。以故意延误投递邮件罪为例,邮政工作人员基于与寄件人的委托合同负有按时送达邮件的义务,但是却严重不负责任,故意延误投递邮件,致使公共财产、国家和人民利益遭受重大损失。如果寄件合同无效,那么邮政人员便没有寄件的义务,犯罪就无从说起了。因此不作为犯罪义务来源的合同效力应为有效,否则不作为犯罪就丧失了义务的来源,会与定罪相矛盾。

综上所述,刑事犯罪阻却合同效力,可从以下方面加以考察:(1)犯罪发生于合同订立阶段,与合同的基础要素相重合。(2)合同发生于犯罪的实行阶段,成为犯罪构成的组成部分。(3)一般为故意犯罪。

三、涉罪合同效力之法律适用

涉罪合同效力认定问题可以也应当纳入民事法律规范射程内进行探讨。对涉罪合同效力进行判定可资引用的民事规范主要有《民法典》总则编中民事法律行为效力、《民法典》合同编合同的效力相关条文,以及最高人民法院《关于审理民间借贷案件适用法律若干问题的规定》(法释〔2015〕18号)中的相关条文,其主要从效力性强制性规定、虚假意思表示、公序良俗等方面对涉罪合同的效力进行规制。

---

〔25〕 参见杨志琼:《权利外观责任与诈骗犯罪——对二维码案、租车骗保案、冒领存款案的刑民解读》,载《政法论坛》2017年第6期。

〔26〕 参见梁慧星:《民法总论》(第5版),法律出版社2017年版,第159页。

(一)刑法规范与效力性强制性规定

1.效力性强制性规定及其识别

《民法典》总则编第143条规定,民事法律行为有效的条件之一是"不违反法律、行政法规的强制性规定,不违背公序良俗";其第153条又反向规定"违反法律、行政法规的强制性规定的民事法律行为无效"。但上述规范未就何为"强制性规定"作出界定,且第153条增加了规范目的保留的表述,对强制性规定导致包括合同在内的民事法律行为无效进行了限缩。最高人民法院《关于适用〈中华人民共和国合同法〉若干问题的解释(二)》(法释〔2009〕5号)第14条、最高人民法院印发《关于当前形势下审理民商事合同纠纷案件若干问题的指导意见》(法发〔2009〕40号,以下简称《民商事合同指导意见》)曾试图将"强制性规定"区分为效力性强制规定和管理性强制规定。违反效力性强制规定的,人民法院应当认定合同无效;违反管理性强制规定的,人民法院应当根据具体情形认定其效力。

虽然《民法典》没有采纳效力性强制和管理性强制的概念,但只有违反法律和行政法规的效力性强制规范才会导致法律行为无效的理念早已为学理和司法实践所接受,只是就效力性强制和管理性强制应当如何区分尚未形成统一的认定和裁量标准。理论界不少学者对"效力性强制性规定"投入了关注,试图寻找进一步的限制方法或具体判断方法。例如,依据强制性规定针对的是一方当事人还是双方当事人,一般情况下,针对一方当事人的是管理性强制性规定,针对双方当事人的是效力性强制性规定;或者看该强制性规定针对的是行为本身还是行为的方式,〔27〕或者从立法意图、法律条文是否规定合同违反该条的相应法律后果等方面界分效力性强制规定与管理性强制规定。〔28〕较有代表性的观点认为"效力性强制性规定"指法律及行政法规明确规定违反了这些禁止性规定将导致合同无效或者合同不成立的规范;或者是法律及行政法规虽然没有明确规定违反这些禁止性规范后将导致合同无效或者不成立,但是违反了这些禁止性规范后如果使合同继续有效将损害国家利益和社会公共利益的规范。〔29〕

---

〔27〕 参见钱超、肖冬梅:《效力性强制性规定认定标准探析》,载《黑龙江省政法管理干部学院学报》2010年第4期。

〔28〕 参见卢起孟:《合同效力性强制规定与合同管理性强制规定的界定与应用——评析合同法第52条第5项》,载喻中主编:《首经贸法学评论》(第1辑),中国法制出版社2016年版。

〔29〕 参见王利明:《合同法》,中国人民大学出版社2015年版,第122页。

在区分强制性规定的规范性质时,依据规范意旨来进行划分是一种可行的思路。根据强制性规范所欲实现的目的,可将其分为内容性强制规定、禁令性强制规定、秩序性强制规定三类。违反内容性强制规定的合同,相当于上文所述合同目的、合同标的涉罪的情形,属于《民商事合同指导意见》规定的强制性规范规制的内容属合同内容本身,如贩卖毒品、出售假币等"买卖合同",内容性强制规定当属效力性强制规定,违反则合同无效。禁令性强制规定旨在禁止合同行为本身,但虽然合同行为被禁止,合同最终的效力还取决于该禁止是针对合同双方还是单方。如果是双方禁令,合同无效自不待言。如果只是单方禁令,例如《公司法》第148条对于董事、高管人员的禁止行为,为保护公司及诚实守信相对人之利益,董事、高管违反禁令缔结之合同并不必然无效,可能只是通过收入归化来处理。因此禁令性强制规定中的双方禁令属于效力性强制规定,单方禁令则不一定属于效力性强制规定。秩序性强制规定,则旨在为法律行为创造一个公平有序的秩序环境,针对合同的地点、种类、方式等作出的强制,并不直接针对合同行为本身。违反秩序性强制规定可能招致行政处罚甚至刑事处罚,但合同效力却不受影响,因此秩序性强制规定属于管理性强制规定。

2. 刑法规范与效力性强制性规范

强制规范限制自由意志的实现。[30] 秉持涉罪合同当然无效的观点认为刑法是公法,公法具有强制性,因此合同一旦与犯罪相关必然无效。笔者认为这种观点是对公法强制性的误读。结合上述对效力性强制性规定的理解,其主要有两类:一是法律或行政法规明确规定违反了这些规定将导致合同无效或者合同不成立的规范。刑法是关于犯罪和刑罚的规定,并不具有直接评价合同效力的功能,也没有任何一条刑事法律规范对合同效力作出过规定。二是虽然法律或行政法规未直接规定合同的效力,但是其被违反后如果使相关合同有效会损害国家利益或者社会公共利益,该规定也属于效力性强制性规定。犯罪的客体有层次和种类之分,涉罪合同一旦有效,有的会损害社会公共利益,有的只损害个人利益,有的甚至不会对法益造成负面影响。尽管具有公法属性,但并非所有的刑法规范都是效力性强制性规定,刑法规范欲对合同效力施加影响,也必须区分该规定的属性为效力性规

---

〔30〕 Boel Flodgren and Eric M. Runesson, *Contract Law in Sweden*, Netherlands, Kluwer Law International, 2015, p. 30.

定还是管理性规定。

值得注意的是,我国司法解释和实务中对强制性规定区分效力性强制规定和管理性强制规定的做法在学界已经受到一些质疑。一是这种区分在逻辑上不严谨。效力性规范的界定“存在明显的同义反复和循环论证的缺陷”。[31]《民商事合同指导意见》第15条表述意为需要先鉴别强制规范是效力性还是管理性,进而决定合同的效力。但实际上,唯有使合同无效的规范才能称之为“效力性强制性规范”,此处存在倒因为果的逻辑混乱。效力性强制规定与管理性强制规定显然不能涵盖所有强制规范,具有管理职能的强制规范亦往往同时影响合同的有效性。二分格局在概念与逻辑上根本无法维持。[32] 二是二分法存在实务困境。如何界定效力规定或强制规定语焉不详,顶多用某种公式去做以问答问的推论。[33] 效力性和管理性的区分无法与合同的无效和有效井然对应,将作为学理概括的“效力性”强制规范引入规范层面,也使裁判者满足于“效力性”和“管理性”二分的目的论表象,以至于以问答问或理据不详的情况比比皆是。同时,专注于在“效力性”和“管理性”之间“站队”,又使其缺乏在有效和无效之外探索中间评价的自觉。[34] 也许正因为如此,民法典并未将其之前的司法解释对强制性规定的这种划分纳入到法律文本,在法律行为效力一节仍笼统使用“强制性规定”一词,但可以想见的是,审判实践中长期以来划分效力性强制规定和管理性强制规定的司法习惯将长期存在。

(二)欺诈类犯罪与合同效力

欺诈类犯罪的合同效力问题是实践中争议较为集中也较为常见的类型,又以民间借贷中的集资诈骗罪、合同诈骗罪和金融机构借贷中的贷款诈骗罪较为典型。

在《民法典》实施之前,有观点认为,既然行为人的行为构成诈骗犯罪,即构成损害国家利益的欺诈行为,案件所涉的借款合同、担保合同均应无

---

〔31〕 石佳友:《我国〈民法总则〉的颁行与民法典合同编的编订——从民事法律行为制度看我国〈合同法〉相关规则的完善》,载《政治与法律》2017年第7期。

〔32〕 参见朱庆育:《〈合同法〉第52条第5项评注》,载《法学家》2016年第3期。

〔33〕 参见苏永钦:《以公法规范控制私法契约——两岸转介条款的比较与操作建议》,载《人大法律评论》(2010年卷),法律出版社2010年版。

〔34〕 参见姚明斌:《“效力性”强制规范裁判之考察与检讨——以〈合同法解释二〉第14条的实务进展为中心》,载《中外法学》2016年第5期。

效。理由主要是：首先，实施犯罪行为不应当也不可能引起合同法律效力的发生；其次，行为人采用签订借款合同、提供担保等方式，达到其骗取财物的目的，符合“以合法形式掩盖非法目的”的合同无效情形，相关担保合同作为从合同，亦不产生法律效力。在刑民交叉案件中，如果行为人签订合同的目的在于实施犯罪，一般情况下，应当将其签订合同的行为认定为实施犯罪的手段，签订的合同不宜适用合同法进行调整或评价，从而不发生法律效力。〔35〕

笔者认为，在对国家利益的界定上，应当作狭义的理解，将其限定在公法上的国家利益，即“国家在整体上具有的政治、经济和安全利益”。〔36〕国有企业的利益不能等同于国家利益，国有企业作为经济活动主体参与经济活动，其利益已进入市场交易领域，不能因其所有制而享有特殊的对待，“国家保护各种所有制经济产权和合法权利益，保证各种所有制经济依法平等使用生产要素，公开公平公正参与市场竞争、同等受到法律保护，依法监管各种所有制经济”。〔37〕我们不能抽象地认为刑法保护的法益都是《合同法》（已失效）第52条中所涉及的“国家利益”；否则，便是对国家利益的降格解释，混同了“国家利益”与刑法上的“法益”概念的界限。〔38〕采用欺诈手段与国有金融机构签订借款合同，如果不是直接损害国家政治、经济和国防安全等利益，则不能认定为“损害国家利益”。再则，《民法典》实施之后，其第148条将一方实施欺诈行为的法律后果统一为民事法律行为可撤销，对受欺诈方一视同仁，不再令欺诈损害“国家利益”的民事法律行为直接无效。因此，以诈骗犯罪必然“损害国家利益”来否认合同效力的观点不但在学理上站不住脚，也失去了来自法律条文的支持。

《民法典》第146条以“虚假的意思表示”取代了《合同法》（已失效）第52条规定的“以合法形式掩盖非法目的”的合同无效情形。在评价欺诈类犯罪的合同效力时，因其行为中包含有欺骗因素，容易被直接依据上述法律规定认定为无效。但实际上无论是“以合法形式掩盖非法目的”，还是“虚假的意

〔35〕 参见李勇忠：《刑民交叉案件合同效力如何认定》，载《人民检察》2014年第22期；刘艳红、施建辉：《不动产贷款诈骗犯罪刑民交叉问题探讨》，载《华东政法大学学报》2015年第4期；王小莉：《民刑并存情形下合同效力的认定——从两则仲裁案件说起》，载《仲裁研究》第26辑。

〔36〕 王轶、董文军：《论国家利益——兼论我国民法典中民事权利的边界》，载《吉林大学社会科学学报》2008年第3期。

〔37〕 《中共中央关于全面深化改革若干重大问题的决定》（2013年11月12日中国共产党第十八届中央委员会第三次全体会议通过）。

〔38〕 参见钱叶六：《担保贷款双重诈骗案刑民交叉实体问题研究》，载《法商研究》2018年第5期。

思表示”，均包括一个合法的表面行为和一个违法的实质行为，合同至少是双方行为，如果是以签订合同的形式掩盖另一非法目的，那么签订合同的各方都必须具有非法目的，以合法形式掩盖非法目的的合同以当事人之间存在通谋为必要，[39]不能仅是一方具有非法目的且相对方不知情，否则所有的单方欺诈合同都可以因加害方“以合法形式掩盖非法目的”而宣告无效，《民法典》第148条亦将形同虚设。诈骗类犯罪既然成立，从逻辑上说就必然存在受害人(受欺诈一方)从而排除了双方通谋，因而不具备“以合法形式掩盖非法目的”及“通谋虚伪表示”的必要条件。合法形式掩盖非法目的，实质上已经包含在《民法典》第146条通谋虚伪表示无效之中，差别在于虚伪表示可以掩盖非法目的也可以掩盖合法目的，前者直接导致法律行为无效，而后者的效力待定。对于前者，在持非法目的的主体判断要件上当属一致，申言之，单方构成诈骗犯罪的严重欺诈行为并不能被《民法典》中关于虚假意思表示无效的法律规范所调整。

总之，法律在解决欺诈引起的合同的效力问题时，需要在保护被欺诈方和稳定合同关系之间实现一种平衡。由于评价视角和对象不同，欺诈行为构成诈骗犯罪与合同行为可能有效之间不存在逻辑矛盾。诈骗类犯罪的行为包括诈骗行为和合同行为两部分，诈骗行为受刑法规制，合同行为受民法规范。法律行为的合法与否和有效与否是两个不同视角的评价，违法性评价并不影响效力性评价。民法法律行为制度理论中，评价的是法律行为的有效问题，并没有对行为进行合法与否的评价，民法上被评价为有效的行为并不影响其被刑法评价为犯罪行为。有效并不代表合法，无效并不代表违法。[40] 包含非法占有目的的诈骗行为是单方行为，其严重到一定程度便进入到刑法的视阈构成犯罪；合同行为是双方行为，其中合同一方因受到欺诈作出了不真实的意思表示，在民法的视野下即使欺诈严重到犯罪的程度仍然是欺诈，合同欺诈本质上违背的是合同正义，其可撤销的性质不应有所改变。[41] 因此在没有证据证明受害方实施共同犯罪的前提下，[42]欺诈类犯罪

---

〔39〕 参见李仁玉等：《合同效力研究》，北京大学出版社2006年版，第190页；杜万华主编：《最高人民法院民间借贷司法解释理解与适用》，人民法院出版社2015年版，第244页。

〔40〕 参见刘伟：《民刑交叉案件中表见代理行为的刑事法律判断》，载《中国刑事法杂志》2014年第1期。

〔41〕 参见叶名怡：《涉合同诈骗的民法规制》，载《中国法学》2012年第1期。

〔42〕 如果合同双方实施共同犯罪，那么涉罪合同直接适用《民法典》第154条判定无效，自不待言。

所涉合同不属于“以合法形式掩盖非法目的”或“虚假意思表示”的合同，不适用《民法典》第146条通谋虚伪表示的规定。诈骗行为尚不能逃离民法上“欺诈”的射程，依据《民法典》第148条，其合同效力当为可撤销。这也为近年来最高人民法院若干司法判例所肯定。〔43〕

（三）公序良俗视角的考量

《民法典》第153条第2款规定，违背公序良俗的民事法律行为无效。社会公共利益或公序良俗的内涵和外延存在解释空间，可与时俱进、包罗万象，〔44〕因此其往往被用在法律法规存在空白时否认民事法律行为效力，与违反法律法规形成补充关系，填补法律和行政法规的不完善和不周延问题，为法官的自由裁量预留必要的空间。

正如上文论述，并非所有涉罪合同有效都会损害社会公共利益，甚至有的犯罪在行为人被施以刑法处罚后，如果使相关合同继续有效，反而有利于受损法益的恢复。例如，骗取贷款罪中的借款合同，行为人采用虚构事实、隐瞒真相等欺骗手段，骗取银行或者其他金融机构的贷款，涉案借款合同从形式上看主体适格、内容确定，合同本身并不存在直接侵害公民基本权利、危害国家公序、限制经济自由、不正当竞争等违反公序良俗的情节。在犯罪分子给金融机构造成损失构成犯罪后，借款合同如能继续有效并得到履行，不但不会损害国家利益和社会公共利益，反而有助于金融机构挽回损失。最高人民法院公报案例“吴国军诉陈晓富、王克祥及德清县中建房地产开发有限公司民间借贷、担保合同纠纷案”的判决书中首次表态认为触犯刑律的犯罪行为并不必然导致借款合同无效，并别具新意地用“量变导致质变”〔45〕的规律进行类比论证。虽然公报案例只具有指导意义而不具备拘束力，但事实上证明了涉罪合同并非当然无效。此后最高人民法院公布的《关于审

---

〔43〕 参见“江苏泰乐提琴制造有限公司、曹某与江苏泰乐提琴制造有限公司、曹某等债权转让合同纠纷案”（〔2015〕民申字第676号）等案件判决理由。

〔44〕 梁慧星教授将违反公序良俗的合同概括为十种，可供参考。参见梁慧星：《市场经济与公序良俗原则》，载梁慧星主编：《民商法论丛》（第1卷），法律出版社1994年版。

〔45〕 吴国军诉陈晓富、王克祥及德清县中建房地产开发有限公司民间借贷、担保合同纠纷案，载《最高人民法院公报》2011年第11期。笔者认为，非法吸收公众存款罪所涉及的单个借款合同之所以有效，除借款合同双方具有真实的借贷意思之外，还在于本罪的犯罪构成本身的特点。非法吸收公众存款之所以构成犯罪，其原因是行为违反了国家金融管理法规，未经中国人民银行批准，从事与合法金融机构的存款业务实质相同的借贷行为。如果单个的借款合同无效，无效的行为自然无法进行有效的量的累积从而达致入罪的标准，因而从逻辑上看，犯罪与合同无效似乎不能并存。

理民间借贷案件适用法律若干问题的规定》(法释〔2020〕17号)亦确认了这一观点,[46] 首次以司法解释的形式对民刑交叉民事合同效力如何认定作出尝试性规定,具有划时代的意义。因此合同涉罪并不足以造成对公序良俗或社会公共利益的必然违反,必须对涉罪合同进行个别化的考察。

公序良俗与违反强制性规定在作为判定合同效力的标准时实际上存在交叉,公序良俗往往被作为强制性规定影响合同效力的内在支撑。例如,上述《民商事合同指导意见》第16条规定的是如何认定强制性规定的类型,但又使用了国家利益或社会公共利益的标准来表述。依据这一规定,违反强制性规定是否损害公序良俗,成为判断其为效力性规定还是管理性规定的重要标准。[47] 无效合同往往同时违反效力性强制性规定和公序良俗。有学者基于充分考虑个案的具体情况,避免效力判断中的概括化、抽象化、简单划一化趋向而主张对二者进行"一元化"的把握。[48] 强制性规定都是具体的规则,因此为了避免向一般条款逃逸,在认定合同效力时,应当先检查是否违反强制性规定,而不是先确定其是否违反公序良俗。[49] 能够援引"违反强制性规定"认定合同无效的,就不再援引"公序良俗"条款。

四、涉罪合同效力认定思路

(一)原则:合同效力的认定应以民事规范为主导

近代法制史上刑民分立以来,随着商品经济的发展和法治理念的进步,刑法与民法、公法与私法出现了融合的趋势。但是这种融合应当建立在刑法和民法具有各自独立品格的基础上,决不是要实现刑民合一。由于刑法和民法在目的、性质、调整范围以及法律效果上的差异,同一行为的违法性程度在各个领域势必不同,违法相对论仍然为实践所必需。刑法注重行为,关注的是国家与个人之间的利益冲突,以国家的身份对严重危害社会的行为予以否定和制裁;民法注重关系,关注的是平等主体之间利益的分配,更注重结果。刑法和民法的逻辑起点、关注重点、判断方法以及基本原则等呈

---

〔46〕 第12条第1款规定:"借款人或者出借人的借贷行为涉嫌犯罪,或者已经生效的判决认定构成犯罪,当事人提起民事诉讼的,民间借贷合同并不当然无效……"

〔47〕 参见王利明:《合同法研究》(第1卷)(第3版),中国人民大学出版社2015年版,第655页。

〔48〕 参见孙鹏:《论违反强制性规定行为之效力——兼析〈中华人民共和国合同法〉第52条第5项的理解与适用》,载《法商研究》2006年第5期。

〔49〕 参见刘贵祥:《合同效力研究》,人民法院出版社2012年版,第72页。

现出不同的特性。民法视阈下的涉罪合同仍然是合同,具备当事人、标的、意思表示等民事法律行为成立要件,如无特殊约定当在其成立时生效,刑事罪名的成立并不能直接否定其对应民事合同的效力。即使要否定,也应当在民事规范和法理中寻找二者交叉融合的联结点,再通过民事规范来否定。纵观各国立法,刑法对民事合同效力认定实现影响功能的连结点主要包括法律行为违反强制性法律规定、社会公共利益、公序良俗等因素。

(二)方法:规范目的解释与利益衡量

如果合同违反了制定法,那么合同是否无效,是一个对制定法的解释问题。如果法律明确规定了违反的后果,裁判时可以直接适用,[50]否则就需要对制定法进行解释,具体到涉罪合同的效力判定,需要与刑法条文相结合。我们有必要针对是否为效力性强制性规定进行规范目的解释,针对是否违反公序良俗进行利益衡量。

所谓目的解释,指以法律规范目的为依据,阐释法律疑义的一种解释方法。[51]《民法典》总则编第 153 条的目的并不在于直接用来判定合同的效力,而是一条“引致规范”,主要作用是把适用规则引致到另一具体的强制性规范上去,此被引致的具体强制性规范才是直接的被违反者,其目的是要建立起一个沟通公法与私法的桥梁,为公法涉足私法领域建立一个“管道”,以防止那些严重的公法违法行为(如刑法上的自然犯)在民事上缺乏否定其效力的依据,从而对社会关系造成进一步的伤害。至于该被引致的强制性规范对法律行为的效力有什么样的影响,还需要通过该具体规范的目的来加以认定。如果认定合同有效将与该刑法规范的目的相冲突,则应当否认合同的效力。如果刑法规范目的在于维护金融管理秩序、保护金融机构财产权,并不关注合同的内容或标的,则没有必要否定合同效力;如果刑法规范针对的是法律行为本身,则合同更倾向于被归于不成立或无效。鉴于现今公权力对社会经济生活有干预过多之情况,解释与适用上仍有必要从严认

[50] 例如最高人民法院《关于审理与企业改制相关的民事纠纷案件若干问题的规定》(法释〔2020〕18 号)第 18 条规定:“企业出售中,当事人双方恶意串通,损害国家利益的,人民法院在审理相关的民事纠纷案件时,应当确认该企业的出售行为无效”;最高人民法院《关于审理商品房买卖合同纠纷案件适用法律若干问题的解释(法释〔2020〕17 号)第 2 条规定:“出卖人未取得商品房预售许可证明,与买受人订立的商品房预售合同,应当认定无效,但是在起诉前取得商品房预售许可证明的,可以认定有效。”

[51] 参见梁慧星:《民法解释学》(第 4 版),法律出版社 2015 年版,第 228 页。

定效力性强制规定之范围。[52]

探明具体强制规范的目的过程中需要借助的一个重要方法便是利益衡量方法,权衡刑法规范所要保护的利益和合同本身所体现的利益,通过利益权衡来确定合同效力。异质利益在抽象(哲学)层面是难以衡量的,但在现实层面却是可以衡量的。[53] 在涉及基本权利保护的情形,法律应当尽可能地使该合同无效,因为强制性规范所要保护的利益更为重要。[54] 我国刑事附带民事诉讼受理范围仅限于“因人身权利受到犯罪侵犯或者财物被犯罪分子毁坏而遭受物质损失的”,[55] 将骗贷等经济犯罪引起的损害赔偿排除在外,无法通过附带民事诉讼程序解决,只是依据《刑法》第64条在刑事判决主文中列明“违法所得予以追缴并发还被害人”。如果将主合同认定为无效,仅通过追赃来补偿被害人,尽管既追究了被告人的刑事责任,又追究了被告人的民事责任,但对于被害人合法利益的维护来说不彻底,并不能保护基于合同约定的债的利益,因为合同一旦无效,违约责任便失去了存在的逻辑基础,实际上减轻了被告人的民事责任,也免除了担保人的担保责任。对被害人来说,被告人使用欺骗手段取得贷款并造成被害人重大损失,在民事责任上不仅要还本付息,而且还要承担包括违约金在内的违约责任(被害人选择合同有效的前提下),而刑事判决中的追缴违法所得,通常限于本金部分。

(三)步骤

对于涉罪合同的效力认定,先看能否从复杂的法律事实中析出一套形式上完整的民事合同法律关系,从形式上判定合同是否成立。再看合同是一方主体涉罪还是双方主体涉罪,一般来说,一方主体涉罪时合同有效的可能性大于双方主体涉罪。对于双方主体涉罪的合同首先考虑是否属于恶意串通损害他人合法权益致使合同无效的情形,然后按照《民法典》第146条认定;对一方主体涉罪的合同,需要先行考察是否存在欺诈、胁迫的情况,如果行为人以欺诈、胁迫的手段,使对方在违背真实意思的情况下订立合同,合同效力为可撤销(《民法典》第148条)。然后判定合同是否违反效力性

[52] 参见梁慧星:《民法总论》(第5版),法律出版社2017年版,第206页。
[53] 参见梁上上:《利益衡量论》(第2版),法律出版社2016年版,第84页。
[54] 参见刘贵祥:《合同效力研究》,人民法院出版社2012年版,第40页。
[55] 最高人民法院《关于适用〈中华人民共和国刑事诉讼法〉的解释》(法释〔2021〕1号)第175条对附带民事诉讼范围的规定。

强制性规定,如果仍无法确定合同效力,再进行公序良俗考察,必要时辅以规范目的解释和利益衡量的方法对合同效力进行最终评价(见图1)。

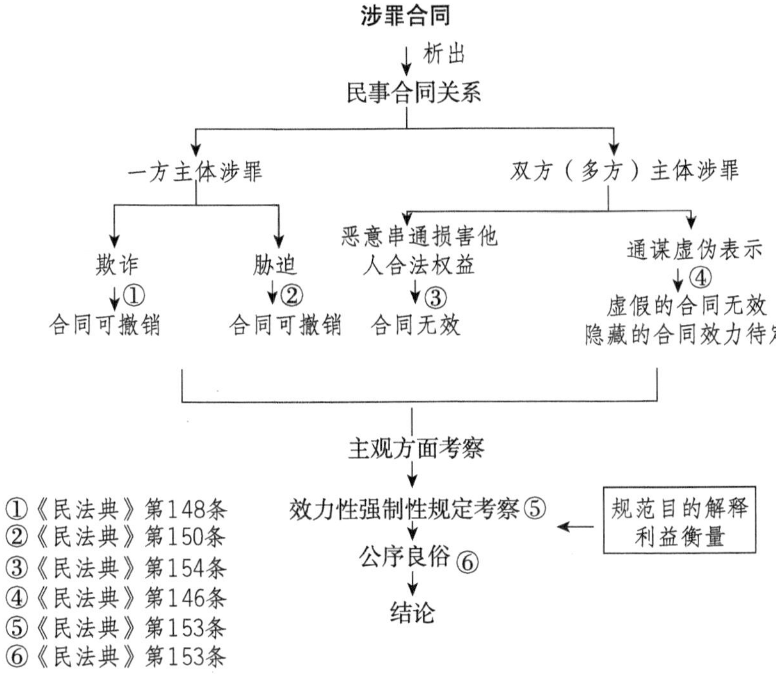

图1　涉罪合同效力认定

五、结语

作为法律行为的合同,是私法自治的技术工具。涉罪合同效力问题实质上反映了国家管制与合同自由的冲突,其之所以长期被忽略并被裹携在刑事诉讼程序中被草率地判定,主要原因在于司法实践长期存在"公法优位"的理念和"重刑轻民"的法律文化传统,对犯罪行为所涉及的私法关系关注和尊重不够。民法上的效力性评价因其本身评价要素的选择范围的狭窄性以及评价阶段的前置性,当然地不能等同于违法性评价。[56] 并非在任何情况下无效制度均会比可撤销制度在救济方面更加优越,[57] 合同无效是

〔56〕参见刘伟:《殊途同归:民、刑法律对欺诈行为评价的差异与融合》,载《江海学刊》2013年第2期。

〔57〕参见李永军:《合同法》(第3版),法律出版社2010年版,第340页。

对民事法律行为最严厉的否定性评价,但它不是一种制裁措施。刑事上对犯罪人科处刑罚与民事上认定犯罪人所订合同无效两者的惩罚功能完全不能对应,民事审判中给予犯罪人惩罚的方式既可以是要求其承担违约责任或缔约过失责任,也可以是要求犯罪人继续履行合同义务。[58] 法律规定某些合同无效是国家对合同干预最突出的表现,[59] 认定合同无效不能成为刑民交叉案件中对犯罪分子在民事领域给予否定评价的首要方式,否则可能使市场主体丧失对交易安全的信任,背离私法自治的精神,也给对被害人的救济带来适得其反的效果。我们理应坚持将刑法作为民事法规无法解决时的保障,审慎认定涉及犯罪的民事合同效力。可以从合同是一方主体涉罪还是双方主体涉罪,合同是目的涉罪还是标的涉罪,犯罪发生在合同的订立阶段还是履行阶段,合同发生在犯罪的预备阶段还是实行阶段等因素出发,结合民事法律规范,综合运用各种方法,对涉罪的民事合同效力分别作出无效、可撤销、有效的认定。当然,司法实践内容纷繁复杂,涉罪合同效力问题涉及对社会公共利益的鉴别,现阶段更多地需要注重个案中的利益衡量以达到定分止争的目的。

(张亦衡　初审)

(邹雨桐　校对)

---

〔58〕 参见刘宪权、李振林:《集资类案件中的刑民交错现象及其归宿》,法律出版社2017年版,第120页。

〔59〕 参见王德山:《合同效力研究》,中国政法大学出版社2015年版,第222页。

古代中国清官司法的刑事证明模式

——以“胭脂案”为例*

米传振**

摘　要:在古代中国,以县官为代表的普通官员严重依赖刑讯获取口供的刑事证明模式在当时的官僚阶层中具有代表性,而因此造成错案的可能性也大大增加。古代官员们基于符合当时社会条件、社会观念的高概率判断进行司法裁判,但是,卡理斯玛式清官必须在行动上回应案件可能是小概率事件的诘问,这决定了即便是拥有超强智识的清官们也不得不诉诸刑讯和口供,同时也埋下了清官司法局限的伏笔。刑讯作为获得案件事实真相的重要手段,其作用是有限的。清官的卡理斯玛特质是其个体化的智识禀赋,卡理斯玛式清官能在司法审判中把握不同刑讯手段威慑力的微妙差别。多种力量共同塑造了古代中国清官司法的刑事证明模式:捉襟见肘的地方官难以满足科层治理的需要;科举教育知识类型与司法知识技能类型之间卯不对榫;神灵信仰活动得到了社稷最高者的默认或许可;清官处于国家弱财政汲取能力与地方强财政需求的夹缝之中。

关键词:胭脂案　卡理斯玛　清官　小概率事件　证明模式

---

* 本文系2021年成都市哲学社会科学规划研究项目“单位小组式网络舆情治理机制”(项目编号:2021CS065)的阶段性成果。

** 米传振,成都大学法学院讲师,经济学博士。

一、引言:“包公老爷”如何裁判案件?

古代中国的民众中普遍存在的清官如包拯、海瑞、狄仁杰等名垂青史,世人皆知,一些地方官死后甚至可升列神位成为人们的守护神。[1] 这些人格神成为古代中国宗教生活独一无二的特征。[2] 比如,在1104年,尽管王安石已辞世近二十年,仍被封为孔门圣人,位仅在孔孟之下,在孔庙享配。[3] 清官现象有着顽强的生命力。一个强有力的例证是1927年的《湖南农民运动考察报告》中提到:“南区东富寺三十几个菩萨都给学生和农民共同烧掉了,只有两个小菩萨名‘包公老爷’者,被一个老年农民抢去了,他说‘莫造孽!’”[4]可见,直到新民主主义革命时期的中国民间社会中依然存在对“包公老爷”式清官浓厚的崇拜,在暴风骤雨的革命形势下,清官崇拜活动仍能顽强存活。鉴于此,笔者不禁发问:如何在学理上认识“包公老爷”式的清官现象?“包公老爷”式的清官在司法活动中,特别是在刑事案件中,如何证明复杂的案情并正确裁判案件?是什么力量塑造了清官们的刑事证明模式?本文将以蒲松龄《聊斋志异》“胭脂案”为材料分析古代中国清官司法的刑事证明模式及其限度。

二、本文的方法论和分析材料

对于文学作品何以可能作为法学研究的对象的问题,朱苏力教授论证了“即使是纯虚构的文学作品也可能为我们提供有关历史的知识”,[5]虽然这些人物和故事是虚构的,但重要的是这类社会现象不是虚构的。[6] 此外,有学者也认为“故事研究的真实性更重要的是看其社会生活逻辑和情理是否真实”。[7] 本文认同以上思路。如果我们对于该文本内容的认知符合社会生活逻辑,且又有其他相关材料和研究作为辅助性证据,那么,我们以

---

〔1〕 参见[德]马克斯·韦伯:《中国的宗教:儒教与道教》,康乐、简惠美译,广西师范大学出版社2010年版,第62~63页。

〔2〕 参见[美]杨庆堃:《中国社会中的宗教》(修订版),范丽珠译,四川人民出版社2016年版,第126页。

〔3〕 参见[美]黄仁宇:《中国大历史》,三联出版社2007年版,第154页。

〔4〕 毛泽东:《毛泽东选集》(第1卷),人民出版社1991年版,第32页。

〔5〕 苏力:《法律与文学:以中国传统戏剧为材料》,三联书店2006年版,第308页。

〔6〕 参见苏力:《齐家:男女有别》,载《政法论坛》2016年第4期。

〔7〕 翟学伟:《事实再现的文学路径——建构社会与行为科学中的人文方法》,载翟学伟:《关系与中国社会》,中国社会科学出版社2012年版,第45页。

该文学文本为材料展开分析论证后所提炼出的问题、所得出的结论便是真实的、有意义的。由此,本文在方法论上以《聊斋志异》"胭脂案"的文本作为分析材料是可行的。

运用韦伯卡理斯玛支配理论,清官,特别是以包拯为代表的神格化清官,实际上是韦伯所说的具有某种人格特质、超自然的、超人的或至少是具有特殊的力量或品质的卡理斯玛式人物。[8] 在学术上,引言部分所说"包公老爷"即卡理斯玛式清官。卡理斯玛式清官的人格特质通过司法裁判活动淋漓尽致地展现出来,本文将在后文部分详细阐述,此处不再赘述。相对于纯粹的理论推演,脍炙人口、家喻户晓的文学材料由于其丰富的细节,在展示卡理斯玛式清官司法的刑事证明模式及其限度上有其显而易见的比较优势。下文部分将以蒲松龄《聊斋志异》中胭脂案为分析材料主要展示清官司法中证明模式的合理性及局限性。

胭脂案乃一奇案,其案情如下:少女胭脂对秀才鄂秋隼一见钟情,胭脂的邻居王氏戏称愿为其做媒,此事又恰被王氏的相好宿介得知。宿介久慕胭脂美貌,于深夜冒充鄂秋隼潜入胭脂屋内,欲行非礼却遭到胭脂力拒。宿介用计骗得胭脂的绣鞋,却又在无意中将绣鞋弄丢。王氏的无赖邻居毛大拾得绣鞋,并偷听到宿介与王氏的谈话。数日后,毛大夜闯胭脂家欲行非礼,却误入胭脂父亲的房间,毛大与胭脂父亲搏斗之中,毛大将胭脂父亲杀死后翻墙逃走。胭脂在家中墙根下发现毛大翻墙时丢失的绣鞋,据此认定是约会对象鄂秋隼将其父杀死。公堂之上,鄂秋隼不知辩驳,不堪刑罚,招供自认。经几位官员反复审问,鄂秋隼均无不同口供。太守吴南岱复审,对王氏用刑找出"真凶"宿介,又先后对宿介两次用刑,宿介不堪忍受便认罪。宿介上书学使施愚山申冤,施愚山在城隍庙用谲定谳:以毡子将庙围住,把灰涂在墙上,又用烟煤水让嫌疑犯们洗手,说"杀人者,当有神书其背"。真凶毛大因恐神来书以手护背而暴露,毛大在施愚山严刑下承认了罪行,鄂秋隼迎娶胭脂。[9]

三、普通官员与卡理斯玛式清官司法的刑事证明模式

胭脂案中至少有三个不同职级的政府官员,包括邑宰(知县)和其他县

---

〔8〕 本文沿用了韦伯对卡理斯玛的定义,参见[德]马克斯·韦伯:《中国的宗教:儒教与道教》,康乐、简惠美译,广西师范大学出版社2010年版,第64页。

〔9〕 参见(清)蒲松龄:《聊斋志异》,孙海通等译,中华书局2010年版,第1644~1661页。

府官员、太守吴南岱、学使施愚山等,均对不同的涉案人员使用了刑讯手段。总体上,县官们鉴于嫌疑人鄂秋隼的异常表现对其使用刑讯手段的做法符合当时的社会认知,多位官员多次复审均无异词进一步降低了错判的责任,但是,县官们过于依赖运用刑讯手段获得的口供,忽视了物证等而错判本案。以县官为代表的普通官员严重依赖刑讯手段获取口供的刑事证明模式,在当时的官僚阶层中非常具有代表性,因此而造成错案的可能性也大大增加。与县官们相比,具有清官色彩的吴南岱基于当时社会的常识和通行观念对涉案人员使用刑讯手段,使案件的侦破向前推进了一大步。清官司法的刑事证明模式是一种基于当时社会的常识和通行观念进行论证的大概率判断。尽管卡理斯玛式清官司法的刑事证明模式是基于大概率判断,却不得不以具体行动回应案件本身可能是复杂疑难的小概率事件的诘问。刑讯作为获得案件事实真相的重要手段,其作用是有限的。清官的卡理斯玛特质是其个体化的智识禀赋,卡理斯玛式清官能把握不同刑讯手段威慑力的微妙差别。

1. 普通官员严重依赖刑讯获取口供的刑事证明模式致使错案增加。邑宰(知县)对嫌疑人鄂秋隼使用刑讯手段符合当时社会的常理和正常逻辑:胭脂凭借绣鞋认定约会对象鄂秋隼(实际为宿介)杀死其父亲,胭脂的指控并非没有任何依据;知县派人将嫌疑人鄂秋隼拘捕之后,发现鄂秋隼为人拘谨木讷,见生人像小孩一样羞怯,被拘捕后怕坏了,鄂秋隼在公堂上不知申辩只会发抖。[10] 鉴于鄂秋隼在公堂上的异常反应,"宰益信其情真,横加梏械",知县内心更加确信鄂秋隼是杀人凶手,为其戴上手铐,[11] 鄂秋隼"不堪痛楚,以是诬服"。即便在现代社会,鄂秋隼的以上诸多表现、反应也是刑事案件中被确定为嫌疑人、纳入侦查的重要事实依据或经验常识。[12]

考虑到清代审讯中允许官员使用刑讯以获取嫌疑人的口供,[13] 县官鉴于鄂秋隼的异常表现对其用刑的做法符合当时的社会认知。另据《周礼·

[10] 《聊斋志异》胭脂一节的原文为:"鄂为人谨讷,年十九岁,见客羞涩如童子。被执,骇绝。上堂不知置词,惟有战栗。"参见(清)蒲松龄:《聊斋志异》,孙海通等译,中华书局2010年版,第1650页。

[11] 据许慎《说文解字》:梏,手械也。参见(东汉)许慎:《说文解字》,岳麓书社2006年版,第125页。

[12] 参见林喜芬、秦裕林、葛岩:《无辜者何以被怀疑——警察辨别真伪陈述能力的认知—行为研究述评》,载《上海交通大学学报(哲学社会科学版)》2015年第4期。

[13] 参见瞿同祖:《清代地方政府》(第2版),范忠信等译,法律出版社2011年版,第193页。

秋官·掌囚》：凡囚者，上罪梏拲而桎，中罪桎梏，下罪梏。对于重罪囚犯戴双料手铐并外加脚镣，对于中罪囚犯，给他们戴上脚镣和手铐，对于轻罪囚犯，只给他们戴上手铐。[14] 该县官按鄂秋隼的轻罪等级为其戴上手铐，鄂秋隼便难以忍受招供自认。从最终结果看，即便该县官错判了胭脂案，但是，鄂秋隼难以忍受如此轻的刑罚而轻易认罪这一事实也减轻了县官错判本案的责任和过错程度。由此可知，胭脂案中的县官并非十足的庸官。总体上，县官鉴于鄂秋隼的异常表现对其使用刑讯手段的做法符合当时的社会认知。

此后，鄂秋隼被押解到府里过堂时又遭受了和县里一样的敲打鞭笞（"敲扑如邑"），每每在堂上遭到胭脂的大骂之后，鄂秋隼"遂结舌不能自伸"，先后经过多次多位官员复审，鄂秋隼的供词均一样（"往来覆讯，经数官无异词"）。可见，胭脂案中县官们的断案逻辑和刑事证明模式在当时的官僚阶层中非常具有代表性、典型性，而多位官员多次复审均无异词更是进一步降低了县官们错判的责任和概率。当然，县官们过于依赖运用刑讯手段所获得的口供定案，而严重忽视了物证和其他相关案件细节，这使普通官员们在面临胭脂案这样的疑难案件时造成冤案、错案的可能性大大增加。

2. 清官基于符合当时社会条件、社会观念的高概率判断进行裁判。济南太守吴南岱复审胭脂案。吴南岱怀疑鄂秋隼不是真凶，派人暗中盘问鄂氏后，更加坚信鄂氏被冤枉。经仔细考虑，吴南岱审问胭脂，并以刑讯相威胁，胭脂由于惧怕刑讯道出了因不忍连累王氏而隐瞒托媒王氏的内情。吴南岱顺藤摸瓜拘捕王氏。吴南岱基于"夫妻在床，应无不言者""凡戏人者，皆笑人之愚以炫已之慧，更不向一人言，将谁欺？"的逻辑进行推理，认为王氏必曾向其丈夫或者他人炫耀此事，对王氏"梏十指"。[15] 王氏忍受不住供出曾与宿介说过为胭脂做媒之事。吴南岱紧接着拘捕宿介，秉持"宿妓者必无良士"的逻辑进行推理，认为与王氏通奸的宿介一定不是什么好人，对宿介第一次使用刑讯手段。宿介承认冒充鄂秋隼骗色胭脂，但是，否认杀死胭脂父亲一事。吴南岱认为"逾墙者何所不至！"，继续对宿介第二次使用刑讯手段，宿介不堪忍受酷刑便招认。

---

〔14〕 参见《周礼》，吕友仁、李正辉注译，中州古籍出版社 2010 年版，第 330 页。

〔15〕 "梏十指"是古代的一种酷刑，用细木贯穿绳子，套在受刑人手指上，使人蒙受极大痛苦。参见刘岐山：《古代法案选编》，北京出版社 1981 年版，第 44 页。

与县官们基于鄂秋隼异于常人的行为表现对其用刑的逻辑不同,吴南岱对涉案人员用刑的基础更多的是社会常识和通行观念,比如吴南岱说“夫妻在床,应无所不言者”(夫妻俩在床上,应该是无所不言的),“凡戏人者,皆笑人之愚以炫己之慧,更不向一人言,将谁欺?”(凡是戏弄别人的人,都要笑话别人的愚蠢来炫耀自己的聪明。你说再没有对人说过,想骗谁啊!),“宿妓者必无良士”(夜晚宿妓的人决不是什么好人),以及“逾墙者何所不至”(爬别人墙头的人,有什么事干不出来!)等。这些社会常识和通行观念无论在古代中国还是在当下社会均具一定合理性,是符合当时社会条件、社会观念的高概率判断。与县官们相比,吴南岱基于高概率的社会常识和通行观念进行推理,以及基于此对涉案人员使用刑讯手段,使案件的侦破向前推进了一大步。吴南岱因为在胭脂案的出色表现,“无不称吴公之神,铁案如山”,可见,吴南岱是具有清官色彩的官员。

然而,吴南岱之所以也错判了胭脂案是因为其过于重视基于刑讯手段获得的口供,既不重视绣鞋等物证,也没有到案发现场进行实地勘查。对吴南岱司法过程最关键的一个质疑是,其刑事证明模式是一种基于当时社会的常识和通行观念进行论证的大概率的判断,这种大概率的判断虽有其合理性,但也必须以实际的行动回应案件本身可能是小概率的疑难复杂案件的诘问。一个例证是,吴南岱基于“夫妻在床,应无所不言者”这一当时社会常识和通行观念进行推理认为王氏可能向其丈夫透露胭脂托媒一事,但事实是王氏的丈夫长久在外没有回家。

3. 卡理斯玛式清官必须在行动上回应案件可能是小概率事件的诘问。疑案、奇案之所以扑簌迷离是因为有一件乃至一系列让人意想不到的小概率事件发生。卡理斯玛式清官不得不在行动上回应案件在逻辑上可能是小概率事件发生的诘问,这决定了即便是拥有超强智识的清官们也不得不诉诸刑讯和口供,同时也埋下了清官司法的局限的伏笔。

宿介向学使施愚山申诉,施愚山看过胭脂案案卷后认为宿介是被冤枉的。施愚山基于“淫乱之人,岂得专私一个?”(淫乱的女人,怎么可能只偷一个?)这一符合当时社会常理的信念认为除了宿介之外,王氏另有奸夫,对王氏使用刑讯手段。我们应当注意到,“淫乱之人,岂得专私一个?”的推理其实是不稳固的,但是,在当时的社会观念中却被多数人认为是真实的。王氏磕破了头,表示除宿介外,再无其他奸夫,施愚山才停止刑讯,紧接着抓捕借口上门王氏家的几个无赖。施愚山发挥超强的智慧,在城隍庙以鬼神托梦之说用谲定谳，找出真凶毛大后，对毛大“施以毒刑”，毛大如实招供。

清官们基于大概率的社会常识和通行观念而刑讯逼供的刑事证明模式有其合理性，但是，同样存在错判案件的可能性，因为无论是卡理斯玛式清官还是普通官员都不得不面对案件可能是小概率事件的问题。基于符合当时社会的常识和通行观念而刑讯逼供是卡理斯玛式清官施愚山和具有清官色彩的吴南岱两人判案推理的相同之处，即便某些社会常识和通行观念是符合当时社会条件、社会观念的高概率判断，但也并非屡试不爽。比如，施愚山基于“淫乱之人，岂得专私一个”的观念对王氏刑讯就被事实证明是错误的，王氏确实只与宿介一人通奸。清官施愚山十分清楚在逻辑上并不能仅仅凭借毛大后背有灰这一单一信息就可以确定其为真凶。试想，如果毛大仅仅是一不小心后背碰到了涂了灰的墙，又或者后背一时奇痒难耐而抓了一下呢？毕竟几位嫌疑人深处暗室，外面的人不知道里面真正发生了什么。卡理斯玛式清官必须在行动上回应案件可能是小概率事件的诘问。施愚山巧妙运用了神灵信仰在案件侦破过程中的积极作用，[16]既然毛大被施愚山在城隍庙用中谲定谳被识破，为何施愚山仍对毛大另加严苛的刑讯？倘若毛大在刑讯过程中没有屈服招认呢？这并非不可能。

以施愚山为代表的卡理斯玛式清官是审慎的、细致的、周全的。施愚山十分清楚用谲定谳所得结论并非无可置疑或无可挑剔，城隍庙用谲定谳只是证实了他对毛大等人的怀疑有了一定依据，但仍然存在错判案件的可能（比如因为各种原因毛大后背确实有灰），他依然不得不依靠刑讯毛大来获得毛大的口供。在胭脂案中先后有四人被不同职级的官僚们数次施加刑讯，刑讯成为每一级官僚获得案件信息的重要手段，且几乎是唯一手段，即便是以“贤能称最，又有怜才恤士之德”的施愚山，这一对细节极具观察力和感受力、拥有超强事实真相发现能力的卡理斯玛式清官也曾两次使用刑讯。

卡理斯玛式清官还对物证进行关注，并有证据意识。与前两位官员相比，施愚山的审慎细致还表现出对物证的关注和证据意识。他再审胭脂案的第一件事就是询问宿介绣鞋的去向。秀鞋是胭脂案的起因，也是胭脂自认为和鄂秋隼定情的信物，还是真凶毛大作案之时遗落在案发现场的物证。此外，绣鞋在清代的多起命案中成为案情审理的关键证物，在当时的社会语

---

〔16〕 参见吴元元：《神灵信仰、信息甄别与古代清官断案》，载《中国社会科学》2006 年第 6 期。

境下,绣鞋被认为是私定终身的定情信物,丈夫以外的男子持有女性的绣鞋便足以指称该男女之间存在私通关系。[17] 施愚山得知宿介丢了胭脂的绣鞋,而胭脂父被杀的案发现场又发现了该绣鞋便猜想宿介遗失的绣鞋被他人拾到。

卡理斯玛式清官有着过人的智慧、敏锐的观察能力、重视案件证据和极强的发现案件事实真相的能力,但是,清官却也不得不依靠刑讯手段作为发现案件事实真相的重要手段,这塑造了清官超强司法能力的有限边界。《北史》记录了清官司马悦审判的类似案件:董毛奴带五千钱在路上被杀,人们皆怀疑是张堤所为,恰巧又在张堤家中找出五千钱,张堤害怕拷打便招认杀人。知州司马悦看张堤的样子怀疑案情不实,传讯董毛奴哥哥董灵之,问:"杀人抢钱,慌慌张张的,现场应当遗留了什么,你拾到了什么东西?"董灵之答:"只捡到了一个刀鞘。"司马悦发现刀鞘非本城人制作,顺藤摸瓜找到嫌疑人董及祖,一经审讯董及祖便供认杀人罪行。董灵之在董及祖身上认出了董毛奴生前穿的黑色短袄,于是依法处死董及祖。[18] 董毛奴案与胭脂案有诸多暗合之处,清官施愚山和清官司马悦即便是有着过人的智慧、对细节有着敏锐的观察能力、重视案件证据和极强的发现案件事实真相的能力,但是,清官们却也不得不依靠刑讯作为发现案件事实真相的重要手段,而一旦在案件审判过程中依靠刑讯手段,那么,所获取的信息就有可能是假的。在司法过程中不得不使用刑讯手段塑造了清官超强司法能力的有限边界:一旦嫌疑人董及祖在刑讯时不招供死扛到底,清官司马悦会与前述假设毛大不招供时的施愚山面临同样的困境。由此可见,清官比普通官员更为细致谨慎,然而这样的审慎亦有其代价和风险。

4. 刑讯作为获得案件事实真相的手段作用有限。仅凭借毛大后背有灰这一单一信息对于确认毛大是真凶仍然是不够的。蒲松龄喟叹:"听讼之不可以不慎也! 纵能知李代为冤,谁复思桃僵亦屈……要非审思研察,不能得也。"[19] 审慎的清官拥有超强的案件事实真相发现能力,却依然不得不依靠刑讯所获得的口供,这是卡理斯玛式清官不能超越的两难。可以预见,如若毛大挺过了施愚山的"毒刑",胭脂案则必将陷入两难境地。

---

〔17〕 参见[美]高彦颐:《缠足:"金莲崇拜"盛极而衰的演变》,苗延威译,江苏人民出版社2009年版,第272~273页。

〔18〕 参见(唐)李延寿:《北史》,中华书局1974年版,第1044页。

〔19〕 参见(清)蒲松龄:《聊斋志异》,孙海通等译,中华书局2010年版,第1660页。

古代中国司法审判极度依赖官员个人智慧和推理,而缺乏还原和佐证案情的证据,这既显示出清官的难能可贵,又表明古代官员——即便是清官——在获取案件事实真相上的无能为力。在一个个具体的司法决定中最重要的仍然是"事实",[20] 而官员获取事实的手段中除了发挥个人才智外,可资凭借的物质资源和技术手段并不多,即便是一直被认为是识别谎言专家的现代警察,一些实验结果显示警察判断对象是否说谎的准确度反而不如大学生,与抛硬币的随机概率差不多。[21] 仍需犯罪嫌疑人的招供才可做实案件显示出即便是具有超强事实真相发现能力的清官在古代中国有限的社会资源约束条件之下可以施展的空间也相当有限,由此可知,刑讯作为获得案件事实真相的手段亦有其一定的边界。

三位不同层级的官员均把使用刑讯作为发现案件事实真相的重要手段,刑讯手段在胭脂案中起到了较为积极的发现信息作用。知县接胭脂报案之后立即拘捕鄂秋隼,而鄂秋隼作为一位接受了科举教育并且获得秀才功名的书生竟不知为自己申辩喊冤,"结舌不能自伸",实在与一个无辜的正常人在公堂之上的表现大相径庭,被知县怀疑成真凶是顺理成章的。鉴于鄂秋隼不为自己辩驳,县官对其使用刑讯手段的做法是符合审判程序的。我们不应因为知县错判案件就全面否定了知县的审讯和推理过程,县官在鄂秋隼异于常人的反应之下对其施加一定程度的刑讯是符合当时社会的认知的,但是,县官又确实有失职之处。依据《唐律·断狱律》:"讯囚察辞理"条:"诸讯囚者,必先以情,审察辞理,反复参验,犹未能决,事须讯问者,立案同判,然后拷问",师听五辞是审讯刑案的前置程序,县官过于依靠刑讯只听胭脂的指控而未能听从或者未能想方设法听从被告一方的申辩——尽管鄂秋隼"结舌不能自伸",但是作为一个秀才完全可以有其他方式进行申辩。总体而言,刑讯在胭脂案中起到了较为积极的发现信息作用,三位不同层级的官员均把使用刑讯作为发现案件事实真相的手段,并非毫无节制的滥用。

5. 卡理斯玛式清官能把握不同刑讯手段威慑力的微妙差别。能否经受住刑讯考验实际上成为判断一个人是否有罪的重要标准,卡理斯玛式清官

---

〔20〕 参见苏力:《法律与文学:以中国传统戏剧为材料》,三联书店 2006 年版,第 139 页。

〔21〕 参见林喜芬、秦裕林、葛岩:《无辜者何以被怀疑——警察辨别真伪陈述能力的认知—行为研究述评》,载《上海交通大学学报(哲学社会科学版)》2015 年第 4 期。

能够把握不同刑讯手段之间在威慑力上的轻微差别并有效使用刑讯获取信息。下文的分析显示胭脂案中三位主审官对刑讯手段的选择有明显区别。

第一位县官将鄂秋隼戴上手铐,这对一个秀才而言实在有辱斯文,因为给一位秀才戴上刑具会产生类似"公开拘捕会造成深厚的、脱胎换骨的羞辱"。[22] 而鄂秋隼依然未能为自己的清白进行有效辩解,实在让人匪夷所思。笔者已在前文指出县官根据鄂秋隼实在异于常人的表现而将鄂秋隼戴上手铐,鄂秋隼只是戴了手铐即"不堪痛楚,遂诬服"。鄂秋隼不能经受住轻微的刑罚即认罪,以及"往来覆讯,经数官无异词",这些事实均减轻了县官错判的责任和概率。即便我们不站在事后的、全知的视角,知县也并非没有责任。域外实验表面使用非言词行为判断是否说谎的准确度很差,[23] 因为胭脂案毕竟涉及一条人命,还涉及一个姑娘与一位秀才的清誉,知县在没有鄂秋隼的任何陈述和辩解、仅凭供词这一信息就定罪结案的做法太过草率,没有做到审理刑事案件应有的审慎和排除合理的怀疑。

第二位具有清官色彩的官员吴南岱对王氏采用的刑讯手段是夹十指。在古代,用刑具夹压手指的做法通常只对妇女使用,[24] 考虑到王氏的女性身份,以及古代中国的女性们普遍依靠双手谋生、获得主要经济收入来源的重要事实,夹十指对王氏而言是一个非常重的惩罚。面对如此不可承受之重,王氏选择承认与宿介通奸。成功找出宿介是破解胭脂案的重要一步,这显示了吴南岱身上的清官色彩,"招成报上,无不称吴公之神,铁案如山"——尽管吴南岱也错判了胭脂案。应当强调的是,宿介并非全然无辜,冒充鄂秋隼强行抱住胭脂求欢已有诈骗和强制猥亵妇女的嫌疑,考虑到宿介已经受到笞打,终被施愚山判决给予不准参加当年科考、由蓝衫改穿青衫的处罚。对宿介的刑讯并非毫无依据,对宿介的惩罚与其不当行为之间是相称的。

胭脂案中第三位出场的官员施愚山是一位卡理斯玛式清官,施愚山在城隍庙用谲定谳找出嫌疑人毛大,对毛大"施以毒刑,尽吐其实"。在毛大的作案嫌疑陡然增加之时,施愚山对之施以严酷异常的刑罚有一定道理:若是毛大在面临酷刑时仍能坚持清白并给出合理解释,自然可以洗脱嫌疑。胭

〔22〕 [美]理查德·A.波斯纳:《超越法律》,苏力译,中国政法大学出版社2001年版,第554页。

〔23〕 参见林喜芬、秦裕林、葛岩:《无辜者何以被怀疑——警察辨别真伪陈述能力的认知—行为研究述评》,载《上海交通大学学报(哲学社会科学版)》2015年第4期。

〔24〕 参见瞿同祖:《清代地方政府》(第2版),范忠信等译,法律出版社2011年版,第193页。

脂案中施愚山怀疑王氏另有宿介以外的奸夫对王氏同样施加重型,王氏“顿首出血,力辨无有”,施愚山方相信王氏确实没有别的奸夫。这一正一反的两个事实均表明了施愚山能够娴熟地运用刑讯手段。可见官员特别是卡理斯玛式清官,能够把握不同刑讯手段之间在威慑力上的微妙差别并有效使用刑讯获取信息。当然,这并不意味着清官在意识到不同刑讯逼供手段的轻微差别并运用之后所获取的信息就是无可置疑的。重刑之下所获得的信息具有非真即假的截然对立特点,既然对毛大“施以毒刑”,毛大完全可能是因为重刑的难以忍受而只求解脱或只求速死屈打成招,只不过是先前的用谲过程使因运用酷刑所得信息错误的概率降低了。

6. 清官的卡理斯玛特质是其个体化的智识禀赋。吸引读者的还有胭脂案中三位地方官的推理特点和对待案件当事人的第一反应缘何如此不同。鄂秋隼公堂上拘谨木讷只是发抖不知申辩的表现,既不符合其秀才身份,也不符合面临杀人指控的普通人的反应。县官的第一反应是更加确信鄂氏为真凶加以刑讯,而吴南岱“一见鄂生,疑不类杀人者,阴使人从容私问之,俾得尽其词”。面对同一个鄂秋隼,两位官员的判断截然不同。这也许是人们赋予吴南岱清官色彩的原因——他的卡理斯玛特质,然而此处仍有进一步深入解说的余地。接受了同样科举教育的知县和吴南岱,有着同样的知识结构,他们在面对嫌疑人在堂上不知辩解只是发抖的解读为何如此截然相反?

问题的关键在于嫌疑人鄂秋隼的堂上表现原本就会导向两种极端不同的情况:一种情况是鄂秋隼没有自我辩解是因为他有性格缺陷难以辩解;另一种截然不同的情况是鄂秋隼没有自我辩解是因为他自知罪孽深重难逃法网制裁。在没有其他证据佐证,为获取鄂秋隼是否实施犯罪这一私人信息,知县选择刑讯,而吴南岱则选择相信鄂秋隼没有犯罪,并派人暗地里从容相问(“阴使人从容私问之”),具有清官色彩的吴南岱主要是依靠直觉断定鄂秋隼并非真凶。卡理斯玛式清官施愚山在只看宿介申诉未见其人“反复凝思”的情况下即断定宿介是冤枉的(“反复凝思之,拍案曰:此生冤也!”)。

以上分析显示三位不同政府官员在司法活动中的选择的差异主要源自个人的直觉和经验,清官的卡理斯玛特质主要是其个人性的天然禀赋。司法活动所需知识类型主要是实践的和经验的,而官僚身上的清官色彩以及清官的卡理斯玛特质是因为其裁判案件的结果正确而被民众事后赋予的。

与知县相比,吴南岱有一定的清官色彩,而与吴南岱相比,施愚山则是一位不折不扣的卡理斯玛式清官。赋予两人清官色彩的主要因素是他们极强的发现案件事实真相的能力,而这一能力的背后体现的是他们个人性的智识禀赋,并不见任何社会物质资源、科学技术力量和法律职业共同体提供支撑力量的痕迹。

四、什么力量塑造了清官司法的刑事证明模式?

通过前文对胭脂案的分析发现在古代中国司法活动中,古代中国普通官员和卡理斯玛式清官均严重依赖刑讯手段获取口供,清官依靠基于大概率的社会常识和通行观念进行推理,并且不得不发挥超强的个体性智慧才能发现案件事实真相。清官的卡理斯玛特质是其个人禀赋,徇此路径更进一步,是哪些力量塑造了这一刑事证明模式?

1. 捉襟见肘的地方官制度难以满足科层治理的需要。胭脂案中除了服从命令拘捕鄂秋隼、王氏、宿介、毛大等嫌疑人的情节外,没有其他司法辅助力量和法律职业共同体出现或发挥作用,胭脂案的审判成为三位主审官员各自上演的决疑术独角戏,特别是成为展示卡理斯玛式清官在依靠个人智识发现事实真相和依社会常识进行推理的舞台。

古代中国的地方官是身兼数职的"父母官",地方上不能形成现代行政科层制中由一位"一把手"主导和多位各自分管不同职能领域的副手集体领导的局面。地方官可供支配的行政力量过于单薄,在行政科层治理中捉襟见肘。据学者研究,唐代一个 5000 户以上的上县至少有人口 27000 人,要管理这样一个地区,县令却只有 57 位僚佐,其中只有 4 位属于有品的职官系统,其中司法佐吏及典狱问事共 26 人;10000 户以上的县约有 55000 ~ 57000 人,司法部门一共才 28 人。[25] 至清代,知县加上书吏、衙役、长随、幕友等众多职能辅助人员,也难以胜任地方征税、[26] 司法、行政等诸多职能要

---

〔25〕 参见[英]杜希德:《唐代财政》,丁俊译,中西书局 2016 年版,第 214 页。

〔26〕 相对于司法,征税的任务是第一位的。比如唐代刺史作为州长官,主要工作是监督州内税收并上缴,是"税官"。清末,征收税赋是国家政权统治乡村社会的主要表现;中华民国时期,榨取财税一直是区政权的中心任务。清末,税收已经成为由地方政府内部操纵的一桩油水丰厚的借贷生意,县官们的官运便是寄托在按时并足额完成税收指标上。参见赖瑞和:《唐代高层文官》,中华书局 2017 年版,第 371 ~ 386 页;[美]杜赞奇:《文化、权力与国家:1900 – 1942 年的华北农村》,刘东主编,王福明译,江苏人民出版社 2010 年版,第 112 页;[美]孔飞力:《中国现代国家的起源》,陈兼、陈之宏译,三联书店 2013 年版,第 73 ~ 74 页。

“官僚制的特征之一是极度蔑视非理性的宗教”，[52]儒生对鬼神之说延用了儒家经典教义“敬鬼神而远之”“不语怪力乱神”，[53]但是，由于“鬼神之所以不安、宇宙之所以失常，一般认为乃君主之个人过失或社会失序”，[54]作为社稷最高者、韦伯所说的“身为最高祭司长”的皇帝，不得不向有识之士请教鬼神之事，在社稷最高者的关切中“问鬼神”与“问苍生”是统一的，是二而一的，关心鬼神之事即为关心苍生黎民之福祉。清官之所以在司法活动中还必须借助神灵信仰活动，是因为神灵信仰活动得到了社稷最高者的默认或许可，卡理斯玛式清官在司法活动中能够有效地利用普通性的神灵信仰现象发现案件事实真相，既反映了清官超强的智慧，也反映了国家的统治策略。

4. 清官处在国家弱财政汲取能力与地方强财政需求的夹缝之中。胭脂案中，我们难以看到任何社会物质资源、科学技术力量和法律职业共同体提供支撑力量的痕迹。古代中国存在的国家弱财政汲取能力与地方社会强财政需求之间的紧张矛盾，[55]是包括卡理斯玛式清官在内的普通官员们在司法审判中均不得不面对的现实。

地方政府基本没有财政收入这一事实从根本上塑造了地方政府运行的基本形态。“有专门人员来制定和执行规范具有巨大的优越性，一旦社会养的起这些人时，也就出现了这种专门人员。”[56]波斯纳这一颇具唯物主义色彩的论断启示我们劳动分工导致了法律工作专门化，只有在社会物质财富和生产力水平达到一定高度之后才会有立法、执法、司法的劳动分工。可是，直到清代，“中国的地方政府并没有自己的岁入”，“县官们必须用自己的收入来支付办公费用和个人开销”。[57]

国家不能向政府官员支付足够的薪水，官员薪俸少众人皆知，由此导致州县官贪污腐败、书吏衙役长随等向诉讼当事人索要陋规等行为，陋规成为

---

〔52〕［德］马克斯·韦伯：《宗教社会学》，康乐、简惠美译，广西师范大学出版社2011年版，第117页。

〔53〕《论语译注》，杨伯峻译注，中华书局2015年版，第71～83页。

〔54〕［德］马克斯·韦伯：《宗教社会学》，康乐、简惠美译，广西师范大学出版社2011年版，第74页。

〔55〕参见［美］孔飞力：《中国现代国家的起源》，陈兼、陈之宏译，三联书店2013年版，第73～102页。

〔56〕［美］理查德·A．波斯纳：《法理学问题》，苏力译，中国政法大学出版社2002年版，第6页。

〔57〕参见瞿同祖：《清代地方政府》（第2版），范忠信等译，法律出版社2011年版，第4页。

行政制度的一个必要特征。前工业化的中国在建立大规模官僚机构的过程中,为了解决难以从民众那里攫取足够多的资源支付官员工资的问题,所采取的办法是允许或多或少的公开腐败。[58] 还有学者认为所有古代中国官员都收受薪俸以外的钱财,中国人所谓"好官"与"坏官"的区别是前者让老百姓为正义而付钱,后者则把不公卖给出钱最多的人,在农民眼中,官员像强盗或土匪那样令人害怕。[59] 由于古代中国实行官吏两分的品位制度,胥吏及职役薪俸微薄,其灰黑收入问题更为严重,胥吏贪污之数超过了官僚贪污之数。[60] 知县及其僚佐对百姓敲诈盘剥的恶习一直持续到近代中国,在民刑诉讼上颠倒敲诈是知事及其僚佐经常可靠的财源。与其说老百姓希冀所信赖乃至崇拜的清官断案如神、全知全能,不如说清官崇拜现象反映了深受腐败压榨的劳苦大众对官员清廉、官场清明的渴望和寄托。由此不难看出,清官是古代中国官僚阶层中的异类,一个绝对的少数。

五、结语

本文通过胭脂案分析了古代中国普通官员和卡理斯玛式清官在司法活动中均严重依赖刑讯手段获取口供的刑事证明模式,以及清官依靠基于大概率的社会常识和通行观念进行推理且不得不发挥个人超强的个体性智慧才能发现案件事实真相的刑事证明模式。由于古代中国的官员审判案件所面临的主要困境是缺乏司法机器正常运转所需要的事实与信息,虽然清官们有极强的案件事实信息发现能力,能够运用多种手段获得解决案件所需要的信息,但是清官不得不运用刑讯获取案件信息。清官超强的信息发现能力有赖于他个人性的智识禀赋,而无社会物质资源、科学技术和法律职业共同体力量的支持。清官对涉案人员用刑的基础是当时社会通行的常理、常识,是符合当时社会观念和物质条件的高概率判断,但是,清官不得不以实际行动回应案件可能是小概率事件的诘问,这决定了清官不得不诉诸刑讯和口供,同时也埋下了清官司法的局限的伏笔。清官在司法过程中比普通官员更为细致周全谨慎,能够把握不同刑讯逼供手段之间的微妙差别并

---

〔58〕 参见[美]巴林顿·摩尔:《专制与民主的社会起源》,王茁、顾洁译,上海译文出版社2012年版,第174页。

〔59〕 参见萧公权:《中国乡村——论十九世纪的帝国控制》,张皓、张升译,台北,联经出版事业股份有限公司2014年版,第492~518页。

〔60〕 参见阎步克:《中国古代官阶制度引论》,北京大学出版社2010年版,第166~167页。

表1 M市党委政法委执法司法监督案件统计

年份	监督案件数量	办结案件总数	监督案件占比
2017	700	32976	2.12%
2018	640	34407	1.86%
2019	411	39060	1.05%
2020	610	39125	1.56%
2021	785	29649	2.65%

为有效避免上述统计的误差，笔者又专门选取2020年执法司法监督案件进行分类比较。2020年，执法司法监督案件总数610件，其中，公安类监督案件190件，占执法司法监督案件总数的31%；检察类监督案件115件，占比19%；法院类监督案件245件，占比40%；司法行政类监督案件60件，占比10%（见图1）。与此同时，2020年市级政法单位涉法涉诉信访总数148件，其中，涉及公安系统64件，占涉法涉诉信访总数的43%；涉及检察系统28件，占比19%；涉及法院系统54件，占比37%；涉及司法行政系统2件，占比1%（见图2）。

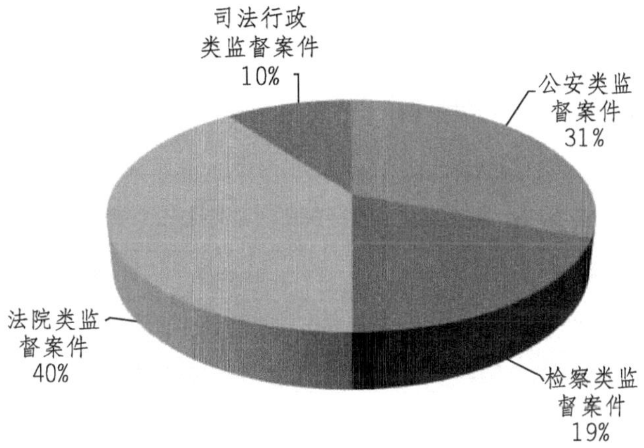

图1 2020年党委政法委执法司法监督案件分类统计

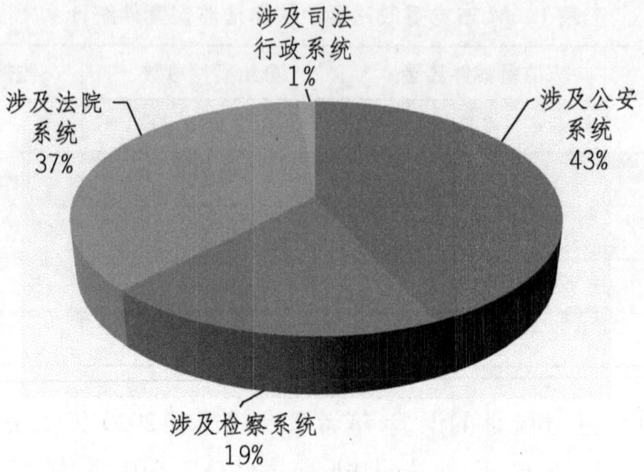

图 2　2020 年市级政法单位涉法涉诉信访分类统计

由此可见,2020 年执法司法监督案件分配比例与政法各单位当年涉法涉诉信访占比高度相关。涉法涉诉信访是人民群众对政法工作满意度的"晴雨表",近年执法司法监督案件紧紧聚焦涉法涉诉信访高发领域,既能积极回应人民群众诉求,也能及时发现执法司法的苗头性、倾向性问题并督促整改,在最短的时间内实现执法司法监督质效最大化。

(二)评查式监督

近年来,M 市党委政法委执法司法监督工作方式主要有以下四种:案件评查、执法检查、案件督办(协调)、重大执法司法活动和重大事项报告备案(见表 2)。

表 2　M 市党委政法委执法司法监督工作方式统计

年份	案件评查	执法检查	案件督办(协调)	重大执法司法活动和重大事项报告备案
2017	√	√	√	
2018	√		√	√
2019	√		√	√
2020	√		√	√
2021	√		√	√

2017 年以来,M 市党委政法委执法监督连续五年开展了案件评查和案件督办(协调),连续四年开展了重大执法司法活动和重大事项报告备案,执法

检查开展过一次。需要指出的是，2018～2020年，重大执法司法活动和重大事项报告备案均为扫黑除恶专项斗争涉及案件，分别为30件、16件、10件。2021年，扫黑除恶专项斗争常态化后，重大执法司法活动和重大事项报告备案的件数大幅下降，截至2021年9月共计3件。

（三）监督结果

总体而言，M市党委政法委因工作职能需要督办（协调）个案的件数很少，每年仅有个别案件。因此，笔者将每年的案件评查结果作为监督结果的重要佐证，在此予以梳理（见表3）。

表3　M市党委政法委案件评查结果统计

年份	案件评查数量	合格案件数量	瑕疵案件数量	不合格案件数量
2017	600	576	24	0
2018	600	585	15	0
2019	385	323	60	2
2020	590	579	9	2
2021	772	636	115	21

由表3可见，虽然M市党委政法委每年均在开展案件评查工作，但评查的结果差异非常大。2017～2021年，案件评查的瑕疵案件发现率分别为4%、2.5%、15.6%、1.5%、14.9%（见图3）；不合格案件发现率分别为0、0、0.52%、0.34%、2.72%（见图4）。

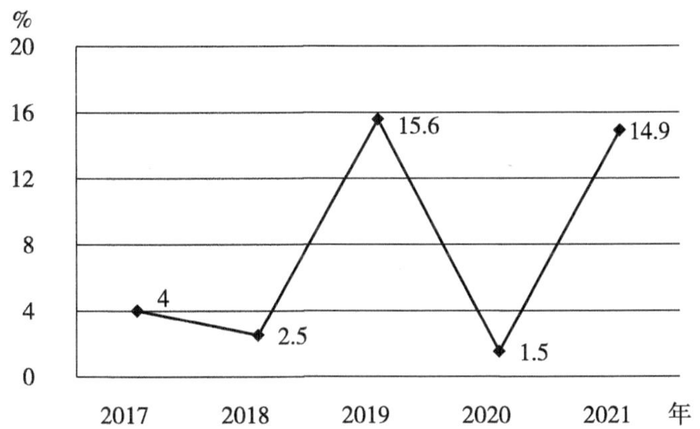

图3　案件评查瑕疵案件发现率

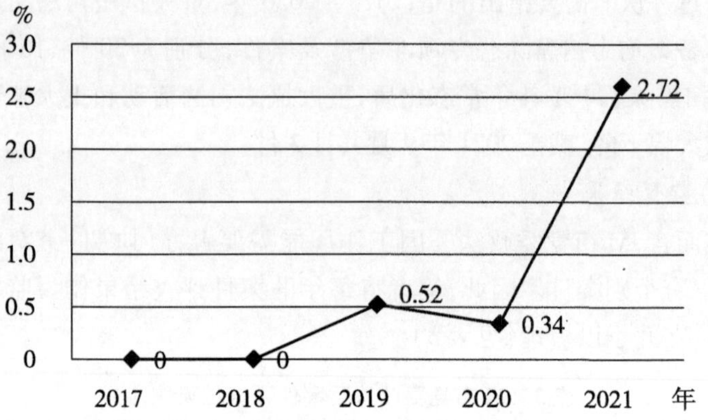

图4　案件评查不合格案件发现率

问题案件(瑕疵案件和不合格案件)发现率最高的两年,分别是2019年和2021年。通过梳理相关资料,笔者发现这两年问题案件发现率高并不是因为执法司法活动出现重大问题,而是因为案件评查方式出现重大调整,即所有评查案件不再交政法各单位自行评查,而是全部采取区县与市级政法单位交叉评查的方式。

(四)整改结果

对近年执法司法监督发现的问题,党委政法委均第一时间书面反馈政法各单位,但后续问题整改始终存在处理不痛不痒、问题屡纠屡犯的现象。如2017年开展执法检查后,党委政法委专门召集政法各单位开会反馈问题,但法律文书制作不规范、证据取证不规范等问题在随后几年仍然存在,整改落实流于形式、浮于表面。市级党委政法委监督案件办理只能督办催办,不能干涉具体案件办理,所以有些工作人员对案件存在问题深入查找的意愿并不强,回复只是泛泛而谈,主动性不强。如有的政法单位对党委政法委督办协调的事项没有重视,不能按时回复;有的办案人员认为即使在行使职权中出现问题,也有纪检监察和内部监督部门进行查究,党委政法委的执法司法监督是多此一举。又如对群众反映强烈的涉法涉诉重点疑难案件,M市党委政法委于2017年创新建立第三方专家评析制度,聘请高校知名教授对案件进行评析,获得各方好评。但当某涉法涉诉信访个案30余页的评析报告送达相关政法单位后,反馈的整改落实情况不到1页,内容就是非常空泛的“认真学习、提高认识”之类,“走过场”的情况比较严重。

治的崩溃和政治的堕落”。[14] 换言之,司法的政治性与法治性之间客观上存在一定的张力和博弈,政法工作既是政治性很强的法治工作,也是法治性很强的政治工作。将政治性与法治性有机结合起来,努力实现法律效果、政治效果和社会效果的有机统一,这正是党委政法委执法司法监督的内在逻辑。

但在具体实践中,由于前述四种错误认识对司法的本质属性认识不足,党委政法委开展执法司法监督的内在逻辑也存在混乱:一是执法司法监督过于虚化。将监督内容严格局限在检查政法单位执行党的路线方针政策、党中央重大决策部署和国家法律法规的情况等方面,不允许涉及具体案件等微观领域。但在实践中,上述监督内容与党委的巡视巡察、政法单位党组(党委)监督以及纪检监督重合很大,与政法工作的实际情况和具体特点结合度、契合度不高,执法司法监督的作用发挥日渐式微。二是执法司法监督过于实化。近年来,我国深化司法责任制改革赋权放权的步伐相对较快,但明责追责的步伐却相对较慢,适应新的执法司法运行模式的制约监督体系尚未健全。以 2020 年员额制改革后的 M 市执法司法质效为例,全市法院系统刑事案件改判、发回率同比上升 30%,幅度较大,特别是经检察机关抗诉后改变原审裁判 6 件,反映出刑事案件办案质量下滑;行政案件虽然改判、发回率较同期下降,但检察机关对行政审判活动监督提出检察建议 5 件,同比增加 66.7%,反映出行政案件办案质量有待提高。如果完全脱离具体执法司法活动,党委政法委执法司法监督就会沦为无源之水、无本之木,容易“虚化”“泛化”,监督的效果和作用大打折扣。尤其是对群众反映强烈的涉法涉诉信访案件,应当加大执法司法监督的力度,通过统计、通报和交办等方式,推动信访案件的化解。

(三)党委政法委执法司法监督的制度规范如何设定

围绕党委政法委如何开展执法司法监督,虽然中央和各省出台了一系列规范性文件,但原则性较强,对监督的范围、人员、标准、方式、程序等方面没有作出更细的规定,实践中随意性较大。同时,执法司法监督对象是执法司法工作者,本身维权意识很强,相关规定不够明确,导致监督工作的风险性大大提升,监督人员的积极性普遍受到影响。

一方面,监督制度本身不够健全。我国单一制的国家结构决定了司法权

---

[14] 参见田培洋:《当代中国司法的政治立场》,吉林大学 2015 年硕士学位论文,第 45 页。

的中央事权属性,[15]司法体制改革需要更多自上而上的顶层设计。如M市推进的跨部门办案平台系统,是新时期实现政法工作现代化的重要动力,也是落实执法司法责任的强劲助力。依托现有信息技术,跨部门办案平台系统的运行完全没有阻碍,不存在技术性难题。但在实践中,法院、检察院、公安机关和司法行政机关的办案平台是最高人民法院、最高人民检察院、公安部、司法部各自组织研发的,由于自上而下参与的技术公司不同、信息端口不同等因素,彼此之间存在信息壁垒,市一级党委政法委碍于职能权限,很难真正实现办案平台之间的互联互动、实施监管。

另一方面,外部配套制度尚未跟上。《政法工作条例》第12条明确提出,“指导和推动政法单位党的建设和政法队伍建设,协助党委及其组织部门加强政法单位领导班子和干部队伍建设,协助党委和纪检监察机关做好监督检查、审查调查工作,派员列席同级政法单位党组(党委)民主生活会”是党委政法委的主要职责任务之一。但在实践中,由于党委政法委“协管”“协查”职能的规定过于原则,在各地的落地落实没有刚性约束。如M市委政法委曾起草《市委政法委协管政法领导干部细则》《协查政法领导干部细则》,在送相关部门征求意见时,均以没有省级细化文件支撑为由,最终无法出台。

四、党委政法委执法司法监督的路径完善

2019年以来,全国政法领域全面深化改革会议的连续三年聚焦执法司法制约监督这一重点、难点和热点问题,[16]从完善监督制约机制,到构建制约监督体系,再到构建责任体系三个层面,由表及里、层层递进、环环相扣。立足新发展阶段,党委政法委执法司法监督应以《政法工作条例》为遵循,坚持党的绝对领导,依法、科学、有效地开展执法司法监督工作。

(一)澄清执法司法监督的法律性质

2014年10月,党的十八届四中全会审议通过的《中共中央关于全面推进

---

〔15〕　参见蒋惠岭:《论“中央事权—省级统管”模式及完善》,载《政法论丛》2021年第3期。

〔16〕　2019年7月召开的政法领域全面深化改革推进会提出,建立权责一致的司法权运行机制,完善科学有力的监督制约机制,进一步提高执法司法质量、效率和公信力。2020年8月召开的政法领域全面深化改革推进会提出,加快构建上下贯通、内外结合、系统完备、规范高效的执法司法制约监督体系,进一步提升执法司法公信力。2021年7月召开的政法领域全面深化改革推进会提出,加快构建权责清晰、权责统一、监管有效、保障有力的执法司法责任体系,在更高层次上实现执法司法权力与责任的平衡、放权与监督的结合、公正与效率的统一。

公民身份与宪法教育

黄圆胜*

摘　要:在“宪法—公民”这一立宪结构之中,除却宪法自身的因素,公民的政治成熟与否直接决定了宪法体制的运作优劣。达致公民的政治成熟,现代国家通常诉诸政治教育或公民教育,在多数立宪民主国家,宪法教育是公民教育的核心。思考宪法教育,必须明确公民身份作为其理论前提。公民身份的内涵包括身份地位、身份实践与身份意识三个层面,公民身份的理念则为共同体的团结与个体权利保障。在立宪国家,公民身份的内涵与理念决定了宪法教育的基本构造。它构成了宪法教育的动因、设定了宪法教育的理念、限定了宪法教育的对象、规定了宪法教育的目标。我国的宪法教育也可以在此意义上展开。宪法认同是宪法教育的最终目标。经由公民身份概念制约下的宪法教育,可以初步提炼出工具性认同、价值性认同与情感性认同这三种具体的宪法认同类型。

关键词:公民身份　宪法教育　宪法认同

一、引论

习近平总书记曾强调指出:“宪法的根基在于人民发自内心的拥护,宪法的伟力在于人民出自真诚的信仰。”[1]这意味着,宪法是可以有力量的,

---

* 黄圆胜,北京大学法学院 2020 级博士研究生。

〔1〕 习近平:《在首都各界纪念现行宪法公布施行 30 周年大会上的讲话》,载《人民日报》2012 年 12 月 5 日,第 2 版。

如果一国之民信的话。[2] 也即是说,若人民拥护宪法、信仰宪法,则宪法的生命长存。人民对宪法的信仰首先取决于宪法对人民的信仰,也即宪法是否认真对待与教育它的人民。进一步来说,从宪法与人民的关系来看,除却宪法自身的因素,人民的政治成熟与否,直接决定了宪法体制的运作优劣。而如何培育人民的政治成熟,现代国家通常诉诸政治教育或公民教育,在多数立宪民主国家,宪法教育是公民教育的核心。作为社会主义宪法的代表性国家,我国同样需要契合政治实际,围绕宪法文本,积极开展相应的宪法教育,培育遵纪守法的现代公民,进一步完善社会主义民主政治与宪制体系。

从概念上来说,宪法教育本质上是一种教育实践活动。教育的原点是育人,本质上是让教育回归生活世界的根本,就是使教育回到人的生活中来,把促进人的发展和生活的完善作为教育的根本出发点和归宿。[3] 当前,我国宪法教育的方法简单、教育对象泛化、教育内容枯燥与专门教育机构缺失等问题已经严重制约了宪法教育的实践效果。[4] 因此,需要明确的是,宪法教育不应是空洞的道德宣教,也不是机械的送法下乡。广义而言,宪法教育是教育主体有目的地通过各种教育手段将宪法知识传递给教育对象,并内化于心的特定教育实践活动,是一种宪法知识、宪制精神和宪法文化的教化、传承、培植和发展的过程。[5] 在这个过程中,需要特别明确公民身份(citizenship)[6] 作为宪法教育的理论前提。通过这一前提,宪法教育的诸多议题可以得到反思、澄清与再界定。在立宪国家之中,公民身份的内涵与理念构成了宪法教育的动因、设定了宪法教育的理念、限定了宪法教育的对象、规定了宪法教育的目标。易言之,要回答"为何要进行宪法教育""进行何种宪法教育""对谁进行宪法教育""宪法教育为了什么"这四个问题必须返回到公民身份的理论起点,进而在这种概念脉络下整体性地思考宪法教育的理念、内涵与目标。

---

〔2〕 参见陈端洪:《权力的圣礼:宪法宣誓的意义》,载《中外法学》2018年第6期。

〔3〕 参见鲁洁:《教育的原点:育人》,载《华东师范大学学报(教育科学版)》2008年第4期。

〔4〕 具体分析,参见徐继超:《论我国公民宪法教育存在的问题与对策》,载《佛山科学技术学院学报(社会科学版)》2011年第1期。

〔5〕 这个定义经过笔者的修正,原概念参见李德龙:《论宪法教育对宪政建设的价值构造》,载《武汉大学学报(哲学社会科学版)》2007年第2期。

〔6〕 需要指出的是,公民身份在学界具有多种译法,如公民资格、公民权利等。根据笔者观察,更普遍的译法为公民身份。

基于此，本文将首先界定公民身份的内涵与理念。其次，在此前提下，结合我国的宪制语境，分别从教育理念、教育主体、教育对象与教育形式四个方面解析宪法教育的基本构成。最后，本文将结合公民身份的基本理论，指出宪法教育的基本目标在于促使公民了解和接受宪法知识，中间目标则为培育公民的宪法意识，最高目标则在于实现宪法信仰，并将这三个层次的目标统合于宪法认同的复合概念之中。在此基础上，尝试提炼出经由宪法教育而实现的三种宪法认同类型。

二、前提：公民身份的内涵与理念

公民身份是政治理论上一个极为经典的概念，同时也是一个高度争议性的概念。美国学者茱迪·史珂拉指出，今天再也没有哪个词汇比"公民身份"这个概念在政治上更为核心，在理论上备受争议。[7] 从西方公民身份理论的发展脉络来看，隶属不同理论阵营的自由主义、保守主义以及激进主义，均十分热衷于界定公民身份的内涵，试图获得对这个概念使用的合法性垄断。[8] 美国学者基思·福克斯对此解释，"这是因为，公民身份同时包含了个人和集体的因素"。[9] 换言之，公民身份的内涵同时包含个人面向与共同体面向。但本文并不打算从思想史上处理不同版本的公民身份的理论依据与概念差异，而是旨在从当前公民身份的最大概念共识出发，界定其基本内涵与理念，以此明确公民身份作为宪法教育的理论前提，从而为下文分析宪法教育的框架和目标提供铺垫。

（一）公民身份的内涵

根据《斯坦福哲学百科全书》（*Stanford Encyclopedia of Philosophy*）的权威定义，公民身份的内涵主要包括三个层面：作为法律地位的公民身份、作

〔7〕 Judith N. Shklar, *American Citizenship: The Quest for Inclusion*, Cambridge: Harvard University Press, 1991, p. 1. 此书已有中译本，可参见[美]茱迪·史珂拉：《美国公民权：寻求接纳》，刘满贵译，上海人民出版社2006年版。

〔8〕 对于公民身份的概念梳理，可参见郭忠华：《变动社会中的公民身份——概念内涵与变迁机制的解析》，载《武汉大学学报（哲学社会科学版）》2012年第1期；蔡英文：《公民身份的多样性——政治观念史的阐述》，载许纪霖主编：《公民与公共性》，江苏人民出版社2006年版，第80～97页。

〔9〕 [美]基思·福克斯：《公民身份》，郭忠华译，吉林出版集团有限责任公司2009年版，第1页。

为政治行动者的公民身份以及作为政治社群成员的公民身份。[10] 法律地位的内涵由权利与义务规定,政治行动者的内涵由积极的政治参与所规定,政治社群成员的内涵则由作为认同来源的社群所规定。这三个层面实际上分别从法律的(身份地位)、行动的(身份实践)以及心理学(身份意识)的层面规定了公民身份的内涵构成,可以认为是公民身份的最大概念共识。[11]

1. 法律层面:身份地位

作为法律层面的公民身份意味着公民具有一种至少在形式意义上平等的法律地位,在权利受到侵害时,公民有权主张法律救济。根据英国学者T. H. 马歇尔的权威界定,从历史来看,这种法律地位包含了三种不同的面向,分别为公民的要素、政治的要素以及社会的要素,并分别对应三种不同类型的权利,分别为公民权利、政治权利与社会权利。这三种不同类型的权利,分别对应的保护机构为法院、代议机构以及教育机构与社会福利部门。[12] 近代以来,关于成员权利的财产限制、年龄限制、性别限制、种族限制等等身份障碍相继被以公民身份行动为核心的社会运动浪潮所摧毁,成员身份在法律地位上不断迈向平等主义,完全成员身份的概念逐渐获得普遍认可。这可以说是公民身份的本质内涵。正如马歇尔教授犀利地指出,公民身份是一种地位(status),一种共同体的所有成员都享有的地位,所有拥有这种地位的人,在这一地位所赋予的权利与义务上都是平等的。[13] 通过形式平等的法律地位,公民在私人领域可以实现丰富多样的个性自由,在公共领域可以实现参政议政的政治权利。可以认为,法律地位的公民身份是一种个体权利导向的公民身份,尽管同时伴随着一定的义务与责任,但它最终指向

---

〔10〕 Leydet & Dominique, *Citizenship*, The Stanford Encyclopedia of Philosophy (July, 18, 2017), https://plato.stanford.edu/entries/citizenship/.

〔11〕 鉴于公民身份概念的多歧性,也有很多学者划分出不同类型的公民身份。如以公民的权利与义务为基础的政治——法律公民身份与作为公民文化——心理归属的汇聚的文化——心理公民身份。参见肖滨:《两种公民身份与国家认同的双元结构》,载《武汉大学学报(哲学社会科学版)》2010年第1期。但上述分类大致上仍在法律身份与心理身份的范畴之内。还有学者提出公民身份在理论上统合了公民的身份地位、权利义务和参与行动。细究来看,身份地位和权利义务均指向了法律层面的身份地位。参与行动则指向了身份实践。参见李艳霞:《公民身份理论内涵探析》,载《人文杂志》2005年第3期。

〔12〕 参见[英]T. H. 马歇尔、安东尼・吉登斯:《公民身份与社会阶级》,郭忠华、刘训练编,江苏人民出版社2008年版,第10~11页。

〔13〕 参见[英]T. H. 马歇尔、安东尼・吉登斯:《公民身份与社会阶级》,郭忠华、刘训练编,江苏人民出版社2008年版,第23页。

了社群成员的权利。申言之,义务与责任在本质意义上并不是对权利的限制,而是更好地促进个体自由而平等地实践权利。正如基思·福克斯清楚地指出,“权利与责任本质上并不是相互排斥的概念,相反,而是相辅相成的概念”。〔14〕

2. 行动层面:身份实践

行动层面的公民身份并不是指公民在私人领域的活动,而是指公民在公共领域的公共行动。它把公民视为一种积极地参与政治社群事务的政治行动者。美国学者坎洛瓦指出,行动层面的公民身份是指公民身份的角色实践,包括政治参与以及公民活动(civic activity)两个层面。政治参与旨在直接型塑公共政策,包括工具性的政治行为(比如投票、请愿、抗议游行)与参与政治组织的活动(政党和利益团体)。公民活动则并不直接影响公共政策,而是包括了公共文明行为(遵守法律与社群规范)、公共服务行为(服兵役与加入民兵组织)以及公共惯例行为(奏唱国歌、参加庆典游行)。〔15〕

3. 心理层面:身份意识

心理层面的公民身份是指一种基于共同体成员资格的公民身份意识(sense of citizenship)。并非所有成员都会自觉发展出一种公民身份意识。在那些具有公民身份意识的成员当中,公民认同(citizen identity)与理解分别是形成公民身份意识的两种要素。其中,公民认同是一种基于成员资格的共同情感,它构成了公民身份意识形成的情感维度。〔16〕理解则意味着一种公民发展其自身与国家以及与其他公民之间关系的一种信念体系,它构成了公民身份意识形成的认知维度。总结来说,公民身份意识主要在情感与认知两种维度上得到证成。在情感维度上,身份意识主要体现为一种成员资格的归属感、身份感与认同感;在认知维度上,身份意识主要体现为公民对自身与国家的关系、公民与其他公民之间关系的一种理性认知,这种认

〔14〕［美］基思·福克斯:《公民身份》,郭忠华译,吉林出版集团有限责任公司2009年版,第61页。

〔15〕See Pamela J. Conover, *Citizen Identities and Conceptions of the Self*, The Journal of Political Philosophy, Vol. 3: 2, p. 133 – 165(1995).

〔16〕公民认同在情感和心理意义上实际上等同于20世纪90年代以来兴起的公民身份认同(citizenship identity)概念,后者是公民身份与认同研究汇合的产物,主要关注个体或群体对政治共同体之成员地位(包括自我安全、归属、团结、包容或排斥)的心理认知和主观感受,旨在提升政治社群成员的尊严和地位。有关公民身份认同的分析,参见郭台辉:《公民身份认同:一个新研究领域的形成理路》,载《社会》2013年第5期。

知既包括了正式与非正式的权利、义务以及责任的层面,也包括了个体作为公民角色的层面。[17]

(二)公民身份的理念

梳理不同理论流派关于公民身份的概念,可以发现,公民身份的内涵尽管犹如万花筒一般纷繁复杂,难有完全同一的定论,但在内容上几乎均指涉共同体与个体这两种层面。概念的所指决定了语词的实质意义。分析公民身份的理念因而也需要从这两个维度展开。在共同体层面,公民身份的理念主要指向了共同体的团结。在个体层面,公民身份的理念主要体现为个体权利保障。

1. 共同体的团结

所谓共同体的团结,也可以视为一种共同体的自我整合与自我认同。在个体层面,它要求公民对共同体担负一种政治忠诚义务;在共同体层面,则要求共同体具备自我存续与自我认同的能力。共同体的存在实际上是讨论公民身份的前提性议题。这一共同体,虽然在近代以来多以"民族国家"来表达,但历史上出现的城邦、政治共同体、帝国等概念,几乎均将公民身份看作是个体在这一共同体中的正式成员资格,也即共同体构成了公民身份的前提条件。[18] 进一步来说,在资源有限、国家竞争的环境下,一个共同体如欲实现自我存续与自我认同,就必须限定公民身份的范围,设定公民身份的理念,规定公民身份的内涵。

具体来说,从前述公民身份的三种内涵来看,首先,法律上的公民身份地位,实质上是自由主义的公民身份观的体现。[19] 我们颇为熟悉的是,经典自由主义的理论预设以平等主义作为内核,秉持最小道德概念,承认个体的自治与宽容多元价值,在国家观上预设工具论意义上的中立性原则。若无共同体的实存,则无相应的成员资格,也就更无所谓的成员身份意识或身份认同可言。

其次,从公民身份实践的层面来说,20世纪中叶以来,公民共和主义以

---

〔17〕 See Pamela J. Conover, *Citizen Identities and Conceptions of the Self*, The Journal of Political Philosophy, Vol. 3: 2, p. 133 – 165 (1995).

〔18〕 参见郭忠华:《变动社会中的公民身份——概念内涵与变迁机制的解析》,载《武汉大学学报(哲学社会科学版)》2012年第1期。

〔19〕 关于自由主义的公民观及其教育观的梳理和分析,可以参见黄学圣:《自由主义公民教育的意义及其容忍多元的限制》,载《公民训育学报》2003年第13辑。

及随后产生的社群主义进入学术视野。代表共和主义价值观的公民义务、公民责任、共同善的概念重新回到政治哲学的讨论视野之中。[20] 多数共和主义者均将公民道德、公民责任与政治社群的共同善联系在一起,提倡一种不同于权利政治的共善政治。公民与国家的关系,不再是自由主义者所规定的契约型的工具式关系,而是一种由国家在先预设公民的群体地位的固有关系(appropriate relationship)。[21] 与此潮流相适应,公民身份实践的理论也主要围绕公民伦理、公民责任与公民义务来展开。以前文论及的坎洛瓦的政治参与和公民活动概念为例,虽然其形式和直接目的并不相同,但本质上均属于一种公民以各种途径积极地参与公共事务的身份实践。这种身份实践,也即公共行动,一方面增强了民主体系运作的反思性与回应性能力,另一方面则型塑了公民之间、公民与共同体之间的情感纽带。这两方面的目标最终指向了共同体的团结。

2. 个体权利保障

个体权利保障是公民身份理念的另一种面向。它首先指向了公民身份概念中最为核心的一个范畴,也即作为法律地位的公民身份。一般而言,通过移民法或国籍法等相关法律,生理意义上的自然人被认知和接纳为国家的正式成员,被赋予人格,成为公民,也即一种人格人。相应地,公民身份则是由国家通过法律所赋予个人的一种平等法律地位,平等构成了公民身份在法律面向上的本质内涵。这意味着公民与国家之间的权利与义务关系构成了公民身份的核心内涵。从这样一种视角来看,耶利内克的法律地位理论对于理解作为法律地位的公民身份极有帮助。耶利内克认为,个人基于国家成员资格被置于为数众多的地位关系之中,分别为对国家的义务的被动地位、免于国家的干涉的消极地位、对国家的请求权的积极地位以及参与国家统治的主动地位。这四种地位几乎穷尽了个人在国家中的成员地

---

〔20〕 有关当代公民共和主义的理论,可参见[美]阿兰·博耶等:《公民共和主义》,应奇、刘训练编,东方出版社 2006 年版。

〔21〕 See Adrian Oldfieeld, *Citizenship: An Unnatural Practice?* Political Quarterly, Vol. 61, p. 177 - 187(1990). 需要说明的是,固有关系(appropriate relationship)的译法较为准确,笔者故而采纳之。固有意味着自然或本源的性质,区别于人为约定的工具性的关系,类似于免疫学中机体自身的固有免疫与后天的适应性免疫的关系。这个译法的出处,参见廖添富、刘美慧、董秀兰:《自由主义与社群主义的公民教育观》,载《公民训育学报》1999 年第 8 辑。

位。[22] 公民权利指向了公民的消极地位,政治权利指向了公民的主动地位,社会权利则指向了公民的积极地位。在这个意义上,T. H. 马歇尔教授从三种权利视角对于公民身份的论断可以说是开创性的。它本质上指出了现代国家与公民的关系主要由法律上不同类型的权利与义务的关系所构成,这极大地丰富了公民身份的法律地位内涵。这样的法理型关系更具有稳定性与可预期性,也更少专断性与随意性。

从公民身份实践的角度来说,至少在现代国家中公民的政治参与层面,公民积极行使政治权利,一方面能够实现集体的自我统治,有利于实现共善政治,并最终促成国家与社会的整合,实现共同体的团结;但另一方面,也是最为根本的,公民行使政治权利,也可以视作旨在更好地监督政府行使权力。这种参与政治生活的权利主要体现为一种自我表现意义上的基本权利,是民主价值的法律体现,其实质是参与和决策,是以自身利益为核心,主张自主意志、注重形式上的自我表达等一系列要素的完整体现。[23] 可以认为,在这个意义上,政治权利事实上为公民对外提供了一种反映和保障个体利益的制度化的发声渠道,其本质在于保障广义上的公民各项权利,是一种权利的"权利"。

就公民的身份意识而言,表面来看,这种面向的公民身份似乎与个体权利保障并不具有直接联系。因为,公民身份意识不仅需要的是一种身份感与归属感,还需要一种政治忠诚感,一种无须理性计算而产生的奉献式情感。陈端洪教授把忠诚界定为一种道德情感和行为方式,即一个主体心甘情愿地将自身与对象同一化,并愿意为对象付出努力、做出牺牲。在现代共和国,这种政治忠诚具体体现为公民的相互忠诚。[24] 公民的相互忠诚,在实践论意义上,意味着公民的某种同一性,彼此因而负有一定的道德义务,如不许盗窃他人财产、不许随意伤害或杀死他人等。这是公民相互忠诚下共同理解与认可的基础规范共识。从古特曼与汤普森的审议民主理论来看,这里的公民相互忠诚,可以视为一种在政治上通过交换理由进而互相证成的理解能力,即公民或官员必须能提供受公共政策拘束的那些主体可以接受的那种理由,来证成自己的观点,以符合互惠性原则(principle of

〔22〕 参见[德]格奥格·耶利内克:《主观公法权利体系》,曾韬、赵天书译,中国政法大学出版社2012年版,第78~79页。
〔23〕 参见郑贤君:《基本权利的宪法构成及其实证化》,载《法学研究》2002年第2期。
〔24〕 参见陈端洪:《权力的圣礼:宪法宣誓的意义》,载《中外法学》2018年第6期。

reciprocity)。这种互惠性原则,通过运用理性证成自己的公共行动,同时也批判他人的公共行动,保障了公民能够对彼此的观点实现一种相互理解,寻求建立社会合作的互相接受条件,最大化实现个人的自由与机会,从而保障公民的人性尊严和价值。[25] 由此,可以推论,共同体的团结意涵固然是公民身份意识的底色,公民通过嵌入共同体,获得对"我们是谁"的集体认同。但是,若深究公民的相互忠诚以及在此基础上的通过交换理由而相互证成的理解能力,从代表集体认同的"我们是谁"到个体认同的"我是谁"也不过一步之遥。这里的"我是谁",实际上就是建立在公民个体自由与尊严意义上的自我认同。经上论述,可以发现,即使在表面上看起来具有最强的共同体团结分量的公民身份意识,同样可以通过从个人权利的正当性角度得到证成。总结来说,公民的身份意识不仅包含了集体的因素,同样包括了个人的因素。

三、框架:宪法教育的基本构造

从上文的分析可知,公民身份首先指向一种政治社群的成员身份(membership),并被法律定义成为一种法律地位,其次才会产生参与身份实践与形成身份意识的问题。这样的社群成员,并不是天然形成的,需要一种政治教化(political socialization)的过程。在现代国家,好的公民是被培育型塑的而非自然出生的(good citizens are made, not born)。[26] 换言之,公民必须接受适当的教育方能真正成为好的公民。公民教育主要承担了这样一种培育和型塑公民的功能。在多数立宪民主国家,宪法教育作为一种最为基础的法律教育,是公民教育的核心。从德国经验来看,德国宪法教育不仅贯穿德国近现代政治教育的历史,而且当代德国政治教育内涵虽然涉及历史、政治、经济、社会诸方面,但其核心内容是关于宪法知识和宪法意识的教育。[27] 从美国经验来看,宪法教育几乎伴随着美国宪法的制定而产生,是

---

[25] See Amy Gutmann & Dennis Thompson, *Democracy and Disagreement*, Cambridge: Belknap Press of Harvard University Press, 1996, p. 52 – 53, 65 – 66.

[26] See William A. Galston, *Political Knowledge, Political Engagement, And Civic Education*, Annual Review of Political Science, Vol. 4:1, p. 217 – 234(2001).

[27] 参见李文、阮一帆:《宪法教育:德国政治教育的核心》,2020 International Conference on Advanced Education, Management and Social Science(AEMSS 2020),2020年4月12日于中国杭州。

美国公民教育的重要组成部分,贯穿于美国学校教育课程的始终。[28]

由此,宪法教育的地位与意义自不待言。接下来需要明确的是:我们究竟需要何种宪法教育以及怎样开展宪法教育。第一个问题是一个规范意义上的关于宪法教育理念的问题。第二个问题是一个事实层面的宪法教育的操作问题。承接前述讨论,这两个问题必须结合公民身份与公民教育的概念来思考。因为,从概念关系上,基于特定共同体的国家公民身份,其公民教育的目标在于维护特定政体的存续。[29] 也即,在现代共和国,公民身份构成了公民教育的前提,不具有特定国家的成员资格,便谈不上是否需要政治忠诚,也就不存在与特定共同体相适应的公民教育义务。公民教育则构成了宪法教育的前提,因为,若公民教育不存在,也就无宪法教育存在的必要性。但反过来更为重要的是,必须明确宪法教育作为公民教育的核心。在现代立宪国,谈公民教育就是在谈宪法教育,没有货真价实的宪法教育,公民教育必然徒具形式。所以,本质而言,如跳过公民教育这一环,公民身份的内涵与理念直接决定了宪法教育的理念与内容。公民身份的内涵与理念固然包含了未被实定化的政治道德信念,但一般是由凝结着共同体的基本价值观的成文宪法所规定。换言之,公民身份的内涵与理念在现代国家是通过宪法所实定化和具体化的,比如,公民的基本权利与义务就是法律层面的公民身份的体现,也是个体权利保障的理念体现。这意味着,作为基本价值秩序的宪法具有何种理念,就决定了何种宪法教育的理念,不反映或不正确反映宪法基本理念的宪法教育是误入歧途的宪法教育。这也是我们现阶段围绕现行1982年《宪法》大力开展全民宪法教育的原因。[30] 针对第二个问题,也即技术层面的宪法教育的操作问题,则需要首先根据公民身份的

[28] 参见陈正桂、[美]玛格丽特·史密斯·克罗科:《宪法教育:美国公民教育的重点与核心》,载《学校党建与思想教育》2010年第29期。

[29] 参见江宜桦:《公民理念与公民的教育》,载许纪霖主编:《公共性与公民观》(知识分子论丛)(第5辑),江苏人民出版社2006年版,第318页。

[30] 秦奥蕾教授也认为我国公民教育应该实现与宪法的同构化,主张从宪法文本中提炼与建构我国公民教育的目标与内容。参见秦奥蕾:《实现公民教育与我国宪法教育的同构化》,载法大新闻网2015年12月2日,http://news.cupl.edu.cn/info/1058/19533.htm。有的学者认为宪法教育的范畴应当包括整个宪法部门,而不应局限于《宪法》文本,否则就太狭隘。参见刘寿堂:《范畴、目标、模式及支持系统:宪法教育中的几个问题》,载《教育理论与实践》2017年第30期。这种看法事实上误解了宪法教育所针对的"宪法"应为何物。它实际上并不排斥宪法相关法。从宪法文本出发的原初意图在于承认宪法典的权威性与最高性,它是我们一切宪法教育实践最终的规范指引,也因而需要首要对待。

成员资格前提,明确宪法教育的对象,并贴近现行规范和制度框架来思考其具体的因应之道。

(一)宪法教育的理念

近代以来的宪法,主要体现为一种控权本位的宪法理念,是保障自由的基本法。日本宪法学权威芦部信喜就认为人格不可侵犯原则(个人尊严)是宪法的核心价值,支撑起作为宪法根本规范的人权条款。[31] 当代比较宪法学权威卡尔·罗文斯坦也认为任何宪法的目的在本体论意义上都是明确规定政治权力的限制与控制机制。[32] 这基本上是关于近代宪法理念的共识乃至常识。

在我国的宪制语境中,从现行宪法的规范结构来看,有两条并行的规范线索值得注意。第一条线索指向了共同体面向,第二条线索则指向了个体面向,二者互相支撑,缺一不可。先来看第一条线索,在国家目标上,《宪法》序言第7自然段规定建设社会主义现代化强国、实现中华民族伟大复兴的国家目标;在国体与政体上,第1条规定了社会主义制度作为根本制度,第2条确立了人大制度,第3条确立了作为国家机构原则的民主集中制;在经济上,第6条规定了公有制作为经济基础,第12条则是公共财产的保护规范,第11条对非公有制经济的积极确认;在意识形态上,第24条规定了国家加强社会主义精神文明建设与倡导社会主义核心价值观的义务;公民义务上,第52~56条,均属于公民应负的具体宪法义务的条款;以及国家象征上,第141~143条是关于国旗、国徽、国歌以及首都的规定。之所以不厌其烦地列举这些宪法条文,是因为如果借助体系解释的方法,这些条文在规范目的上从政治、经济、意识形态等不同视角共同指向了一种独特的宪法理念,即塑造社会主义政治共同体的团结。这也是1982年《宪法》作为一部团结宪章的表现之所在。这种团结不仅是社会心理结构的,它还是政治经济结构的。[33]

第二条线索指向了个体面向,以个体权利保障为主线。具体来说,《宪

---

〔31〕 参见[日]芦部信喜著、高桥和之增订:《宪法》,林来梵、凌维慈、龙绚丽译,北京大学出版社2006年版,第9页。

〔32〕 参见[美]卡尔·罗文斯坦:《现代宪法论》,王锴、姚凤梅译,清华大学出版社2017年版,第89页。

〔33〕 参见张劲:《团结宪章——宪法的中国意义》,载《政法论坛》2014年第1期。张劲教授的文章从宪法序言与宪法正文详细分析了宪法团结的精神和意象,并认为这种团结意涵包含了情感性要素、利益性要素和多元性要素。虽然他多次声明这种团结更多是一种事实论意义上的,但不妨碍我们这样去理解1982年《宪法》的基本理念。

法》第33条可视为法律公民身份的原则性条款,换言之,第33条的整个规范结构具体化了公民身份在法律上的完整内涵。第1款可以视为公民资格的准入条款,我国采取的是取得国籍即取得公民资格的模式;第2款为成员的地位平等条款,是关于公民成员平等权的一般性规定;第3款为国家对于成员权利的通过“尊重”与“保障”实现的两种保护义务条款,也可以视为一种人权原则;第4款为基于公民本位的权利与义务条款,特别突出了公民的义务条款,体现了权利与义务的一致性原则。[34] 具体到马歇尔教授提出的公民身份内涵的三种权利层面,第13条确立了近代立宪主义宪法最为注重的私人财产权的保护规范,第36~40条列举了除财产权外包括人身自由、信仰自由在内的其他公民权利;政治权利层面,第34条的选举权条款、第35条的言论、出版、集会等自由条款、第41条的监督权条款,均旨在实现人民自治与政治参与的规范目的;社会权利层面,第42~47条,共计6个条款,分别规定了中国公民的劳动权、休息权、生存权、受教育权等。[35] 这些基本权利规范从三种不同面向实定化了我国语境下公民身份的宪法权利内涵。它一方面印证了马歇尔教授犀利的论断,另一方面又作为宪法规范承认了人权保障的普遍价值,最终凝结成我国宪法的另一种基本理念:个体权利保障。需要指出的是,这种个体的权利保障,不仅表现在具体的基本权利清单上,还表现在人权保障的基本宪法精神上。[36] 因而在这一意义上,可以说它是一种宪法理念。

根据上面的分析,宪法教育的理念与内容应当围绕宪法的理念与内容来展开。需要指出的是,出于共同体的自我维系与认同需要,任何国家都有与其政体相适应的公民教育。[37] 这里,政体类型是理解任何一个国家公民

---

〔34〕 我国《宪法》第33条规定:“凡具有中华人民共和国国籍的人都是中华人民共和国公民。中华人民共和国公民在法律面前一律平等。国家尊重和保障人权。任何公民享有宪法和法律规定的权利,同时必须履行宪法和法律规定的义务。”

〔35〕 需要交代的是,这里旨在从一般意义上对现行宪法的权利规范进行分类,并不在特殊层面区分具体权利的分类问题。因此,这样的区分仅限于类型学意义上的研究便利。权威分类,可参见林来梵:《从宪法规范到规范宪法》,商务印书馆2017年版,第128~239页。

〔36〕 宪法第33条第3款“国家尊重和保障人权”于2004年入宪。作为一种人权保障的宪法原则,为1982年《宪法》注入了新的价值,其所彰显的宪法精神与历史意义,可参见信春鹰:《国家尊重和保障人权——关于人权入宪的历史意义》,载《求是》2004年第9期。

〔37〕 从统治阶级的策略切入公民身份的相关研究,参见[美]迈克尔·曼:《统治阶级的策略与公民身份》,载[英]T. H. 马歇尔、安东尼·吉登斯:《公民身份与社会阶级》,郭忠华、刘训练编,江苏人民出版社2008年版,第260~283页。

教育的关键。比如,民主政治中的公民所具有的特定知识、能力与人格必然不适合非民主政治。[38] 亚里士多德也早就指出,保全政体(宪法)长久的诸方法中,最重要的一端就是以适应于政体(宪法)的方式教育公民。[39] 我国是一个社会主义国家,我国宪法当然是一部社会主义类型的宪法,我们的宪法教育因此必须打上社会主义国家的公民身份与社会主义宪法的烙印,共同体的团结即作为一种重要而独特的社会主义宪法理念而存在。[40] 个体权利保障,作为一种反映了权利平等主义与普遍价值诉求的宪法理念,也同样被我国宪法所确认。我国的宪法教育,当然需要在这样一种特殊与普遍二元复合的宪法价值体系链条上去反思与建构。[41]

(二)宪法教育的主体

宪法教育的主体,在法理上也就是应当由谁来开展宪法教育的问题。从宪法规范上来看,国家应当首要承担了依据现行宪法、开展宪法教育的宪法责任。比较法的经验也可以印证这一点的正当性。《德国基本法》第7条第1款就规定国家对全部学校教育事业予以监督。这表明监督学校教育事业属于国家责任,举办和监督公立学校事业更应该由国家负责。我国现行宪法文本没有直接出现"宪法教育"这一概念,但"教育"概念出现过27次,并具有公民视角下的权利与义务、政府视角下的管理与服务和国家视角下的支持与发展等三重宪法内涵。[42]

1.国家作为抽象主体

从上述这种区分思路出发,从国家的视角来看,《宪法》第19条提供了国家发展社会主义教育事业的总的规范基础。第24条确立了社会主义精神文明建设的条款,其关键语句包括"国家通过普及理想教育、道德教育、文

---

〔38〕 See Walter C. Parker, *Citizenship Education in the United States: Regime Type, Foundational Issues, and Classroom Practice*, in L. P. Nucci, D. Narvaez & T. Krettenauer eds., The Handbook of Moral And Character Education (2nd ed.), New York: Routledge, 2014, p. 348 - 349.

〔39〕 参见[古希腊]亚里士多德:《政治学》,吴寿彭译,商务印书馆1965年版,第278页。译文有改动。

〔40〕 当然,每个政治共同体都需要某种团结观念与相应的团结制度,否则也不会称为共同体。只是这里,我们属于一种社会主义式样的团结观。

〔41〕 有的学者所提出的宪法教育方案,多站在宪法理念适用性的一面来谈宪法教育的内容,比如强调民主自治、权利保障、权力控制以及法治等价值。参见邓海娟:《刍议当代大学生的宪法教育》,载《思想理论教育导刊》2010年第9期。这种观点稍欠妥当。如果贴近宪法文本来思考,更妥当的教育内容应当以共同体的团结与个体权利保障为中心。

〔42〕 参见梅帅:《宪法文本中"教育"概念的规范分析》,载《重庆高教研究》2020年第2期。

化教育、纪律和法制教育”“国家倡导社会主义核心价值观”“提倡爱祖国、……爱社会主义的公德”“在人民中进行爱国主义、集体主义……的教育”。提醒注意,这里的主语均是国家,表明宪法通过委托,将国家设定为负责本国教育事业的不可推卸的宪法角色。宪法教育可被涵括在第24条第1款中的“法制教育”之中,也即在当前的规范环境下,国家在整体上具有支持和发展法制教育、特别是宪法教育的宪法责任。

2. 政府作为具象主体

从政府的视角来看,《宪法》第89条第7项确立了国务院领导和管理教育工作的职责。政府可以视为作为抽象教育主体的“国家”概念的具体化。在教育实践中,政府通常作为国家的具体代表形象,出现在举办教育事业、提供公共教育的前台。这也是现代政府的基本公共职能。具体到尚属薄弱的宪法教育层面,政府应当更加积极有为,严格落实宪法与教育法律法规,主动推进公务员的宪法教育,监督和推动学校开展宪法教育,倡导和引领社会开展宪法教育。

3. 公民作为自觉主体

从公民的视角来看,公民能否成为宪法教育的主体呢?从宪法规范来看,第46条只是规定了公民的受教育权和义务。受教育权具有一种积极的受益权功能,受教育的义务则指向了适龄公民应当接受一定的教育,在我国主要是九年义务教育。公民因而主要处于一种积极的请求国家给付教育义务的地位以及被动接受国家给付的适当教育义务的地位。所以,开展宪法教育的义务主体应为国家以及具体化后的政府。但这样说并不排斥公民受到公民身份意识的感召与宪法精神的鼓舞,自觉自发地普及宪法知识、进行宪法教育。不过这不是严格的宪法义务而已,但应当加以提倡。

(三)宪法教育的对象

基于公民身份中成员资格的法律前提,宪法教育的对象,应当是具有我国国籍的公民。为什么这样说呢?从法理上看,根据前文论及的耶利内克的地位理论,消极地位与积极地位在一定程度上并不取决于国籍,而主动地位一般却以被动资格首要要求的国籍为前提。[43] 这意味着,个人行使政治权利与履行宪法义务的前提是必须具有本国国籍并属于本国公民。接受宪

〔43〕 参见[德]格奥格·耶利内克:《主观公法权利体系》,曾韬、赵天书译,中国政法大学出版社2012年版,第171页。

法教育,在这里,可以被视为处于一种排除了个人自决与人格的被动地位,个人对国家的服从是其中的关键。这也是现代国家通过对公民的宪法教育实现一种正当性的支配,其核心在于培育公民发展出一种对于权力支配的正当性信念。结合我国实际,我国的宪法教育对象,在类型上应当主要分为以下几类:(1)公务员群体,特别是领导干部这个"关键少数";(2)学生群体,主要涵盖学前教育、义务教育、高等教育以及职业教育等等各种教育事业和教育阶段;(3)社会群众,主要是指广大的人民群众。[44]

1. 公务员群体

中共中央2021年1月印发的《法治中国建设规划(2020-2025年)》明确要求,切实加强对国家工作人员特别是各级领导干部的宪法教育,组织推动国家工作人员原原本本学习宪法文本。这样的认知和判断意味着中央对党员干部的宪法意识提出了新的、更高的要求。对公务员进行宪法教育,本质上是由公务员的法律身份地位决定的。公务员兼具公民资格和享有权力的国家公务人员的双重身份。这种法律身份的竞合,首先带来的是多元利益的潜在冲突。[45] 既然不是天使统治人类,那么滥用权力之虞就不是多余的。特别是在我国政法语境下作为"关键少数"的领导干部,对其进行宪法教育是提高其宪法意识与宪法思维能力的关键抓手。[46] 因此,对于公务员群体来说,通过宪法教育所培育的宪法意识,首先就应促使公务员意识到公共权力的宪法/民主来源,且一切被宪法所制定的权力必须是温驯的。[47] 其次,明确自身的法律地位和身份意识,具备基本的政治忠诚,正如我国宪法宣誓誓词要求的那样,"忠于宪法、忠于祖国、忠于人民、恪尽职守、廉洁奉公"。因为,如果公务员/政府都不带头自觉遵守宪法,那么谁还会自觉遵守

---

〔44〕 从宪法与基本法的关系来看,这里预设的讨论对象主要限于我国内地的中国公民,不特别涉及香港、澳门特别行政区的中国公民。但并不意味着它不重要。鉴于公民身份纵向结构的复杂性,对于作为次级国家单元的香港、澳门特别行政区而言,基于宪法的国家认同教育在当前是重中之重,需要侧重的宪法教育理念是中国作为一个主权民族国家的共同体团结。至于权利理念,留给基本法教育更为合适。对香港特别行政区社会国家认同的研究,参见祝捷、秦玲:《论香港社会国家认同的建构方法——〈基本法〉爱国主义的理路与实现》,载《港澳研究》2018年第4期。对于香港特区居民认同的多层次、差异化的基本法阐释,参见田飞龙:《认同的宪法难题:对"爱国爱港"的基本法解释》,载《法学评论》2015年第3期。

〔45〕 参见韩大元:《论公务员的宪法教育》,载《当代法学》2015年第1期。

〔46〕 参见孙如意:《领导干部宪法思维的内涵与运用》,载《求实》2017年第1期。

〔47〕 关于宪法教育与依法行政的互动关系,参见徐继超:《论我国依法行政与宪法教育之关系》,载《法学评论》2009年第1期。

宪法呢?

2. 学生群体

学生群体是当前宪法教育所面向的一种非常重要和独特的对象。学生的未来,决定了国家和宪法的未来。正如前文所提到,好的公民是被培育和型塑的,而不是自然出生的。对于大多心智尚未成熟的青少年学生群体,这一点尤为特殊和重要。正确的道德教育,包括公民道德教育,应当是激发以个体权利和自由为内核的个人自治意识。这是一种普遍性的人性需要而不应作为工具满足一时的经济社会发展条件。[48] 通过类似这样的宪法教育,青少年学生最终成为自治的公民。最新颁布实施的《青少年法治教育大纲》也体现了这一点。其要求以宪法教育为核心,以权利义务教育为本位,将宪法教育贯穿始终,培养和增强青少年的国家观念和公民意识,将权利义务教育贯穿始终,使青少年牢固树立有权利就有义务、有权力就有责任的观念。[49] 可以看出,我国对于青少年宪法教育的政策定位,已经逐渐和法治发达国家的宪法教育体系接近,突出了权利义务与权力控制的教育面向。同时,其教育理念也突出了社会主义宪法教育的特色,以社会主义核心价值观为主线,使青少年形成对社会主义法治道路的价值认同与制度认同。社会主义政治共同体的团结意涵因而再次得到强调。总体来说,青少年宪法教育最基础的目标应为培育合格的社会主义国家公民,这是其前提,也是其归宿。

3. 社会群众

社会群众代表了全社会中最为广泛的群体。在我国,群众的政治意涵十分独特。丛日云教授指出,作为承载丰富的政治文化意蕴的符号,"群众"是"人民"的不彻底的具体化,是"臣民"向"公民"的过渡环节。具体而言,一方面,它既超越又承袭了臣民概念的某些内涵;另一方面,它也具备公民概念的某些要素,但还不是真正的公民。[50] 可以认为,中国政治语境中的群众是臣民与公民的融合,是一种不完全形态的公民概念。正

〔48〕 See Sharon To, Shaogang Yang & Charles C. Helwig, *Democratic Moral Education in China*, in L. P. Nucci, D. Narvaez & T. Krettenauer eds., The Handbook of Moral And Character Education (2nd ed.), New York: Routledge, 2014, p. 401 - 419.

〔49〕 教育部、司法部、全国普法办《关于印发〈青少年法治教育大纲〉的通知》,教政法〔2016〕13号,2016年6月28日发布。

〔50〕 参见丛日云:《当代中国政治语境中的"群众"概念分析》,载《政法论坛》2005年第2期。

是在这样的语境下,群众作为宪法教育的对象,就具有十分深刻的政治与法律意涵。通过宪法教育,作为不完全公民形态的群众,逐渐培育为完全形态的公民,从模糊的群体形象走向清晰的个体形象,从消极的被支配者走向积极的主权者。这是宪法教育的要旨所在,也是宪法的根本要旨所在。

(四)宪法教育的形式

宪法教育的形式,是指宪法知识和宪法理念应以怎样的方法或途径被普及、宣传和接受。从教育原理上,对于不同类型的受教育者,应当采用不同的教育形式。因此,宪法教育的形式应取决于宪法教育的对象,可以称为宪法教育中的"因材施教"。针对学生群体,学校中的宪法教育是最为重要的。针对社会群众,社会中的宪法教育是必不可少的。公务员群体比较特殊,由于兼具公务人员与普通公民的双重身份,公务员需要同时接受基于公职地位的宪法教育以及基于公民地位的宪法教育。

1. 宪法宣誓教育

宪法宣誓教育实际上是以现行宪法宣誓制度为基础的教育形式,是一种独特的通过公开仪式开展的教育形式。宪法宣誓作为一种庄重的公共仪式,可以通过其强烈的仪式感无形中激发国家工作人员产生就职履职的使命感、忠诚感与神圣感。[51] 从公民身份的内涵来看,这种过程其实就是通过仪式确认国家工作人员的身份地位,进而激发其身份意识。目前宪法宣誓教育主要的针对对象,就是公务员群体,特别是作为"关键少数"的领导干部。根据我国宪法宣誓制度的要求,宣誓对象包括各级人大以及县级以上人大常委会选举或决定任命的国家工作人员,各级政府、监察委、法院和检察院任命的国家工作人员。宣誓形式为在就职时公开进行单独或集体宪法宣誓。但目前的宪法宣誓制度,应用范围很窄,只包括就职誓言,仍然是不完善的,容纳不下任何其他类型的宪法宣誓。宪法宣誓如欲名副其实,未来还可以考虑增加中国共产党内的各级官员就职、公民参军、战时忠诚宣誓、授军衔以及外国人入籍宣誓等类型。[52] 概言之,作为当前大力推进的宪法

〔51〕 有关仪式感如何生成并运作的研究,参见刘伟兵、龙柏林:《仪式感如何生成——仪式发挥文化功能的运行机理研究》,载《西南民族大学学报(人文社科版)》2020 年第 2 期。

〔52〕 参见陈端洪:《权力的圣礼:宪法宣誓的意义》,载《中外法学》2018 年第 6 期。

教育形式,宪法宣誓制度应当继续完善。[53]

2. 宪法校园教育

宪法校园教育主要针对的是青少年学生群体。它不是指狭义上的课程教育,而是包括了宪法课程、宪法教材、宪法知识或宪法演讲比赛、宪法主题教育、宪法校园文化等多种形式以及多学科协同的教育形态。其中,宪法专门课程与宪法专门教材的设置与编写尤为重要。从比较法经验来看,宪法课程属于俄罗斯普通中等与高等学校的必修课。[54] 德国政治教育也十分强调宪法课堂教学,并把它当作学校政治教育的主要方式。其根本目标就是通过系统的课程教学,使学生掌握宪法基本内容,拥护宪法制度,养成宪法意识。教材方面,不涉及宪法内容的政治教科书是禁止使用的。[55] 美国同样不例外,各个州规定学校课程中的宪法学课程是固定不变的,学生通过美国历史、政府学和公民学等必修课学习宪法。[56] 至于教材,美国公民教育中心组织编写了一套完整的从幼儿园、小学、初中到高中的公民教育教材,主要围绕美国宪法传统中"权威""隐私""责任""正义"四种基本概念展开。[57] 进入21世纪,美国还以国民教育立法的形式强化爱国主义教育,宣扬国家主义的爱国主义。[58] 上述比较法经验值得进一步借鉴和推广。总体来说,宪法校园教育,是青少年宪法教育的主要阵地,也是最为系统和有效的宪法教育形式。但在这一过程中,仍需要注意避免出现传统教学的主体性失落、教学内容剪裁、教学的去情景化以及去回应性等问题,真正让

---

〔53〕 需要指出的是,宪法宣誓教育只是提高公务员群体宪法意识的其中一种教育形式,并不排除与其他形式的宪法教育综合发挥作用,比如可以结合警示教育、道德培训以及专业的宪法教育,建构起针对公务员群体的高度科学有效的宪法教育体制。有关分析,参见韩大元:《论公务员的宪法教育》,载《当代法学》2015年第1期。

〔54〕 参见刘祁宪:《俄罗斯宪法教育、高等教育和警察教育掠影》,载《武汉交通管理干部学院学报》1999年第3期。

〔55〕 参见李文、阮一帆:《宪法教育:德国政治教育的核心》,2020 International Conference on Advanced Education, Management and Social Science(AEMSS 2020),2020年4月12日于中国杭州。

〔56〕 参见陈正桂、[美]玛格丽特·史密斯·克罗科:《宪法教育:美国公民教育的重点与核心》,载《学校党建与思想教育》2010年第29期。

〔57〕 参见佚名:《美国:公民教育教材注重宪法教育》,载《中小学育德》2013年第3期。

〔58〕 参见刘梦慈、余玉花:《21世纪美国爱国主义教育改革特点及其新理念——基于国民教育法案的考察》,载《比较教育研究》2021年第1期。

宪法回归生活、回归青少年的主体性。[59]

3. 宪法宣传教育

宪法宣传教育，是指围绕现行宪法文本以及所反映的宪法理念面向社会群众所开展的宣传教育活动。《法治中国建设规划（2020－2025年）》强调，推动“12·4”国家宪法日和“宪法宣传周”集中宣传活动制度化，实现宪法宣传教育常态化。这从战略高度上指出了宪法宣传教育的完善方向。宪法宣传教育主要面向的群体是社会群众，也就是我们通常所称的广大人民群众，同时也包括具备公民资格的公务员群体以及学生群体。当然，宪法宣传教育不局限于某一个场所或单位。全面落实宪法宣传，还应当让宪法走进课堂、走进军营、走进机关、走进社区、走进工厂。让每一位具有公民资格的群众认识宪法、学习宪法，最终信仰宪法。这应是宪法宣传教育的最高目标，也是其意义所在。

四、目标：宪法教育与宪法认同

（一）宪法教育的目标

任何行动必须被嵌入人的特定目的方称为一种有意义的行动。宪法教育作为一种特定的教育实践活动，其当然内在地嵌于一定的教育目的之中。这实际上涉及宪法教育的目标问题。基于宪法教育的独特性，可以从知识—意识—信仰三个层面去理解宪法教育的目标。

1. 宪法知识层面

这是宪法教育的基本目标。说它基本，是因为通过宪法教育，最直接的面向就是促使公民了解基本的宪法常识，包括基本的国家制度与政府架构以及公民的基本权利和义务。这是公民形成独立的公共判断能力从而自治的前提，也是公民在宪法知识与宪法规范的指引下规划个人目的和行动的工具性过程。

2. 宪法意识层面

这是宪法教育的中间目标。宪法意识建立在了解一定的宪法知识的条件之上。通过了解和掌握一定的宪法知识，参与一定的公共实践，并在彼此之间交换行动理由，公民将宪法知识运用于特定的行动之中，并逐渐接受特

---

[59] 参见张劲：《让宪法回归生活：青少年宪法教育的一个路向》，载《预防青少年犯罪研究》2020年第3期。

定宪法知识与宪法理念所传达的内涵。在此基础上,显明层次上的自觉的宪法意识就形成了。公民不仅能够了解自身的公共行动意涵,还能了解其他公民的个人或集体的行动意涵,并最终在一种批判性的行动结构之中达致一种对宪法理念的共识,也可以视为一种对宪法价值的认同。

3. 宪法信仰层面

这是宪法教育的最高目标。说它最高,是因为宪法信仰是公民主体从了解知识到萌发意识再到产生信仰的螺旋式上升过程。这种信仰是对宪法自身所蕴涵的神圣价值以及这一价值所体现的全体人民的共同意志、共同情感、社会共识与共同利益的信仰。[60] 同时这也意味着一种不带理性反思的宪法认同。这三个目标从不同层次最终指向了宪法认同。宪法认同既反映了、又超越了上述三重内涵。它是宪法教育的终极目标。

(二)宪法认同的类型

从文义上来看,“认同”在汉语中的内涵十分繁复,至少包括同一或等同、确认或归属以及赞同或同意等三个层次。[61] 结合公民身份的理论前提,可以从第三个层次也即赞同或同意的角度理解宪法知识的了解和接受与宪法意识的萌发;从第一个层次与第三个层次,也即同一性与归属性的层次,去理解宪法信仰的生成。也就是说,宪法认同具有宪法知识、宪法意识、宪法信仰等三种不同的面向,每一种面向都指涉了不同的内涵层次。它是一个包含了三重内涵面向的多维复合概念。在这一基础上,结合公民身份的理论前提,可以提炼出工具性认同、价值性认同与情感性认同等三

---

〔60〕 参见范进学:《论宪法信仰》,载《法学论坛》2020年第6期。

〔61〕 根据江宜桦教授的分析,“认同”概念在汉语中主要有以下三种含义:第一,同一、等同(oneness, sameness),指不同时空条件下某物与另一物为同一事物的现象,描述事物的一贯性;第二,确认、归属(identification, belongingness),指个体或群体辨识自己的特色、确定自己属于哪一种类属、不属于哪一种类属的活动,表达个体或群体的归属性;第三,赞同、同意(approval, agreement),指主体对某个组织、团体或观点持支持、赞同或肯定的态度或判断,如“我认同你的观点”,表达个体或群体对事物或观点的肯定性。参见江宜桦:《自由主义、民族主义与国家认同》,扬智文化事业股份有限公司1998年版,第8~11页。

种宪法认同类型。[62] 这三种宪法认同类型，实际上是宪法认同目标的实践方式。其核心关切在于，既然确认宪法认同作为宪法教育的最终目标，那么这种目标，在何种意义上能够得到实践呢？在我国宪法中又是怎样体现的呢？

1. 工具性认同

展开来说，工具性认同是一种目的合理性或者工具合理性的认同，主要体现为个体面向。它包括权利保障与民主参与两个方面。一方面，公民将宪法作为一种指引和规划个人行动的工具，可以借助宪法规范所确认与保障的个体权利，实现丰富多样的个性自由。在公民身份的意义上，这里的权利保障可以视为身份地位的内涵体现，也反映了公民身份的个体权利保障的理念。另一方面，公民通过民主参与，具体来说是通过代议民主与协商民主的政治参与渠道，开展平等法律身份意义上的身份实践，从而得以将个体意志注入到共同意志之中，实现自治。在我国表现为宪法所规定的人民代表大会制度与相应的公民政治权利。

2. 价值性认同

价值性认同则混合了个人面向与共同体面向，是一种基于价值合理性的认同类型。它意味着在一定的宪法文化下，公民经由理性自觉地认可与接受政治社群中的普遍共同信念，并发展出一种认同意识。这样的普遍共同信念往往体现为某种核心价值体系与关于何为良善生活的政治理想。在我国宪法中既表现为人权保障的理念，也体现为社会主义核心价值观以及

〔62〕 这里的类型化构想借鉴于韦伯的社会行动理论。虽然宪法认同与社会行动在概念上存在较大差别，但不妨碍我们把这样一种区分视角作为分析工具。韦伯认为，在理想意义上，人类的社会行动一般分为工具合理性或目的合理性行动、价值合理性行动、情感行动以及传统行动。工具性认同对应工具合理性行动，价值性认同对应于价值合理性行动，情感性认同对应于情感行动。在此，由于经由宪法教育而实现宪法认同的独特性，习惯驱动的传统行动不作为一种独立的认同类型。韦伯的具体分析，参见［德］马克斯·韦伯：《韦伯作品集Ⅶ：社会学的基本概念》，顾忠华译，广西师范大学出版社 2005 年版，第 31 ~ 35 页。需要指出的是，陈明辉博士也提出了类似的宪法塑造认同的分类，他的基本框架包括四个要点，分别为：通过理想塑造认同，即以宪法中确立的共同政治理想凝聚国家向心力；通过利益塑造认同，即通过人权保障强化国家的向心力；通过程序塑造认同，即完善并践行民主制度，以民主的政治吸纳和政治整合功能凝聚社会共识；通过象征塑造认同，即以宪法日和宪法宣誓制度的建立为契机，推动宪法成为国家象征，增进国家认同。参见陈明辉：《转型期国家认同困境与宪法学的回应》，载《法学研究》2018 年第 3 期。上述分类方式，在研究视角上具有很大的启发意义。本文也将对此视角予以参考并作进一步分析。

更高层次的社会主义政治共同体的团结理念。这也同样印证了公民身份与宪法教育的理念。

3.情感性认同

情感性认同比较特殊。它主要在共同体面向上得到证成,是一种无须思考的非理性意义上的认同类型。情感性认同是通过特定的象征符号与仪式激发公民心理意义上的对宪法与国家的某种激情与情感,往往体现为一种爱国心或民族自豪感。从公民身份的意义上来说,就是基于成员资格的身份意识以及由此带来的身份感、归属感与认同感。在一定的条件下,这种情感还会升华成一种宪法信仰,一种世俗信仰,一种无须理性介入的普遍规范信仰。在我国宪法上,情感性认同主要表现为以下方面:(1)国家象征,也即关于国旗、国歌、国徽的样式;(2)宪法节日,也即设置国家宪法日;(3)宪法仪式,也即宪法宣誓制度,同时也包括升挂国旗、奏唱国歌、悬挂国徽的仪式。

五、结论

近代以来,古今中西之变是我们不得不直面的历史情势。在这一变局之中,全球范围内身份的迷失、认同的消退与共同体的瓦解,是伴随着自我建构、共同体建构过程中的持久疑问与困惑。身处大转型时期,国家认同危机已经成为我们时代的主要矛盾之一。然而,危机、危机,危中有机。在全面依法治国与全面贯彻实施宪法的背景下,宪法认同无疑是回答"我是谁""我们是谁"这两个时代困惑的最佳答案。宪法认同不同于原生性认同,不是自然形成的而是被建构起来的。宪法教育是重塑国家认同、达致宪法认同的关键。囿于现代宪法的特点,宪法教育需要明确公民身份作为其理论前提。特别是作为社会主义宪法,我国宪法的理念决定了宪法教育的理念与内涵。本文也主要是从公民身份的视角切入我国宪法教育的框架与目标的分析,并在此基础上提炼出三种宪法认同类型。从宪法认同的背景理论来看,转型期所需要的宪法认同所关涉的不一定是"薄"版本或"厚"版本的宪法爱国主义,而或许是"更厚"的宪法认同理论,一种从整全性的视角理解宪法,并以开放性姿态对待民族、文化等原生性认同的宪法认同理论。[63]这意味着,宪法教育所最终达致的宪法认同,不是对某种适用规范或抽象价

〔63〕 参见陈明辉:《转型期国家认同困境与宪法学的回应》,载《法学研究》2018年第3期。

值原则的单纯认同，也不是以一种敌对性的姿态对待原生性认同，而毋宁是以一国宪法为核心的包容性宪法文化的孕育、宪法价值的实践以及宪法信仰的生成。

在全面推行宪法宣传教育的今日，必须牢记，教育最终是关于人的教育，宪法教育最终是关于公民的教育。伟大的共和国需要成熟的公民，无公民，则无共和国。在这个意义上，大国崛起恰如大厦崛起，必须要由睿智且有胆识的建筑师谋划未来。对于一个现代立宪政治体的生成与运作而言，本文虽然主要处理“宪法—公民”这一立宪结构中的公民一端，但并不意味着应当放弃对宪法自身品性的要求、对宪法实施的要求。事实上，宪法的自身品性以及宪法实施构成了立宪优良政体的另一个极为重要的因素。特别是宪法实施，独具重要性。宪法实施，虽不是概念意义上的宪法教育，但却是最生动的“宪法教育”，或许，也是我们时代最为需要的“宪法教育”。〔64〕

（杨恩泰　初审）
（焦祎晨　校对）

---

〔64〕 2014年，时任全国人大常委会委员长张德江就曾强调指出：“深入开展宪法宣传教育，大力弘扬宪法精神，目的是为了牢固树立宪法法律权威，推动全面贯彻实施宪法。”可见中央对于宪法教育与宪法实施之间关系的认识是非常深刻的。参见张德江：《深入开展宪法宣传教育牢固树立宪法法律权威》，载《求是》2014年第24期。

“程序二元,证据一体”理论的双向检视与批判
——以监察立案为切入点

唐露露*

摘 要:围绕探究《监察法》与《刑事诉讼法》的衔接问题,有学者利用证据与程序的相对独立性的理论基础,搭建出“程序二元,证据一体”的全新理论模型,但通过双向检视,发现该理论的提出和运用在逻辑层面存在诸多问题。从理论构建出发点进行正向检视,发现程序与证据的相对独立性命题在我国立法模式下并不具有讨论基础,“程序二元”的说法在理解和适用上面临质疑;以“立案”问题为例进行反向检视,发现“程序二元”理论模型下的“二次立案”设计至多是理论自洽的结果,在立法实际、政治视角、权利保障层面均不具有实质性价值。立案问题的本质是刑事诉讼制度之流弊,从两法衔接问题的角度对其加以审视和处理会阻碍刑事诉讼制度的研究和发展。

关键词:程序二元 证据一体 立案 监察法

一、“程序二元,证据一体”的理论概述

监察体制改革作为一次具有划时代意义的政治性改革,为刑事诉讼拓展了全新的研究领域,但无论是基础理论建构还是相关制度的设计,都需要在争鸣与思辨中反复摸索和实践。“程序二元,证据一体”是基于程序与证

* 唐露露,中国政法大学刑事司法学院2019级诉讼法学博士。

据的相对独立性而针对职务犯罪在《监察法》与《刑事诉讼法》两法中的衔接创制的理论。其中,“程序二元”理论的提出主要基于两个方面:其一,监察委员会作为全新的权力机关,在机构性质定位上与司法机关呈二元并列模式,即主体的二元;其二,监察机关调查权范围不限于职务犯罪案件,其在立案范围、内部审批程序、调查措施等方面与一般刑事案件存在区别,因此不能直接适用《刑事诉讼法》的程序规定,而只能适用独立的“监察程序”。“证据一体”则指两机关在取证规范、证据规则、证据标准上的一致性。[1]

“程序二元,证据一体”理论的提出和运用在方法论上遵循逻辑分析方法,即在理论基础之上对制度进行嵌入式的设计和架构。所谓“逻辑分析法”,从根本上说,就是科学中大行其道的假说演绎法,包含了如下一个完整的步骤,即“首先想到一个理论、一套假设,实际上,这个假设大部分是在前辈基础上进行的细微改变或增添;然后根据这个理论(假设),在可观察的条件下推断出预期的观察结果,最后在预期现象基础上进行理论检视”。[2]因此逻辑分析方法适用主体至少需解决三个基本论证问题:其一,理论的相对可靠性,即理论假设本身不能是天马行空、违反基本规律的,具有套用解决问题的可期性;其二,理论与待解决问题之间具有关联性;其三,问题得以解决且解决方式具有合理性。从逻辑顺序上看,前一问题——理论本身的相对可靠性是具体问题能否解决的基础和前提,在理论偏颇或有明显漏洞的情况下,单纯的逻辑自洽毫无意义,且容易误导和禁锢具体问题的研究方向,进而发生逻辑分析过程全盘塌陷的危险,因此正向检视“程序二元,证据一体”理论的相对可靠性对进行具体问题的解决具有根本意义。但鉴于法学研究区别于数学等形式科学研究,其理论构建通常只是一种假设,具有主观能动性,因此无法抽象出固定公式般的模型并精确地加以验证,故对理论的检视还应反向展开,通过对依照理论框架作出的制度设计进行合理性判断来构建理论自我的批判反思机制。

二、正向检视——理论建构出发点的质疑

逻辑出发点是理论大厦的根基,要赋予理论以强大生命力,那么最根本

〔1〕 参见李勇:《〈监察法〉与〈刑事诉讼法〉衔接问题研究——“程序二元、证据一体”理论模型之提出》,载《证据科学》2018 年第 5 期。

〔2〕 翟玉章、王聪:《逻辑分析方法的若干误解辨析》,载《哲学研究》2017 年第 6 期。

的就是要保障逻辑出发点的科学性。诚然,逻辑出发点并无对错之分,但其决定了所构建理论的先进性以及认可度。譬如,黑格尔的法哲学体系遭到批判,原因在于其以概念作为理论出发点,把概念以及概念之间的关系视为真理的化身,如此,概念的逻辑逐渐替代了现实的逻辑,即事物本身的逻辑,使思维的逻辑遮蔽了事物本来的面目。[3] "程序二元,证据一体"理论建构的逻辑出发点在于程序与证据的相对独立性。笔者认为,这种相对独立性的论断从根本上不符合我国的立法框架与司法理念,因而无法满足制度发展与实践诉求。

(一)程序与证据相对独立性关系的质疑

毋庸讳言,作为法治后进者,我国很多诉讼制度、规则的建构或完善具有强烈的移植色彩,使我们在对相关问题进行讨论时,往往将域外相应的概念、制度或规则作为重要的参照系。[4] 同样,关于程序与证据相对独立性的论断来源很大可能性上基于英美法特征。在英美法系国家,对案件的审理通常由陪审团和法官共同完成,陪审团负责事实审,法官负责法律审,二者各司其职,且为避免缺乏法律专业素养的陪审团受个人因素影响,对证据作出错误或偏激的判断,专门的证据法规则应运而生。因此,在英美法系国家,程序与证据的相对独立有立法与司法机制的支持。反观我国,这种独立性的研究思路并不契合我国的立法与司法环境。首先,我国的审判主体——法官,既负责事实审,也负责法律审,证据在诉讼程序中作用的发挥是动态变化的;其次,我国没有单独的证据法,有关证据的规定散落在《刑事诉讼法》的各个章节之中,因此与英美法集中独立的证据规则适用阶段相区别,我国的证据内容与程序是跨阶段同步并存的;最后,我国印证证明模式符合自由心证特征,裁判者需要结合经验法则和伦理法则对证据进行合法和合理性判断,以此形成确信,认定案件事实。[5] 为最大化确保法官心证形成的公正性,相应的权利保障措施也需贯穿跟进,如被追诉人(被调查人)辩护权的全程保障。然而,在"程序二元"理论视阈下,刑事诉讼中的核心权利——辩护权不再具有在监察程序中必然存在和保障的要求,继而,职务犯罪案件心证形成的结果也将存在不公正的潜在风险。综上,程序与证据的

---

〔3〕 参见黄点点:《法哲学视野中的社会主要矛盾及其变化》,载《社会科学动态》2019年第4期。
〔4〕 参见汪海燕:《印证:经验法则、证据规则与证明模式》,载《当代法学》2018年第4期。
〔5〕 参见汪海燕:《印证:经验法则、证据规则与证明模式》,载《当代法学》2018年第4期。

独立性命题在我国立法模式下并不具有讨论基础,相反,一味追求将动态程序与证据两分的视角,不仅会造成二者契合问题的漠视,使证据理论的落地及证据实用价值的发挥受到影响,〔6〕甚至还会影响诉讼公正的实现。

(二)"程序二元"说法的批判

抛却程序与证据关系的争论,将视线聚焦于"程序二元"说法本身,不难发现,无论是基于概念的理解,还是内容的适用,"程序二元"都很难经得起推敲。具言之:

1."程序"概念具有弹性,主体与程序不具有绝对对应关系。从我国刑事诉讼立法表述来看,"程序"概念应当有广义与狭义之分,一个完整"程序"的认定,并无主体和步骤多寡的要求。如"特别程序"一编包括"未成年刑事案件诉讼程序""当事人和解的公诉案件诉讼程序"等五个程序,这五个程序在主体方面上虽存在区别,但在《刑事诉讼法》文本中却均被单独认定为一个程序。"程序二元"理论根据主体性质的不同将程序划分为"监察程序"和"刑事诉讼程序",不难看出,此处的"刑事诉讼程序"应当是一个广义的概念。根据《元照英美法词典》的定义,所谓的"刑事诉讼程序"(刑事程序),即"criminal proceeding"指"为认定某人是否有罪或为了对已被定罪的人确定刑法而进行的程序"。〔7〕换言之,对"认定某人是否有罪"能够发挥作用的行为或阶段都应被认定为"criminal proceeding"。在此意义上,是否被认定为刑事诉讼程序与主体本身并无直接关联,监察机关虽非司法机关,但其具有及时查明案件事实的作用,在对认定某人是否有罪的过程中发挥着重要的作用,故应当被纳入到广义的"刑事诉讼程序"之中。

2.程序二元将打破阶段衔接的默契度,不利于权利保障。完整的刑事诉讼程序在纵向上包括五个阶段:立案—侦查—起诉—审判—执行,严格意义上讲,各阶段呈递进和承继关系,不具有回溯性。〔8〕这种诉讼阶段设计不单是遵循逻辑推导规律、契合中国特色法治道路的产物,同时也是诸多价值以及权利与权力平衡的结果。但在"程序二元"理论模型下,职务犯罪案件的办理打破了传统的五阶段模式,由两个程序——监察程序和刑事诉讼程序组成,程序的转换替代了诉讼阶段的衔接,故原有内嵌于各个阶段以及

〔6〕参见许尚豪、康健:《论程序证据》,载《山东社会科学》2017年第10期。

〔7〕薛波主编:《元照英美法词典》(缩印版),北京大学出版社2013年版,第353页。

〔8〕虽然案件在审查起诉阶段进行补充侦查,但此时的侦查是原"侦查"工作基础上的补充,并非阶段的回流。

衔接过程的价值将被动摇,加之程序的不同对应权力分配与职责行使理念的不同,因此权力制衡、阶段任务的分配都将成为新的课题。以无罪推定原则为例,其作为刑事诉讼法中一项保障被追诉人权益的基础性、概括性原则,在刑事诉讼各个阶段的制度设计上都发挥着重要的指导作用,但在"程序二元"理论模式下,无罪推定原则便当然不再溯及至监察机关立案调查阶段发挥作用,原有根据无罪推定精神附着于各个阶段的制度设计所能发挥的保障作用便受到波及,保障力度总和也将有所下降。对此,只能通过调整刑事诉讼其他各阶段的功用来实现职务犯罪案件中被追诉人(被调查人)权益保障与一般刑事案件的持平,否则被调查人的权利便面临折损的现实。因此,从根本上而言,所谓的程序衔接转换实质上是制度上的互动与协调。[9]

3. 划分独立程序的做法也会将两机关位阶的政治问题直接引入实务,不利于机关之间的相互配合。当前,监察机关与检察机关在权力位阶上的高低并不明确,这一问题实际上是立法规范问题,或者更深层次的政治问题。所谓"法法衔接",其前提是法与法之间要有衔接的可能性,即两法要具有同等位阶,否则将只剩下谁适应谁的问题,自然也就没有"衔接"的必要。而既然承认《监察法》与《刑事诉讼法》"法法衔接"问题客观存在,那么就一定程度上默认了两机关至少在职务犯罪问题处理上地位的平等性。而如前所言,程序二元化的做法,实际上将"法法衔接"转化为了"程序转换",前者强调阶段的递进,后者则突出了权力的交接。鉴于监察机关对检察机关负有"监察权",而检察机关对监察机关办理的职务犯罪案件又同时具有"检察权",在两者的相互制约尚未积累足够实践经验以实现平衡的初始阶段,过分强化权力意识,增加政治色彩,反而促使"部门主义"盛行,阻碍对职务犯罪案件的追究。

4. 程序二元不利于"以审判为中心"的司法改革的推进。就监察制度改革本身而言,其并不与"审判权独立"原则和"以审判为中心"的司法制度改革相冲突,《监察法》的制定一定程度上体现了以审判为中心的诉讼制度改

[9] 如龙宗智教授所言,"协调衔接的根本问题,是监察制度设置与国家刑事诉讼程序制度如何协调衔接"。参见龙宗智:《监察与司法协调衔接的法规范分析》,载《政治与法律》2018年第1期。

革精神,[10]但在"程序二元"的理念指导下,"以审判为中心"的实现反而存在阻碍。所谓"以审判为中心",即主要摒弃"案卷中心主义"和"侦查中心主义"两大传统弊病,将刑事诉讼活动围绕审判活动展开。"证据一体"强调了证据方面的高标准,满足"证据裁判原则"要求,虽有助于打破"案卷中心主义",但并不能消除"侦查(调查)中心主义"顽疾。原因在于:首先,侦查中心主义不仅体现在对追溯证据的封闭式采集对法院的裁判产生了实质性的影响,还包括侦查机关对嫌疑人人身自由的处置、对涉案财物的强制处分,[11]因此单纯要求证据上的统一并不能打消审判机关独立审判的顾虑,加之审判机关与检察机关相类似,并不排斥监察机关特质行为的"干涉"。[12] 在"程序二元"的背景下,这种权力强弱程度上的不稳定很容易破坏两机关在职务犯罪案件上"相互配合、相互制约"的格局,固有的侦查中心主义也就容易异化为"调查中心主义"。其次,如陈瑞华教授所言"侦查中心主义的理念不仅体现在刑事诉讼程序之内,还广泛地存在于我国的政治、社会、经济、文化等领域之中,成为我国社会治理的有机组成部分"。[13] 监察机关作为政治改革的产物,其自身赋有的政治使命已经给司法机关造成"威慑力量",此时若通过程序的二元来强化监察机关行为的独立,那么不仅助长监察机关将职务犯罪案件看作"自留地"的错误意识,而且对审判机关而言,在审判阶段对案件事实进行全面审查、对审前行为进行具体监督也将面临困境,毋宁说要求监察机关围绕"以审判为中心"的理念展开工作。综上,"程序二元"说法在当前的政治环境和司法改革背景下,不利于监察机关和司法机关具体工作的推进与衔接。

三、反向检视——"二次立案"制度设计的批判

同发现和掌握事物规律的目的相同,理论建构的终极目的在于解决实际问题,因此问题是否解决以及解决方式的合理程度能反向论证理论的"正确性"。就"程序二元,证据一体"这一理论的目标定位而言,是否具有"一

---

〔10〕 参见陈光中、兰哲:《监察制度改革的重大成就与完善期待》,载《行政法学研究》2018 年第 4 期。

〔11〕 参见陈瑞华:《论侦查中心主义》,载《政法论坛》2017 年第 2 期。

〔12〕 参见姚莉、秦文峰:《国家监察体制改革语境下的若干刑诉法问题应和》,载《求索》2018 年第 4 期。

〔13〕 陈瑞华:《论侦查中心主义》,载《政法论坛》2017 年第 2 期。

揽子”解决两法衔接中具体问题的全能性以及据此所作的制度设计是否具有合理性,值得深入考究。对此,笔者以“立案”问题为例进行具体分析,以反向检视“程序二元”理论的合理性。

根据“程序二元,证据一体”理论,监察调查程序与刑事诉讼程序是相对独立的二元程序,这种二元程序的关系决定了对于经监察机关立案调查后认为构成职务犯罪的案件,应在移送检察机关进行审查并决定是否进行刑事立案以启动刑事诉讼程序。[14] 对于职务犯罪案件,应当进行“二次立案”,完成监察程序与刑事诉讼程序的转换。当然,在“程序二元,证据一体”的理论模型下进行如此的制度设计符合逻辑,然而正如前所述,理论模型区别于公式定理,单纯的逻辑自洽并不能论证制度设立的必要性。故笔者认为,对“立案”问题的探讨应跳脱程序二元理论框架,围绕这一制度本身展开,包括宏观层面的政治与法治背景探讨、微观层面的制度价值与功能对比和判断等,多维度、多视角认知和考量“立案”制度。

(一)立法层面下“监察立案”的定位

从立法看,“监察立案”具有与一般“立案”相同的定位。例如,《监察法》第45条规定,对涉嫌职务犯罪的,监察机关经调查认为犯罪事实清楚,证据确实、充分的,制作起诉意见书,连同案卷材料、证据一并移送人民检察院依法审查、提起公诉。《刑事诉讼法》第162条规定,公安机关侦查终结的案件,应当做到犯罪事实清楚,证据确实、充分,并且写出起诉意见书,连同案卷材料、证据一并移送同级人民检察院审查决定。由此可见,职务犯罪案件调查终结与一般刑事案件的侦查终结条件相同,都需要达到犯罪事实清楚,证据确实、充分的程度。综上,监察机关的立案调查在立法上的定位与一般立案概念并无二致。

(二)政治视角下“立案”问题分析

《监察法》的颁布是国家重大政治改革的制度跟进,在具体安排上服务于政治大局。正如部分学者所言,要破除《监察法》与《刑事诉讼法》法法衔接问题上的障碍,必须要更新观念,以政治资源优化配置的视角检视并把国家权力结构体系完善、监察法律制度创新、司法制度完善、刑事法律制度健全等置于建设“清明政治”、走出“政权更迭周期律”的迷区、实现国家长治

---

[14] 参见李勇:《〈监察法〉与〈刑事诉讼法〉衔接问题研究——“程序二元、证据一体”理论模型之提出》,载《证据科学》2018年第5期。

久安的政治格局中定位,防止以"法律工具论"的偏颇观念损毁监察法律等制度在政治格局中的独特地位。[15]

从政治视角看,监察立案之所以囊括职务违法与职务犯罪案件,原因在于:其一,职务"违法"与"犯罪"在调查工作结束之前并不能准确判断,为最大化打击腐败分子,铲除贪污渎职的根苗,有必要扩大调查范围;其二,刑事案件立案难的问题一直为人诟病,而职务犯罪案件因牵扯范围广、主体特殊等原因,其立案难的问题更为突出,为了保障反腐败的政治诉求得以最大化满足,有必要从前端破除立案难的弊病。

(三)权利保障视角下"立案"问题探讨

从世界范围内看,刑事诉讼的启动存在两种模式:随机启动型和程序启动型。正如"犯罪的界定纯粹出于某种功利性目的"[16]一样,立案这一阶段行为本身即标注了我国在刑事案件问题上的价值选择和政治利益追求。目前,学界对立案功能的认知可以归结为两种:一是立案程序具有在实体法上划分罪与非罪、违法与犯罪行为的界限作用,其现实意义在于贯彻罪责罚相适应的公平理念,发挥对公民的教育意义;二是立案的实质是为强制侦查提供法律依据。[17] 尽管功能认知上存有差异,但都认为《监察法》将立案条件设置为职务违法和职务犯罪的规定,降低了立案门槛,打破了立案的传统概念与功能认知,不利于司法实践和人权保障。也正基于此,程序二元模式下明确区分"监察立案"与"刑事立案",以使"立案"概念能够回归传统认知,充分发挥立案的保障作用。

笔者认为,立案行为本身并未折损被追诉人的权利,立案的研究价值在于其开启的权力阀门,使作用对象的权利具有了受损的可能性,因此对于是否有必要进行"二次立案"的分析,应首先着眼于"监察立案"较之一般的立案,是否削减了对权力的制约和监督力度,损害了被调查人的基本权利。

如前所述,将违法与犯罪行为一并纳入立案调查的范围是基于政治考量的结果,本质上是加强对贪污贿赂违法犯罪行为的打击,彰显国家的反腐力度和广度。就完整的刑事诉讼程序而言,监察机关的立案调查并未影响证据的收集、固定和运用,也并未有逾越法治底线或《刑事诉讼法》规定程度

---

〔15〕 参见徐汉明、李少波:《〈监察法〉与〈刑事诉讼法〉实施衔接路径探究》,载《法学杂志》2019年第5期。

〔16〕 [美]哈伯特·L.帕克:《刑事制裁的界限》,梁根林译,法律出版社2008年版,第18页。

〔17〕 参见龙宗智:《取证主体合法性若干问题》,载《法学研究》2007年第3期。

的调查措施,因此形成“立案—调查—起诉—审判—执行”程序对保障被调查人的权利不存在实质障碍和制度隙缺。“程序二元”下的二次立案实际上将案件的移送审查起诉在两机关之间的衔接演变为检察机关立案部门与审查起诉部门之间的工作对接,但关键是,此两部门的实质性工作并无区别,即都是对监察机关调查结束移送进来的职务犯罪案件进行审查,因此,通过二次立案筛选不具备立案条件的案件的作用可以说预料之内的微乎其微。加之近年来,伴随着司法体制改革的深入发展,尤其是员额制改革和《监察法》实施后检察机关内部人员转隶,案多人少的矛盾在检察机关凸显,如何使内部结构优化配置,避免同质性的工作重复出现成为检察系统改革的重点,在此背景下,立案次数的增补违背了当前检察机关内部改革的理念,造成了司法资源的不必要浪费。综上,“二次立案”的制度设计仅仅是单一追求形式相对统一的结果,在权利保障价值层面并无明显的实质性作用。

(四)立案制度的深度反思

诚然,那种参考移植域外理论主张取消立案制度,替之以“随机启动诉讼程序”和实行严格的令状主义的观点在当前法治发展阶段不具有可行性,但在两法衔接问题白热化阶段,应重新审视我国的立案制度,既不能囿于传统的概念框架,限制研究格局,同时也不能脱离我国的政治和司法背景。立案制度之所以长期为人诟病,从以往的研究结论看,存在下述流弊:

1.立案条件过于严格,违背事物客观认识规律。根据我国《刑事诉讼法》的规定,立案的条件有三个:(1)有犯罪事实发生;(2)需要承担刑事责任;(3)不属于犯罪情节显著轻微情况。立案决定机关在决定是否立案时,需要对上述三个条件进行判断。但根据事物的客观认识规律和刑事实体法的规定,对是否承担刑事责任的要件判断只有经过合法的侦查鉴定、法庭调查和辩论才能获得,在立案阶段要求决定机关能够达到这样的认知程度并不现实,且违背了《刑事诉讼法》“未经人民法院依法判决,对任何人都不得确定有罪”的应有之义。此外,从立案机关的视角看,《刑事诉讼法》的立案条件无疑增加了案件审查的难度。为确保侦查工作的完成并进而成功起诉,立案机关迫于压力只能通过延缓立案的时间或者干脆“不破不立”等方式规避立案的高标准。因此,尝试放宽立案条件,降低案件程序准入标准是破除“立案难”顽疾、进一步完善司法改革的有效举措。《监察法》将职务违法案件纳入立案范围,不仅回应了反腐败政治诉求,同时也侧面揭示了立案标准过高的现实,因此,应当以监察立案为契机,重新审视和确立立案标准。

资,原因在于法治观念淡薄,对教育保障重视不足。但更进一步看,拖欠教师工资问题有较明显的地域性特征,多发生于经济欠发达地区。这些事发地相似的经济特征说明,拖欠义务教育教师工资问题的发生与当地的经济发展状况及经济发展方式具有相关性。因此,对地方政府拖欠义务教师工资原因的讨论不宜止步于对拖欠工资事件发生地官员个人道德品质的谴责。

经济欠发达地方的财政困难问题是确实存在的。从地区发展的角度看,作为国家级贫困县,大方县拖欠教师工资补贴、挪用专项经费问题的背后,是它在脱贫攻坚和保障教育之间的取舍。自 1992 年被纳入国家级贫困县,大方县曾尝试以房地产和循环经济产业园作为经济引擎,却囿于深处崇山峻岭之中的地缘困境。在"全面脱贫"决胜时期,大方县兴建基础设施,公共预算支出中涉及扶贫的基建部分飙升。然而,被地方政府寄予厚望的肉牛产业因未能适应当地生产环境而宣告失败;恒大集团建成的"奢香古镇"景区成为大方县 2019 年 4 月脱贫摘帽的象征,但它能否长久地带领当地群众脱离贫困,仍需时间检验。[6] 为了实施各项脱贫举措,大方县政府选择让县教育资源为此作出牺牲,最终引发了拖欠教师工资补贴的舆情。

中央和省级财政通过教育转移支付等手段,进行支持贫困地区教育事业发展。根据《大方县 2019 年十二月财政收支执行情况分析》,截至 2019 年 12 月底,大方县收到中央、省、市级上级转移支付资金共计 40.6 亿元,其 1 至 12 月财政总收入则为 33.9 亿元。[7] 这意味着大方县财政高度依赖上级转移支付。但是,发生拖欠工资事件的县级地方政府仍多主张其财力不足。辽宁省岫岩县以财力不足为由拖欠全县公教人员绩效工资和第 13 个月工资,辽宁省沈阳市康平县称其"财力紧张、资金调度及其困难",预计将在三年内逐步解决拖欠教师工资问题。[8]

上级政府的转移支付力度不可谓不充分,但仍没有阻止拖欠教师工资

---

〔6〕 参见邵恰:《4.7 亿欠薪终到账:贵州毕节大方县拖欠教师工资背后》,载三联生活周刊 2020 年 9 月 11 日,http://news.hnr.cn/202009/11/147056.html。

〔7〕 参见大方县人民政府:《大方县 2019 年十二月财政收支执行情况分析》,载大方县人民政府网 2020 年 1 月 20 日,http://www.gzdafang.gov.cn/zwgk/zdlygk/czzj/xbjczyjsjsgjf/202002/t20200225_51557373.html。

〔8〕 参见澎湃新闻:《因财力紧张,辽宁沈阳康平县、营口盖州市等多地拖欠教师工资》,载澎湃新闻 2020 年 9 月 16 日,https://baijiahao.baidu.com/s?id=1677981747857973603&wfr=spider&for=pc。

事件的发生。除县级政府挪用的直接原因外,财政学研究指出了两个思考方向。第一,中央和省级政府承担的教育支出责任有限,且在2012年后逐渐弱化。[9] 根据国务院《关于进一步完善城乡义务教育经费保障机制的通知》,县级人民政府确保县域内义务教育教师工资按时足额发放。[10] 也就是说,义务教育教师工资主要由县级财政承担支出责任。第二,教育转移支付无法满足支付义务教育教师工资的需求。现有教育转移支付体系虽然分为财力性转移支付和专项转移支付,但是几乎所有的转移支付都规定了使用用途。根据财政学研究统计,我国教育转移支付存在"重物轻人"的倾向,多用于教学硬件。[11] 也就是说,在教育转移支付未完全覆盖义务教育教师工资支出项目的情况下,财政较落后的地区仍需要以县级财政保障这项刚性支出。

面对以上问题,直接考虑到的解决方案,或许是加强对县级政府教育财政专项支出中义务教育教师工资部分的支持和监督管理,使相关教育经费得到落实。但是,如果没有解决县级地方政府财力与教育事权不相匹配的问题,只停留在加强专项支出的支持和监管,问题治理将无异于"头痛医头,脚痛医脚"。不难想象,在整体财政紧张状况没有改变的情况下,若以高压方式保证县级投入财政资源到教育中去,在政策导向和绩效压力之下,可能将出现另一个被认为可以牺牲的领域,正如大方县拆教育之"东墙",补扶贫之"西墙"。因此,在加强监督地方财政教育专项支出的同时,还需要考虑目前纵向上的教育事权与政府财力是否相互匹配。

二、义务教育事权与政府财力不相匹配

在教育公平的基本共识下,我国教育财政事权的配置逻辑是中央和地方政府分担教育财政事权,地方政府中由省级政府统筹,县级政府承担主要教育事务,负责具体实施教育政策。从义务教育事权和政府财力的历史调整来看,整体趋势是政府财力上移的同时,教育事权下沉,导致了教育事权

---

〔9〕 参见李振宇、王骏:《中央与地方教育事权与支出责任划分研究》,载《清华大学教育研究》2017年第5期。

〔10〕 国务院《关于进一步完善城乡义务教育经费保障机制的通知》(国发〔2015〕67号)2015年11月28日发布。

〔11〕 参见李振宇、王骏:《中央与地方教育事权与支出责任划分研究》,载《清华大学教育研究》2017年第5期。

与政府财力不完全匹配,县级财政面临着较大的客观压力。

(一)事权和教育事权的概念辨析

在本文中,事权仅指行政事权。从应然角度来说,我国国家事权应该包括立法、行政和司法三个分支。由此会产生这样的疑问,"事权"除包含行政事权外,是否还同时包含了立法事权和司法事权。但是从实然角度来看,第一,我国的宪法和法律对这三种事权进行了区分,因此这三者的分野在我国宪法和法律中也是被认可的;[12] 第二,事权在中央各项文件中主要仅指行政事权,在文章中将"事权"限定为行政事权一般不会引起误解。[13] 因此,本文中的"事权"被定位为行政事权,而不包含立法和司法事权。

法学界就"事权"的基本内涵达成了共识,但对其外延还存在争议。[14] 学界对事权的理解主要有两种意见:一种是"财政化"的事权理解,强调事权是一种支出责任;另一种理解是,支出责任是事权的一个组成部分,但它还包括"政府权力和责任"的内容。

第一种意见偏向于将事权理解为责任。如刘剑文在研究中"取不同观点间的'最大公约数'",将事权理解为"国家提供公共服务的责任";[15] 吴笛认为,"事权通常指支出责任"。[16] 第二种意见注意到事权除"支出责任"外,还具有"政府权力"的性质。如熊文钊指出,事权应当从广义的角度来定义,包括了拥有的公共权力和所应履行的公共服务职责。[17] 本文更赞同第二种意见,从学科视角看,我国法学界和政治学界对事权问题的关注,远不如财政学界,这是由财政学对税收等问题的着重研究导致的。规范性文件中对"事权"概念的界定较为抽象模糊,身处后发领域的行政法学者在研究这一概念时需参考其他较成熟学科的既有知识和思维理念。因此,法学学者在研究事权配置问题时,易受到财政学研究成果的影响,对事权内涵作出

[12] 根据《宪法》《立法法》《全国人民代表大会组织法》《地方组织法》等。

[13] 参见熊文钊主编:《大国地方:中央与地方关系法治化研究》,中国政法大学出版社 2012 年版,第 198 页。

[14] 参见熊文钊主编:《大国地方:中央与地方关系法治化研究》,中国政法大学出版社 2012 年版,第 195 页。

[15] 参见刘剑文、侯卓:《事权划分法治化的中国路径》,载《中国社会科学》2017 年第 2 期。

[16] 参见吴笛:《中央和地方事权与财权的划分与改革思路》,载《合肥工业大学学报(社会科学版)》2010 年第 2 期。

[17] 参见熊文钊主编:《大国地方:中央与地方关系法治化研究》,中国政法大学出版社 2012 年版,第 198 页。

“财政化”的理解。[18] 但是回归到法学研究中,尤其是在行政法的“控权”主线中,更应强调政府责任的承担。

事权分横向与纵向,本文在横向上将研究对象限于教育领域,主要关注的是教育事权在纵向上的配置。根据前文对事权的界定,本文对“教育事权”的定义是,中央和地方各级政府在提供教育服务时应该承担的责任以及具备的行政权力。义务教育事权纵向配置,则是指合理分配央地各级政府之间的教育责任和权力,以提高义务教育服务质量和水平。

(二)义务教育事权纵向配置状况

改革开放以来,我国教育财政体制从“经费来源单一的集中财政体制”逐步转变为“经费来源多元化的分权体制”。[19] 我国央地政府事权的划分在法律上尚未可称清晰,比如《义务教育法》规定,央地共同承担义务教育经费,同时中央补助经济困难地区。[20] 但是1992年的教育部《义务教育法实施细则》规定,在教育事业的设置费用、基建投入等方面,要遵守“设置者负责筹资”的原则。这两条规范存在一定冲突。[21]

义务教育事权是中央、省与市以下的共同事权,呈现出“中央领导,省级统筹,以县为主”的特征。中央在教育财政事权的确认和划分上具有决定权。[22] 国务院和教育部是我们国家的中央一级教育行政组织。根据《宪法》的规定,国务院负责领导全国的教育工作。[23] 教育部是国务院主管教育的职能部门,是中央教育行政组织。各地方政府及其教育部门是我国的地方教育行政组织。它们负责贯彻执行中央的教育政策,落实上级部门的指示,同时因地制宜地管理本地区教育工作,如地区教育预算、教师任职条件、考核及待遇等。

省级政府拥有教育统筹权,“扩大省级政府教育统筹权”是深化教育领

〔18〕 参见冯兴元:《地方政府竞争》,译林出版社2010年版,第174页。

〔19〕 参见全胜奇:《我国义务教育事权与支出责任划分问题探讨》,载《河南教育学院学报(哲学社会科学版)》2017年第6期。

〔20〕 《义务教育法》第44、46～47条。

〔21〕 参见刘剑文、侯卓:《事权划分法治化的中国路径》,载《中国社会科学》2017年第2期。

〔22〕 国务院办公厅《关于印发教育领域中央和地方财政事权和支出责任划分改革方案的通知》,国办发〔2019〕27号,2019年6月3日发布。

〔23〕 《宪法》第89条规定,国务院行使下列职权:……(七)领导和管理教育、科学、文化、卫生、体育和计划生育工作……

域综合改革的重要内容。[24] 以贵州省为例,"省以下教育领域财政事权范围、支出责任分担方式由省级决定"。[25] 省级政府作为教育统筹权的主体,决定省以下的教育事权配置。省级政府除了统筹教育,还承担着相当一部分的教育财政事权。在中央与地方按比例分担后,如贵州省政府承担了地方部分的半数义务教育公用经费、家庭经济困难学生寄宿生生活补助、全额校舍安全保障经费等;[26] 又如广东省政府承担了过半的义务教育公用经费保障、全额的义务教育学生教科书和一年级小学生正版字典。[27]

县级政府是我国义务教育管理的主体。[28] 2001 年国务院《关于基础教育改革与发展的决定》明确我国义务教育财政体制是"在国务院领导下,由地方政府负责、分级管理、以县为主"。[29] 2002 年国务院《关于完善农村义务教育管理体制的通知》进一步细化,确立了"以县为主"的农村义务教育财政管理机制,并延续至今。[30] 在 2015 年,国务院《关于进一步完善城乡义务教育经费保障机制的通知》对城乡义务教育经费保障制度进行了整合,"以县为主"成为我国义务教育财政事权的基本格局。

根据地方经济发展状况的不同,义务教育事权进行了地区差异化的央地配置,中央对欠发达地区的义务教育财政支出分担更多比例。[31] 但在此努力之下,县级政府仍承担较重的义务教育财政负担。对于教师的工资,县级人民政府要确保县域内义务教育教师工资按时足额发放,教育部门在分

---

〔24〕 中共中央《关于全面深化改革若干重大问题的决定》,2013 年 11 月 12 日中国共产党第十八届中央委员会第三次全体会议通过。

〔25〕 贵州省人民政府办公厅《关于印发贵州省教育领域省以下财政事权和支出责任划分改革方案的通知》(黔府办发〔2020〕3 号)2020 年 3 月 9 日发布。

〔26〕 贵州省人民政府办公厅《关于印发贵州省教育领域省以下财政事权和支出责任划分改革方案的通知》(黔府办发〔2020〕3 号)2020 年 3 月 9 日发布。

〔27〕 广东省人民政府办公厅《关于印发广东省教育领域省级与市县财政事权和支出责任划分改革实施方案的通知》(粤府办〔2020〕11 号)2020 年 6 月 23 日发布。

〔28〕 国务院《关于进一步完善城乡义务教育经费保障机制的通知》(国发〔2015〕67 号)2015 年 11 月 28 日发布。

〔29〕 国务院《关于基础教育改革与发展的决定》(国发〔2001〕21 号)2001 年 5 月 29 日发布。

〔30〕 参见全胜奇:《我国义务教育事权与支出责任划分问题探讨》,载《河南教育学院学报(哲学社会科学版)》2017 年第 6 期。

〔31〕 国务院办公厅《关于印发教育领域中央与地方财政事权和支出责任划分改革方案的通知》(国办发〔2019〕27 号)2019 年 6 月 3 日发布。

配绩效工资时,要加大对艰苦边远贫困地区和薄弱学校的倾斜力度。[32] 在中央与地方分担后,贵州省县级政府承担义务教育学生费用的比例仍多达20%~50%。[33] 也就是说,在义务教育阶段,县级地方政府需要承担将近一半的生均公用经费支出责任,负责教师工资的发放。在“以县为主”的义务教育事权体制下,县级政府在客观上仍承担着较为沉重的义务教育事权。

(三)政府财力与义务教育事权倒置

与县级承担主要义务教育事权恰恰相反的是,在1994年分税制改革后,县级政府一直没有本级主体税种,县级财政收入稳定性较差。[34] 事权下沉,财力上移,县级义务教育财政支出压力大成为客观存在的情况。

我国《教育法》规定了“事权和财权相统一”的教育财政事权配置原则,但我国仍存在教育财政事权和政府财力倒置的问题,财权与事权不完全匹配。[35] 在支出责任上,我国的教育财政事权承担以县级为主。另一方面在政府财力上,自我国1994年实施分税制改革和“营改增”之后,中央与地方财力格局发生明显变化,中央政府财政收入增加,地方政府财力被削弱。2000年农村税费改革后,我国中西部地区更是普遍发生拖欠农村中小学教师工资现象。[36] 李振宇等学者指出,财税改革后地方的自主性受到较大削弱,即便考虑到转移支付的因素,中央政府承担的基础教育支出责任与其财力相比也非常有限。[37] 这种财力与事权的倒置,形成了我国教育事权纵向配置的基本逻辑:财力上移,事权下放,县级政府责任加重,上级通过转移支付、专项资金缓解地方压力。

三、调整义务教育事权与财力相匹配的两条路径

从县级政府财力与义务教育事权纵向不相互匹配的矛盾出发,调整路

〔32〕 国务院《关于进一步完善城乡义务教育经费保障机制的通知》(国发〔2015〕67号)2015年11月28日发布。

〔33〕 省人民政府办公厅《关于印发贵州省教育领域省以下财政事权和支出责任划分改革方案的通知》(黔府办发〔2020〕3号)2020年3月9日发布。

〔34〕 参见全胜奇:《我国义务教育事权与支出责任划分问题探讨》,载《河南教育学院学报(哲学社会科学版)》2017年第6期。

〔35〕 《教育法》第56条。

〔36〕 参见全胜奇:《我国义务教育事权与支出责任划分问题探讨》,载《河南教育学院学报(哲学社会科学版)》2017年第6期。

〔37〕 参见李振宇、王骏:《中央与地方教育事权与支出责任划分研究》,载《清华大学教育研究》2017年第5期。

径有二:一是保持义务教育事权下放在县级地方政府的基本模式,但辅以相当财政资源,使其具备相应财力;二是将教师工资等矛盾突出领域的义务教育事权上归到省级甚至中央承担。

(一)调整义务教育事权的两条路径

拖欠义务教育教师工资问题的关键在于,承担主要义务教育事权的县级地方政府财力相对有限,与其事权内容不完全匹配。因此,从公民平等受教育权,政府事权、财力与支出责任相匹配,以及我国政府财力与教育事权倒置的现实基本逻辑出发,优化教育事权纵向配置有以下两种思路:

第一种思路是将教育事权保持在县级政府,省级充分发挥教育统筹权,对县级教育事权承担状况进行监督,规范县级财政无力承担部分由上级通过转移支付等进行帮助的标准、程序,使县级政府的财力与其具有的事权相匹配。第二种思路是由中央直接承担更多义务教育事权,使教师工资等矛盾较尖锐的领域得到优先保障,同时发挥省级政府的教育统筹权,发挥县级政府的执行和协助作用,保障地方教育公共服务的有效落实。综观两者,由县级承担主要义务教育事权是我国在较长时期内的做法,但在实践中出现了一些具有普遍性的问题。为致优化,本文更加支持将部分矛盾突出的义务教育事权上移到中央,以保障公民平等受教育的权利。

(二)县级承担主要义务教育事权的正反考量

长期以来,我国由县级政府承担主要义务教育事权,中央、省、市级财政通过转移支付等帮助县级政府。这一模式的优势是较为突出的,一方面,县级政府承担主要义务教育事权符合我国行政体制改革简政放权的要求,"中央政府向地方政府放权、地方政府向学校放权",[38]把中央和省级的工作重心放到统筹和决策上来,有利于政策的整体性与科学性。另一方面,由县级政府承担主要的教育事权,可以充分发挥地方政府的积极性,有利于因地制宜的地方教育行政管理。

然而,这个方案的问题也不容忽视,即如何在向下放权的同时,保障地方政府财力对教育财政支出的有效支持。分税制改革后地方财权被削弱,财力难以支撑事权。中央通过转移支付调整地方财力,却未从根本解决问题,地方财政深陷债务危机。有学者就此提出,要从夯实地方财权入手,优化中央和地方的财政关系,如通过地方自主立法增加地方性税种,以助力地

〔38〕 何秀超:《教育督导推进教育"管办评"分离的思考》,载《教育研究》2019 年第 2 期。

方财政自主和行政自治,使地方政府发挥更大的治理作用。[39] 但是,地方政府财权的调整需要与我国治理的整体规划相适应,在短期内地方政府财权不作扩张的政策环境下,针对目前暴露出的问题,如果继续坚持“以县为主”教育事权配置模式,还需要从以下方面进行优化。第一,必须明确县级地方政府财力无法承担教育支出责任时,中央、省、市级财政进行支持的主体、标准及程序,以立法方法明晰上级财政承担县级地方教育支出责任的兜底条件。第二,细化教育领域财政预算、决算的项目及标准,使教育财政资金运行公开透明,如立法要求将教师工资完全纳入财政预算,保证教师工资与当地公务员平均工资水平相当。[40] 第三,优化教育投入评估制度,将地方教育和学校的绩效引入预算考量,以充分发挥县级政府的治理积极性,如学生学业绩效、素质教育绩效、学校团队绩效等。[41]

(三)中央承担更多义务教育事权的可行性

中央政府和省级政府应成为平衡地区义务教育资源、保障义务教育公平实现的底线。中央政府承担更多义务教育事权,如义务教育教师工资支出责任等矛盾较为集中的领域,省级负责统筹,或更有利于教育公平的实现。同时,县级政府可以保留必要的义务教育管理权力,避免出现看得到问题却无法管理的困境。与县级政府继续承担主要教育事权的方案相比,这或许是更符合我国制度逻辑和治理实际需求的做法。

从理论和制度建构上看,第一,由中央政府承担更多教育事权,符合我国宪法对于教育事权主体的规定。根据《宪法》第19条的规定,发展社会主义教育事业的义务主体为“国家”。也就是说,目前我国县级政府承担着义务教育事权的是宪法上的“国家”事权,在县级政府财力匮乏、资源调度能力不足的情况下,中央政府承担“国家”事权符合我国宪法的制度设计逻辑,具有充分的合法性。第二,中央政府承担更多教育事权有利于公民受教育权的平等实现。根据《宪法》第46条的规定,我国公民有受教育的权利和义务,受教育权包括受义务教育权、平等教育权、终生受教育权以及恰当受教

〔39〕 参见熊伟:《分税制模式下地方财政自主权研究》,载《政法论丛》2019年第1期。

〔40〕 参见程婷:《教育部副部长郑富芝:应将所有教师工资纳入财政预算》,载澎湃新闻2020年9月23日,https://www.thepaper.cn/newsDetail_forward_9305584。

〔41〕 参见王昌海、王蕊:《美国中小学教师团队绩效工资制度及其对我国的启示》,载《外国中小学教育》2012年第11期。

育权。[42] 就目前的教育实践情况来看，由县级政府为主承担义务教育事权，义务教育公共服务的质量必然受到当地政府财政状况影响，如拖欠教师工资影响工作积极性，教师接受的业务培训差距，校舍、教学器材的地区差异等，使义务教育公共服务质量形成县域差异，不利于公民平等享有受义务教育权。

从实践治理需求上看，第一，分税制改革后县级政府收入被削弱，财力不足，本就高度依赖上级转移支付，由上级通过长期转移支付为地方承担教育财政事权，一方面增加了冗余的行政过程，另一方面加重了地方粗放式安排教育支出的不良治理心态。由中央财政直接承担教育支出责任，使政府财力与事权配置更加相符，有利于教育财政资金的优先保障。第二，中央政府承担更多教育事权，上级政府对地方教育实施中的重要项目的管理将更加顺畅，通过保障重要资源的落实，使原本需要监管地方行使的事权直接落实在中央层面，在打破层级间监管困境的同时，能更好地把握教育优先战略要求，保障学校、教师、学生的权益。第三，中央财政承担更多教育支出责任，并不意味着中央政府对地方教育事必躬亲，地方政府仍宜保留适宜地方自主行使的教育行政权力，且可以采取更灵活的方式开展地方义务教育事业建设。比如在欠发达地区，中央政府可以以转移支付、专项经费等方式委托地方政府进行具有地方特色、符合地方实际需求的义务教育建设。在"双减"的政策背景下，还可以考虑将过剩的社会教育力量组织起来，由中央政府向教育企业购买部分教育公共服务，由省级政府进行区域整体统筹，由县级政府对教育服务提供质量进行监管、督导，提供更加多元化的教育服务。

需要注意的是，这条路径并非与我国简政放权的改革方向背道而驰。第一，中央政府可以有选择地上移部分矛盾较突出的教育事权，如义务教育支出中占比最大的义务教育教师工资支出责任，它具有支出刚性和经常性，拖欠义务教育教师工资或对义务教育质量和政府权威造成负面影响。[43] 同时，一些更适合根据地方政府状况实施的教育事权可以由县级继续承担，如义务教育公用经费项目，它主要包括教学活动和后勤保障开支，项目较为

[42] 参见徐继敏：《公民受教育权研究》，载《河北法学》2004 年第 2 期。

[43] 参见全胜奇：《我国义务教育事权与支出责任划分问题探讨》，载《河南教育学院学报（哲学社会科学版）》2017 年第 6 期。

具体,且存在较大的校际差异。[44] 第二,教育事权上移意味着转移支付等行政程序的简化,符合提高行政效率的要求,更有利于保障教育质量。第三,中央政府承担更多教育事权,有利于更好协调地方教育资源,促进教育公平的实现,有助于贯彻区域公共服务均等化原则。[45] 第四,中央政府承担更多教育事权后,可以引入社会力量和竞争机制,鼓励发展民办义务教育,或者以购买服务的方式办学,以更低成本提供较好的公共服务产品。

在分税制继续实施的情况下,我国地方政府财力相对较弱的整体态势或将在一定时期中保持。因此,以中央政府为义务教育事权承担主体,统筹地方义务教育资源保障,或许更有利于公民受义务教育权利得到平等、完善的实现。

(杨恩泰　初审)

(张婉秋　校对)

---

〔44〕 参见全胜奇:《我国义务教育事权与支出责任划分问题探讨》,载《河南教育学院学报(哲学社会科学版)》2017年第6期。

〔45〕 参见郭晟豪:《中央政府和地方政府的教育事权与支出责任》,载《甘肃行政学院学报》2014年第3期。

昙花一现:民初监狱学校的盛衰与启示*

李诗语**

摘　要:依据民初司法改革计划和《监狱学校规程》,北洋政府司法部和各省高等检察厅对监狱学校的立案和教学进行监管,并自1915年至1922年将"关于考核监狱学校事项"作为独立一章纳入司法部"年度办事情形报告"。其间,先后有三十余所监狱学校在司法部立案和备案,整体上数量减少,由盛而衰,最终被通令停办。其困境在于没有明晰教育部门与司法部门的管理权限与合作通道,缺乏办学经费和就业岗位。因此,应在教育与社会方面,平衡专门人才供给与社会需求;在专业与行业方面,对接教育管理与行业管理;在专业与实践方面,兼顾理论知识与实践技能。

关键词:监狱学校　专门教育　司法改革

一、监狱教育专门化的兴起

1905年,第七届国际监狱会议(International Prison Congress)在匈牙利布达佩斯召开。参加本次会议的人员除政府代表、刑法学家、监狱学家外,还有各国教育专家,这使会议主题拓展了监狱教育的维度,"几合刑法、监狱、教育三者而为一矣"。[1] 1910年,第八届国际监狱会议在美国华盛顿召

---

* 本文系四川大学法学院研究生科研创新项目"四川大学法学教育的近代转型"(sculaw20200114)的阶段性成果。

** 李诗语,四川大学华西医学中心科员,法学博士。

〔1〕 胡逸民编述:《中央陆海空军监狱训练班讲义》,大陆印书馆1930年版,第52页。

开,我国首次参会,由法部奏派许世英和徐谦参加,并形成《考查司法制度报告书》。该报告力请改良监狱制度,另在法部制度部分指出"今欲求司法行政之进步"要点,其中一项是"欲养成司法及监狱人材则必设法律及监狱学堂"。[2]

进入民国时期后,国家对监狱制度改革和专门人才培养的关切尤深,希望培养"有学有术"的监狱专门人才乃至法政专家,使司法权行之有效且不致外流。1912年11月底,时任司法总长许世英发布《司法计划书》,在狱制改革方面,拟"先开办北京监狱"并于1913年后"筹办各省会及各商埠监狱",未便"一县一监"者在"交通适中之地"合设,"至七年七月一律告成(合计五年之内可成监狱三百余所)",预计到1916年"狱官将及二千人"。[3]在监狱学教育方面,一要"振兴学校",拟以"养成一般高尚之法官、狱官而期见诸实用"为宗旨在中央设立司法专门学校,在普通学科中"注重民、刑法与诉讼法及各国监狱法,并德国文字",在特别学科中"专授以民、刑、监狱实务之学"。二要"注重经验",新式法院和监狱的长官在"已经为法官及监狱官吏中"选择;在筹备新院局时期内,采取人才"甲年养成乙年任用,乙年养成丙年任用"的"递推之法";为各省提供每年派遣一人"分往各国实地练习"的机会。[4]

是年12月,第一次全国司法会议召开,六项"应议事纲"[5]均包含了监狱问题。在会议中,司法部佥事吴承仕在"民国二年之监狱筹备"案中指出新式监狱的数量严重不足且难以立刻筹办的问题,并从造就人才、划清权限、调查改良三个方面提出"过渡时代"的"变通办法"。他针对新式监狱人才的专门性,提议从中央到各省设立监狱速成科:

监狱一事,本须专门技术,非二三年不为功,然稍有智识之士,究较旧日之牢头禁卒非同日而语。今拟中央设以监狱速成科,以六月或八月为期,授

---

〔2〕参见《考查司法制度报告书清单(续)》,载《大公报(天津版)》1911年7月13日,第9版。

〔3〕参见《司法部通咨各省都督、民政长录送司法计划书希为省览并分饬司法衙门一体查照文(附司法计划书)(中华民国元年十一月二十九日),载《政府公报》1912年第219期。

〔4〕参见《司法部通咨各省都督、民政长录送司法计划书希为省览并分饬司法衙门一体查照文(附司法计划书)(中华民国元年十一月二十九日),载《政府公报》1912年第219期。

〔5〕《中央司法会议简章》第三条:"本会议应议事纲如左:一、关于改良审判检察监狱事项;二、关于筹办审判检察监狱事项;三、关于司法并监狱经费事项;四、关于司法教育并监狱教育事项;五、关于司法并监狱统计事项;六、其他关于司法之必要事项。"参见司法部编:《中央司法会议报告录》,司法部1913年4月8日。

以监狱学、监狱法、监狱施行细则及刑法、刑诉法、行政法之大意,各省亦一律依中央所定学科自行筹备,学成则用以署理监狱官吏。惟所学视完全人才稍有间,则俸给亦有不同,与各地之专审员事同一律,二三年后果著成绩即可正式任命为新式监狱之典狱官看守长等,招考资格则限定中学毕业或法政、法律速成毕业或法政、法律三学期以上者,亦今日必要之办法也。[6]

大会以"六十人(多数)"票通过此案,[7]但监狱审查股在审查报告中作出修正:在曾办监狱学校且人才足用之省,监狱学校毕业生以及曾习监狱学科的法政、法律毕业生均可试用为监狱官吏;在"人才缺乏之省分,则就法政或法律学校设监狱专修科",要求"(一)学期一年;(二)应考资格:年龄二十以上,国文通顺,稍有法政智识者为合格",拟定11门学科课程:"(一)监狱学;(二)监狱现行法规;(三)现行刑法;(四)现行刑事诉讼法;(五)法院编制法;(六)刑事政策;(七)监狱建筑;(八)监狱统计;(九)监狱会计;(十)算数;(十一)实地练习",[8]具有突出的监狱学理论与实务特色。1913年司法部颁布《监狱学校规程》,规定了两年的修业年限和21门课程,即"法学通论、宪法、刑法、刑事诉讼法、法院编制法、监狱学、监狱法、监狱法施行细则、监狱实务、刑事政策、感化院制度、出狱人保护制度、民法大意、警察学、社会学、卫生学、心理学、统计学、建筑学、指纹法、体操"。[9] 与《法政专门学校规程》的科目相比,二者仅有宪法、刑法、刑事诉讼法、刑事政策、民法五门大致相同,法政学校更注重部门法的特色和法学的理论性,监狱学校更注重监狱学的特色和知识的全面性。如同当时江苏监狱专修科学生所言,"监狱专门学,其课程虽以民刑各法为前提,而实以监狱法学为主要,此固非广义法政之科可以概括,亦非狭义法律之学可以旁通,所以必设专科于法政、法律以外,编特别之科目,授专一之课程"。[10]

因此,监狱教育的理论与实务具有突出的专业性,司法部就监狱人才的培养采取了专门教育的形式,由司法部门统筹管理。《监狱学校规程》规定"凡公立、私立监狱学校均须呈报司法总长得其认可",并从学校位置、学生

---

〔6〕 参见司法部编:《中央司法会议报告录》,司法部1913年4月8日,议事录第10~11页。

〔7〕 参见司法部编:《中央司法会议报告录》,司法部1913年4月8日,议事录第11页。

〔8〕 司法部编:《中央司法会议报告录》,司法部1913年4月8日,议案录第44页。

〔9〕 许世英:《部令:司法部部令第八十六号(中华民国二年六月十二日):监狱学校规程》,载《政府公报》1913年第397期。

〔10〕《本省指令:指令第一百三十五号》,载《江苏司法汇报》1912年第3期。

定额、房舍建筑、经费维持、开校年月、教职履历等方面提出严格要求,而“监狱学校学生肄业期满,得呈请司法总长制定监狱练习实务”,[11] 拟将监狱人才的培养与新式监狱的创建齐头并进。

但监狱学校专门化并未形成良好的监狱专门人才培养体制。一方面,在司法体制内,监狱专门人才的就业相对较窄,但司法改革尤其是监狱改革并未为监狱学校毕业生提供充足和广泛的专业岗位。另一方面,在教育体制下,监狱学校具有专门特点,但教育部并未将其作为专门学校的种类之一加以管理。这是监狱学校专门化尝试自始至终存在的身份硬伤,也为其昙花一现的命运埋下伏笔。

二、监狱学校的创设[12]

清末监狱学教育主要采取监狱学科附设于巡警学堂、[13] 法政学堂、[14] 法官养成所[15] 的形式。其中,京师法律学堂的监狱专修科被称为“中国学校研究监狱学的发轫”。[16] 该科于1908年5月开学,1910年5月毕业,有最优等五名、优等十四名、中等二十四名、下等二十六名。[17] 1910年10月10日,法部奏准《监狱专修科毕业学员委用详细章程》拟将毕业生分别等第

---

[11] 许世英:《部令:司法部部令第八十六号(中华民国二年六月十二日):监狱学校规程》,载《政府公报》1913年第397期。

[12] 民初监狱教育的形式主要有两种,一是监狱学校;二是附设于法政学校、新式监狱、监狱协会的监狱专修科。二者在备案管理和发展规律上趋同;但监狱专修科涉及“双重身份”,一方面,该科在司法部立案归司法系统统筹,另一方面,其依附的法政学校在教育部立案由教育系统管理。北洋政府时期,在司法部立案的监狱学校数量大约是监狱专修科的三倍,办学时间相对更长,监狱教育的专门特点更加突出,本文的考察对象以监狱学校为主。

[13] 比如1907年吉林“拟于高等巡警学堂内附设监狱学一科专为改良全省监狱养成典狱之通材为宗旨”,并于9月16日开学。参见《专件:吉林巡警学堂禀呈抚宪附设监狱科简章》,载《吉林官报》1907年第2期;《新政纪闻:学务:监狱学堂开学纪盛》,载《北洋官报》1907年底15010期。

[14] 比如1908年法部奏案、学部通咨各省“于京外法政学堂一律增设监狱学专科”。参见《文牍:通咨各省法政学堂增入监狱学一科文》,载《学部官报》1907年第33期。

[15] 比如1911年法部奏请筹设临时法官养成所并附设监狱专修科。参见《折奏类一:法部奏酌拟临时法官养成所暨附设监狱专修科各项章程折(并单)(附表)》,载《政治官报》1911年第1240期。

[16] 徐雍舜:《从华北监狱调查所见到的中国监狱不能改进之要因》,载《大公报(天津版)》1930年9月26日。

[17] 另有称毕业生最优等五名、优等十四名、中等二十三名。参见《京师法律学堂毕业纪事》,载《申报(上海版)》第13439号(1910年7月8日)。

由法部、监狱衙门、提法使酌量委用。[18] 根据“毕业学员等第名氏”[19]可查知诸生出路并不限于监狱官员、推事,[20]还有律师、知事及从教者,比如其中中等毕业生刘英山在十五年后担任四川监狱学校校长兼通省检验吏传习所所长,[21]接力投身于监狱教育事业。该科是清末监狱教育的代表,也是《监狱学校规程》颁布前其他学校办学的参照。比如蜀中私立法律学校于1912年7月招收法律别科和监狱专修科各一班,当时教育部关于准于法政专门学校暂设法政别科和法政专门学校规程尚未颁布,[22]“故两班学科查照前清京师法律学堂附监狱专修科成案办理”;该校在1914年与蜀东私立法政专门学校、重庆法律学校正式合并为江州私立法政专门学校,合校后的监狱专修科[23]于1914年6月23日在司法部立案。[24] 诸如此类的监狱专门学校开始起步并逐渐规范。

民初监狱学校的兴起与整顿,与同期法政学校的发展趋势相似,先是学校林立,甚至有“入校学额均满而各省续来者甚多”[25]的盛况,但经过沉淀和整饬,不足一二年许多学校便已不在。在《监狱学校规程》颁布后,司法部多次通令各公立、私立监狱学校详报立案材料,核查材料不合规程者不予立案,前后备案有所出入者查明具覆,办学不符呈报情况者严令整顿。

---

〔18〕 参见《折奏类一:法部奏酌拟监狱专修科毕业员生分别委用办法折(并单)》,载《政治官报》1910年第1074期。

〔19〕 《京师法律学堂毕业纪事》,载《申报(上海版)》第13439号(1910年7月8日)。

〔20〕 另一侧面也说明监狱专修科毕业生未能完全被监狱部门吸收和录用,近代监狱专门教育自始存在人才供需不平衡、专业竞争力不足的问题。“京师法律学堂培养的这一批监狱专修科毕业学员,是中国历史上正式毕业的第一批监狱学专门人才。但由于当时正在进行的监狱改革并没有被提高到足够的重视程度,新式监狱管理的各项规范有待于建构和完善,所以,这批学员受到的重视程度远不及三年制的法律专科。”参见谢蔚:《晚清法部研究》,中国社会科学出版社2014年版,第241页。

〔21〕 参见《四川公立警监专门学校毕业生履历及考试及试验成绩委用情况及学校校舍器具等清册》,四川省档案馆藏档案,档案号:民167-03-4748。

〔22〕 参见《部令:教育部部令:部令第二十号(中华民国元年十月二十五日)》,载《政府公报》1912年第179期;《部令:教育部部令:右令本部直辖学校、各省教育司:法政专门学校规程》,载《政府公报》1912年第187期。

〔23〕 参见《蜀中私立法律学校设法律别科呈请立案及蜀中蜀东重庆私立法政专门学校三校申请合并》,四川省档案馆藏档案,档案号:民119-01-1134。

〔24〕 参见《例规:官规:监狱学校及专修科毕业者得与文官考试咨(附公函)(五年三月二十七日咨教育部第四九□号补登)》,载《司法公报》1917年第74期。

〔25〕 《提法司长朱通饬遵照监狱简章咨送合格学生至校考取令》,载《浙江公报》1912年第228期。

1. 司法部对监狱学校的立案严格管理。1913年,司法部指出监狱学校“为本部直辖”,办理合法、确有成绩者固然不少,但是“备凭一纸呈文率行呈请者尤为指不胜屈”。这类不合规定的学校“校章不完不备,所招学生只有额数而无姓名、履历等,核与办学手续殊有未合”。该部要求各校遵照《监狱学校规程》办理,在呈报备案时“须将学生姓名、履历等造册达部。至毕业时再将毕业人数、姓名、履历等连同毕业所得总、平均分造册呈报”。[26]

次年,司法部在规范监狱学校调查表时指出,“近阅各校切实遵办者固多,而藉名办学毫无实际亦属不少”,要求各省高检厅检察长、新疆司法筹备处处长查核“该省有无此项学校、已否报部、奉准立案是否遵照部定规程,及迭次公布各节办理每校学生若干班、若干人,何日考取、何日开学,平日到校学生名数与名册是否相符,校长是否认真经理、教习有无旷课情事暨其他一切事项有无弊端”。[27]

司法部将各校详报备案的材料仔细核查并及时指出问题。比如1914年,该部核查广东监狱学校“此次造报甲乙丙丁班学生履历册内开何湛淇、刘壁聊、杨明发、麦星南、梁鹤登等名,核与本年三月造报甲丁两班学生履历册内开何湛淇、刘銮、杨鹏发、麦景楠、梁学登等名微有不符,是否笔误?再此次乙丙两班学生履历册内开萧家琳、赵明宣、冯应嶤等据注册在二年十一月或十二月入学,何以本年三月造报学生履历,原班册内并无其名?”[28]

2. 司法部对监狱学校的实际教学严格监督。比如,1914年,因“私立全浙监狱学校校长不常到校,教习亦有旷误情事,且学生到校人数内有一班少至四分之一”,司法部以该校“有名无实”为由,要求浙江省高等检察厅酌情“停办或大加整顿”。[29]

同年,江苏省对监狱学校的监督检查反映了更多问题。比如,江苏省高检厅调查监狱学校时,详报“江南第一监狱学校现已声明暂行停办,江苏私立监狱学校现已缴还该校图记详请停办外,所有江苏监狱学校据称调查时,

---

〔26〕 梁启超:《部令:司法部训令第五百八十七号(中华民国二年十二月二十九日)》,载《政府公报》1913年第597期。

〔27〕 《命令:部饬:饬各省高检厅、新疆司法筹备处调查监狱学校依表填报文(八月三十一日)(附表)》,载《司法公报》1914年第2卷第12期。

〔28〕 《监狱:批广东高检厅详送监狱学校调查表并职员学生名册不符饬查覆由(十一月二十五日)》,载《司法公报》1914年第3卷第3期。

〔29〕 《监狱:批浙江高检厅详报私立全浙监狱学校请求转详示遵由(十二月二日)》,载《司法公报》1914年第3卷第3期。

仅见学生五名，校长未能认真，又未照章办理，足见藉名办学，毫无实际，应即停办。其民国监狱学校到校人数两班共只七十余名，不及名册班数，综核名实，亦在应行停办之列”，司法部念及江苏民国学校“实到上课人数较他校稍多，姑准暂行存留”，并令“该厅随时严加督察，嗣后上课人数如不及此次调查表所载实到上课人数，即由该厅详请停办”。[30] 再如，江苏省高检厅查明“南洋高等监狱学校校长杨启昌藉办学校肆行冒骗”，司法部下令“应即将该校立予解散，至第一班平时到校学生仰核实发给修业证书，以示体恤”，于是“派委监考员徐景薷时，饬就该校各课程内拟出一题，当场试验”，由江苏省高检厅衡定，但该校校长不仅迟送毕业生表册证书存根簿，还被查出“所给文凭名数超过原有学生，至六十余名之多”，最终司法部不仅取消该校文凭，还“即请将该校此次毕业学生通饬各省司法衙门，一概不用，以杜冒滥”。[31]

自 1915 年至 1922 年，司法部根据历年备案情况，对各监狱学校及监狱专修科校别、校长姓名、校址所在地、班次及修业年限、批准日期、每班入学人数及开学时期、每班毕业人数及毕业时期及备考等事项进行专门考核，形成一段文字简介和一份“监狱学校考核表”，以此作为“关于监狱学校考核事项”独立一章纳入司法部“年度办事情形报告”。八年间，先后有“三十余校”[32] 在司法部立案，但仅有 22 所学校在年度报告中留下明确的校名记载，其中仅有 17 所学校在“监狱学校考核表”中有过完整的备案信息（详见表 1）。在这 22 所学校中，大约一半只维持了不到两年，大约三成维持了三至六年，只有私立浙江监狱学校、中华监狱学校、四川监狱学校、广东公立监狱学校、河南监狱学校办学时间相对较长。在这 17 所学校中，大部分仅设两年制监狱科，少数增设补习科、高等科、插班、速成科、夜学等；先后开设 65 班，各班从 11 人到 458 人不等，共招生 6789 人，但只有 50 个班有毕业人数备案，合计 4419 人。[33]

---

〔30〕《监狱：批江苏高检厅遵饬查各监狱学校办理情形未能照章应候示遵由（十二月一日）》，载《司法公报》1914 年第 3 卷第 3 期。

〔31〕《部饬：饬新疆司法筹备处、各省高检厅南洋高等监狱学校毕业生概不录用文（七月二十七日）》，载《司法公报》1914 年第 2 卷第 11 期。

〔32〕《司法部九年份办事情形报告（下册）：第二十一：关于监狱学校考核事项（附表）》，载《司法公报》1922 年第 163 期。

〔33〕根据 1915 年至 1922 年司法部年度办事情形报告整理。

表1　1915年至1922年司法部考核监狱学校情形〔34〕

立案时间	学校名称	1915	1916	1917	1918	1919	1920	1921	1922
	湖北公立监狱学校								
	江苏监狱学校								
	江苏私立监狱学校								
	南洋高等监狱学校								
1914年5月9日	私立江南第一监狱学校								
1913年开学	福建公立监狱学校	√							
1913年开学	私立全浙监狱学校	√							
1913年开学	私立旅榕监狱学校	√							
1913年3月8日	直隶监狱学校	√	√						
1913年7月28日	河南监狱学校	√	√	√	√	√	√		
1913年11月5日	私立四川监狱学校	√	√	√	√	√	√		
1913年12月23日	广东公立监狱学校	√	√	√	√	√	√		
1914年2月20日	湖南私立监狱专门学校	√							
1914年2月28日	湖南监狱专科学校	√	√	√	√				
1914年4月4日	私立福建第一监狱学校	√							
1914年4月10日	赣省私立监狱学校	√	√	√	√				
1914年4月20日	赣省公立监狱学校	√	√						
1914年6月23日	江苏民国监狱学校	√	√	√	√	√			
1915年1月20日	私立浙江监狱学校	√	√	√	√	√	√	√	
1915年4月15日	福建监狱学校〔35〕	√							
1917年1月8日	中华监狱学校		√	√	√	√	√	√	√
1918年4月20日	私立豫章监狱专门学校				√	√	√	√	√
合计		15	10	8	9	7	7	4	3

〔34〕此表结合1915年至1922年司法部年度办事情形报告、《司法部民国元年以来核准监狱学校暨监狱专修科名称清单》及相关材料整理。"√"表示该校完成年度备案并纳入"监狱学校考核表"。表中立案时间空缺的学校在1914年以前已成立。

〔35〕福建公立监狱学校、私立福建第一监狱学校、私立旅榕监狱学校曾于1914年11月由"该省高检厅详送监狱学校调查表,拟请将三校合并为一所"即福建监狱学校,司法部在1915年4月5日批准并将合并前后的学校一并纳入当年考核。该校"将三校学生甄取一百四十二名补习一年扣至二年期满考试毕业",发予证书,于1916年3月报部,此后并无新班并停办。参见《司法部四年度办事情形报告:第二十五、关于考核监狱学校事项(附表)》,载《司法公报》1916年第61期;《司法部五年度办事情形报告(下册):第二十五、关于考核监狱学校事项(附表)》,载《司法公报》1917年第82期。

在1915年首次报告时，司法部简介了1912年以来的监狱学校及监狱专修科概况，“曾经报部备案者，凡二十有七”，但至1915年考核时已有8所“早已停办”，有2所于1914年“解散”，有1所于1915年停办但仍纳入是年考核，因此1915年共详报了17所（包括15所监狱学校和2所监狱专修科）。此后，监狱学校及监狱专修科的立案总数增加至“三十余校”，但历年以来“陆续有因经费支绌自行停办或改组合并者，亦有因办理不善部令停办者”，[36]考核的数量呈下降趋势。1921年，正常开办并备案的学校再次大幅缩减，司法部鉴于监狱学校办学之困难与监狱人才出路之狭隘，通令各校停止招收新生：

查各省监狱学校暨监狱专修科，经本部历年核准备案者三十余校，其学生已经毕业者，约近四千人，加以实地练习，足数改良监所之用。惟此项专门人材用途极狭，若人数过多，无地安插，反致贻误青年，故于本年六月通令停止续招新生，以资结束。本年仅存四校，列表于左，以备考核。他如改组合并，或经费支绌自行停止，或办理不善部令停办者，又如四川之私立监狱学校、广东之公立监狱学校，因时局关系久无公文到部，存废无从察知者，概不列表，合并声明。[37]

1922年，司法部年度办事情形报告最后一次刊载“关于考核监狱学校事项”，重申了去年的停招通令，汇报了停办前最后半年的办学情形，此时仅存中华监狱学校和私立豫章监狱专门学校。[38]

其实民初监狱学校远不止此，有很多学校呈请立案被驳回，有的甚至没有立案。尽管历年以来不断有新的监狱学校和班次成立，司法部与各省高等检察厅严加监管，但监狱学校整体上由盛而衰，逐渐没落。

三、监狱学校的困境

民初监狱学校的盛衰受制于多种现实压力和制约。

1. 一个始终存在的巨大困境是，监狱专门学校没有明晰教育部门与司法

---

〔36〕《司法部九年份办事情形报告（下册）：第二十一：关于监狱学校考核事项（附表）》，载《司法公报》1922年第163期。

〔37〕参见《司法部第十年度办理情形报告：监狱学校办理情形表》，载《司法公报》1923年第182期增刊。

〔38〕参见《司法部十一年份办事情形报告（下册）：第二十一、关于监狱学校考核事项（附表）》，载《司法公报》1924年第196期。

部门的管理权限与合作通道。依照司法部的规定,监狱学校全由司法系统统筹,向中央司法部立案报备,由省高等检察厅专责管理。但监狱学校并不属于《专门学校令》所规定的专门学校种类,[39]也不符合《大学令》所规定的学科要求。[40] 当有监狱学校向教育系统呈请立案时,有的被直接否定,比如"监狱行政属于司法部管辖,而监狱学校亦当归司法部监督,所请本部立案一节,应勿庸议";[41]有的被委婉拒绝,比如"监狱专门学校为部令所无,简章内规定各节亦多与部定专门学校规程不符,所请注册发印之处,碍难照准",[42]比如"须查照部定专门学校规程切资办理方为合法,查阅该校所呈简章多与部章不合,所请查核申部之处碍难照准"。[43] 尽管司法部核准的监狱学校"均极从严,与教育部之指定或认可同一用意",[44]但同源异流,监狱学校在办学时间、规模和影响力诸多方面不如预期,很难与隶属于教育部门的学校相提并论。

2. 当时的监狱学校普遍缺乏稳定的办学经费。在征收学杂费外,一般私立监狱学校的经费由设立人或校董负担,公立监狱学校经费由其附属的学校或机构承担,以及当地司法或行政机关提供一定的补助。但无论是私立还是公立监狱学校,都存在一定的经费问题,并渗透至办学的各个环节。比如,清末民初之际,江苏监狱专修科学生因学校停办呈请继续开班授课,但该省表示"各项学校现因经费异常支绌,均未开办法政学堂事,同一律监狱专修科是否继续,尚难决定"。[45] 当监狱学校经费不敷时,普通的监狱科教学往往大受影响,增设的其他授课形式首当其冲面临裁撤。比如,广东公立监狱学校夜学一班于1916年11月开学,学制本为一年半,1917年"该省高检厅呈报该

---

〔39〕 教育部规定的专门学校种类为法政、医学、药学、农业、工业、商业、美术、音乐、商船、外国语专门学校等。参见《部令:教育部部令:第十六号(中华民国元年十月二十二日):右令本部直辖学校、各省教育司:专门学校令》,载《政府公报》1912年第176期。

〔40〕 参见《部令:教育部部令:部令第十七号(中华民国元年十月二十四日):大学令》,载《政府公报》1912年第178期。

〔41〕 《令示:教育部批孔繁藻等设立监狱学校请立案呈》,载《临时政府公报》1912年第38期。

〔42〕 《本司批永州民杨屏翰等呈开办监狱专门学校请准报部并颁印(二年六月五日)》,载《湖南教育公报》1913年第1卷第3期。

〔43〕 《本司批宝庆监狱学校呈请申报教育部(二年六月十一日)》,载《湖南教育公报》1913年第1卷第3期。

〔44〕 《例规:官规:监狱学校及专修科毕业者得与文官考试咨(附公函)(五年三月二十七日咨教育部第四九□号补登)》,载《司法公报》1917年第74期。

〔45〕 《本省指令:指令第一百三十五号》,载《江苏司法汇报》1912年第3期。

校因经费支绌，每日加多授课钟点，请将修业期限缩短半年，经部核准”。[46]再如，私立豫章监狱专门学校二年制丙班亦因该校“经费支绌，添加授课钟点，缩短学期”。[47]

3. 司法系统未能给监狱学校毕业生提供充足和广泛的出路。一方面，监狱和司法部门未能如期如数向监狱学校毕业生提供充裕的实习和就业岗位。尽管《监狱学校规程》规定“凡公立私立监狱学校学生肄业期满毕业得呈请司法总长指定监狱练习实务”，[48]但数年后“各省监狱学校来京呈请司法部分发各监实习者甚多，以致第一监狱已有人满之患，日昨司法部通令将此项分发暂行停止”。[49] 至司法部通令监狱学校最终停办之时，“各省区新监”仅68所，“现在进行中之新监”仅18所，黑龙江、浙江、四川、云南、绥远已成立的新监均只有1所，[50]这与《司法计划书》的目标相去甚远，以致监狱学校毕业生人数远多于监狱的需求。比如，江南第一监狱专门学校毕业生陈汝道向江苏省司法厅呈请录用，但批文指出“现无相当位置，该生果系学有专长，暂予存记”。[51] 再如，四川高等检察厅就监狱学校毕业生秦养拙、黄能达的委用呈请表示“准予存记，俟有缺出，再量予录用”。[52]

另一方面，监狱学校毕业生就业范围相对局限。比如，1916年3月，距离《监狱学校规程》颁布已过三年，按照两年的学制，大约第一二届的学生已经毕业，司法部鉴于监狱学校毕业生“用途极狭”的先天限制，为其开拓文官就业机会。因《文官普通考试》规定的考试资格之一为“经教育部指定或认可之技术专门学校毕业的得有文凭者”，[53]并未言明监狱学校。司法部指出“狱

---

〔46〕《司法部六年度办事情形报告(下册)：第二十三、关于监狱学校考核事项(附表)》，载《司法公报》1918年第98期。

〔47〕《司法部十一年份办事情形报告(下册)：第二十一、关于监狱学校考核事项(附表)》，载《司法公报》1924年第196期。

〔48〕许世英：《部令：司法部部令第八十六号(中华民国二年六月十二日)：监狱学校规程》，载《政府公报》1913年第397期。

〔49〕《停止实习分发》，载《新华日报－北京》1920年10月21日，第3版。

〔50〕参见《司法部十一年份办事情形报告(下册)：第二十、关于整理新旧监狱事项(附表)》，载《司法公报》1924年第196期。

〔51〕《批批第八八号(十六年六月二十五日)原具呈人江南第一监狱专门学校毕业生陈汝道、呈一件为缴验文件请赐存记录用由》，载《江苏司法厅公报》1927年第1期。

〔52〕《四川公立警监专门学校毕业生履历及考试及试验成绩委用情况及学校校舍器具等清册》，四川省档案馆藏档案，档案号：民167－03－4748。

〔53〕《文官普通考试令》，载《司法公报》1915年第42期。

政更新,尤须此项人员相助为理。如因该学校等未经教育指定或认可之故,遂不能与其他学校毕业生相提并论,不特此项成材弃置可惜,且于狱政进行不无阻碍",进而函请法制局将监狱学校"比照《文官普通考试令》第三条第二款所载学校一律办理"。法制局函复:"查监狱学校自在技术专门学校之列,且普通文职中需用监狱人才,亦正不少此项毕业学生,自可准其与试。惟《文官普通考试令》第三条第二款之规定,系以经教育部制定或认可者为限,事经明文规定,应请贵部将准设之监狱各学校咨行教育部备案,以符法令程序。"[54]于是,司法部咨请教育部将"民国元年以来核准监狱学校暨监狱专修科"查照备案。教育部准将监狱学校比照办理,但同时指出"查此项学校系属司法主管事项,不在本部规定学校统系以内,自无庸本部认可"。[55]

1919年,《监狱官考试暂行章程》出台,应试资格包括:"一、经司法部核准之监狱学校或监狱专修科毕业得有文凭者;二、在外国警监学校毕业得有文凭者;三、在本国或外国法律、法政学堂一年半以上毕业得有文凭者;四、曾任委任以上文职者"。[56]因而,监狱学校并非考选监狱官职务的垄断途径,专门法政学校、警监学校的毕业生都可以参与竞争,而后者一般在教育部立案、社会影响力更大、就业选择更广,这在一定程度上加剧了监狱学校及其毕业生的阻力。

在重重困难之下,监狱学校最终走向了司法部通令停办的结局。而当时办学情形"无从察知"的广东公立监狱学校、私立四川监狱学校其实尚在向改组"警监学校"挣扎。1921年,"广东公立监狱学校校长伍岳呈请将该校改为警监学校",广东省高等检察厅查核并转呈大理院核准,均认为"该校校长先后各呈系仿照北京前颁之警监学校成例,以养成警监、监狱人才为宗旨,既宏造就,更资鼓励,办法尚属可行,至章程各条亦无不合,即准予备案",此后"仍归高等检察厅管辖"。[57]

---

[54]《例规:官规:监狱学校及专修科毕业者得与文官考试咨(附公函)(五年三月二十七日咨教育部第四九□号补登)》,载《司法公报》1917年第74期。

[55]《咨司法部监狱学校暨专修科校名清单准留部存查文(第一千零八十号,五年四月七日)》,载《教育公报》1916年第3卷第5期。

[56]《呈:司法总长朱深呈大总统酌拟书记官承审员监狱官各项考试章程缮单呈核文(附章程三)》,载《政府公报》1919年第1218期。

[57]《令广东高等检察厅准将广东公立监狱学校改为警监学校文(十年八月四日)》,载《司法公报》1921年第1期;温仲良编:《广东全省教育大事记》,温仲良发行1926年版,第187~188页。

至于私立四川监狱学校,据地方档案记载,该校此前更名为“四川公立监狱专门学校”,并于 1927 年 10 月呈请四川高等检察厅“函商商会军事警察厅,将现有四川公立监狱专门学校合组为四川公立警监专门学校,延长学期,提高学位”,并请该厅呈请“省署咨部立案并转令教育厅查照”。四川省会警察厅认为“查该校取‘警监’名称,系效法东西各国改组渊源,有自因举‘警’‘监’两项科学治于一炉而宏造就,藉以提高警察、监狱任用人材位置,实于司法行政前途不无裨益,并核阅简章,亦复周妥”。[58] 该校于 1928 年 1 月完成改组,但此后产生的新问题是监狱教育特色沦没,先后开设警监、监狱、警察、训政、政治、法律、政经诸科,学制一年到三年不等,监狱学课程减少而法政类课程突出,这使其在和一般法政学校比较时弱化了原本专门化、特色化的竞争力。

民初监狱学校的结局走向失意,而监狱人才培养的问题在南京国民政府时期依旧未能解决。比如,在监狱学教育方面,司法行政部因“近来各法校监狱学科目已不多见,不特应监狱官考试者难具专门学识,即将来判案之司法官,对于行刑要旨,亦不免多所扞格”,咨请教育部“分令各法校仍旧添监狱学科目”。[59] 在监狱实务方面,司法行政部“查近世监狱学术日益复杂,各监狱官自不能以从前所学故步自封”,于是将“狱务研究所附设于法官训练所”并拟定章程。[60] 再如,1948 年,监狱官依旧缺乏,司法行政部“经商请教部在京、沪、穗三地大学法学院增设法院监狱官专修科,经教育部制定本校自三十七年起增设办理”。[61]

四、监狱教育专门化的反思

将民初十一年间的监狱学校放之于整个近代法政教育和司法人才培养中,可谓昙花一现。而这般盛衰,反映出的不仅是监狱教育专门化尝试的起伏历程,也值得所有种类的专门教育反思和借鉴。

---

〔58〕《四川公立警监学校成立及其简章校规组织大纲校务会议规程》,四川省档案馆藏档案,档案号:民 167-03-4745。

〔59〕《部令:训令:教育部训令:第二九□九号(二十一年四月三十日):令国、省、私立各大学、学院:为准司法行政部咨请通饬各法校加添监狱学科目令仰遵办由》,载《教育部公报》1932 年第 4 卷第 17~18 期。

〔60〕参见罗文干:《公文:呈:司法行政部呈:呈字第一零七号(二十一年三月二十六日):呈为拟订狱务研究所章程缮具清折仰祈鉴核示遵由》,载《司法行政公报》1932 年第 8 期。

〔61〕《教部核准增设人类学系并令增设监狱官专修科》,载《国立中山大学校报》1948 年第 14 期。

1. 在教育与社会方面,平衡专门人才供给与社会需求。法学教育的繁荣与昌盛和社会的法治环境息息相关,监狱人才的培养与司法和教育改革的进程紧紧相连。民初的五至七年是许世英民国司法改革计划的关键时期,预计第五年“可成监狱三百余所”、需用“狱官将及二千人”,而第七年是全国新式监狱“一律告成”的收官之年。[62] 实际上,至 1916 年,仅在司法部备案的监狱学校就设立了 42 班、招生 5747 人,其中已经毕业 27 班、2943 人,[63] 但新式监狱始终未能普及。如果司法体制没有现实和可预期的人才需求,就无法为监狱毕业生提供充裕的就业和实习机会。人才过剩将对当时的办学产生负面影响,将对往后的生源造成巨大压力。民初的监狱学校难以维系对口的培养路径,监狱学校毕业生难以实现自己的专业价值,监狱教育未与社会的现实需求相契合而搁浅。

2. 在专业与行业方面,对接教育管理与行业管理。监狱学校处于教育和司法的交叉领域,教育系统应将监狱学校纳入统筹和规范的体系,司法系统应发挥行业优势加强对监狱专门人才的管理。正因为监狱教育具有有别于普通法政教育的知识,监狱人才应具备实务能力和专业技术,所以监狱人才的培养与管理应当专门化。但是一方面,民初教育部拟设的专门学校种类未能涵盖所有的专门技术学科,与监狱教育相关的法政专门学校并无监狱学课程,法政学校毕业生欠缺监狱学知识和技术。另一方面,监狱专门学校没有厘清司法部门与教育部门的管理权属、没有疏通司法体系与教育体系的合作通道。经司法部认可的监狱学校难以与从属于教育部的专门学校相提并论,自始至终存在的身份尴尬加剧了办学和就业的艰难。自清末民初至南京国民政府时期,司法行政部门均表示监狱人才缺乏,但未能在教育体制下形成完善的监狱人才培养途径。

3. 在专业与实践方面,兼顾理论知识与实践技能。专门人才的培养往往与专业实践密切相连,甚至对理论基础与实务能力均有较高要求。民初监狱制度改革和专门教育的创设,体现出国家对“有学有术”的监狱专门人才乃至法政专家的殷切希望。但制度改革尚处于起步阶段,专门教育尚不成熟,盛

---

〔62〕 参见《司法部通咨各省都督、民政长录送司法计划书希为省览并分饬司法衙门一体查照文(附司法计划书)(中华民国元年十一月二十九日)，载《政府公报》1912 年第 219 期。

〔63〕 参见《司法部四年度办事情形报告:第二十五、关于考核监狱学校事项(附表)》,载《司法公报》1916 年第 61 期;《司法部五年度办事情形报告(下册):第二十五、关于考核监狱学校事项(附表)》,载《司法公报》1917 年第 82 期。

大的专门人才理想难以实现,尤其难以在学校教育的基础上兼具实践训练。一方面,《监狱学校规程》拟定两年学制与21门课程,而《法政专门学校规程》规定三年制与13门课,由此监狱学校的理论课程“时间紧任务重”。另一方面,第一次全国司法会议议案曾拟于监狱学校开设“实地练习”课程,但《监狱学校规程》的课目并无此门,这使监狱学校学生缺乏实务能力的锻炼,在专门人才的培养和竞争中失去优势。

(张昊鹏　初审)

(邹雨桐　校对)

认罪认罚案件中的量刑建议：现状、问题与优化路径

刘亦峰　钟宇晴*

摘　要:量刑建议作为认罪认罚从宽制度顺利运行的关键,蕴含着“对抗基础上之合意”的属性。考察四川省乐山市 2019 ~ 2020 年认罪认罚案件的办理情况发现:由于控辩双方在量刑协商上不够充分,量刑建议内容的准确性尚需提升,在一定程度上影响了量刑建议的被采纳率,从而抑制该制度的功能实现。完善认罪认罚从宽制度的关键是控辩平衡,从检察机关自身出发,有必要提供一个专门平台供参与方充分交换意见,强化值班律师的作用以及完善量刑计算方法、充实量刑建议的说理性内容等确保认罪认罚从宽制度的顺利实施。

关键词:认罪认罚从宽　量刑建议　量刑协商　检察机关

一、引言

2018 年修改的《刑事诉讼法》增设认罪认罚从宽制度,系坚持宽严相济、坦白从宽刑事政策在刑事司法的具体体现。量刑建议是指检察机关在提起公诉后,就被告人的量刑种类和量刑幅度向法院提出的相关法律意见。[1] 依据《刑事诉讼法》第 201 条的规定,适用认罪认罚程序处理的案

---

* 刘亦峰,四川大学法学院 2019 级博士研究生;钟宇晴,武汉大学法学院 2020 级博士研究生,武汉大学诉讼制度与司法改革研究中心助理研究人员。

[1] 参见陈瑞华:《论量刑建议》,载《政法论坛》2011 年第 2 期。

件,人民法院一般应当采纳检察院指控的罪名和量刑建议。同时,最高人民检察院亦提出"量刑建议精准化"的改革方案,试图由检察机关围绕犯罪事实、情节,提出更明确、具体的量刑建议作为指控之一部提交,直接约束人民法院的裁判活动,如无特殊情形则应当在量刑时予以采纳。为保证认罪认罚从宽制度的顺利实施,构建更为规范的量刑协商机制,有必要设计出更为科学、合理化的量刑建议制度,从而提升有效量刑建议的质量与被采纳率。现有理论研究以提出量刑建议的制度梳理和必要性、实现量刑建议精准化的方法、法检行使权力是否存在冲突以及相关配套机制构建的内容,侧重于方法论抑或比较法方面的研究。[2] 但经过3年的不断摸索,认罪认罚从宽制度的实践运行样态是否符合立法者预期,量刑建议的功效是否得到切实的发挥,则需要我们立足于当下的实证调研来发现。因此,笔者以四川省乐山市人民检察院2019~2020年办理的927件适用认罪认罚程序审理的刑事案件作为样本,[3]着眼于认罪认罚程序的运行情况和效果,发现司法实务中现存之问题并深入探索背后的原因,以期就认罪认罚量刑建议制度提出更为科学、合理的完善方案。

二、四川省乐山市人民检察院的认罪认罚案件量刑协商现状

为准确并及时惩罚犯罪、加强人权司法保障、推动刑事案件繁简分流、节约司法资源并化解社会矛盾,四川省乐山市人民检察院(包括辖区内所有基层检察院)积极贯彻落实《刑事诉讼法》的要求,探索认罪认罚从宽程序

---

〔2〕 相关研究文献如孙长永:《认罪认罚从宽制度的基本内涵》,载《中国法学》2019年第3期;卞建林、陶加培:《认罪认罚从宽制度中的量刑建议》,载《国家检察官学院学报》2020年第1期;郭烁:《认罪认罚背景下屈从型自愿的防范——以确立供述失权规则为例》,载《法商研究》2020年第6期;熊秋红:《比较法视野下的认罪认罚从宽制度——兼论刑事诉讼"第四范式"》,载《比较法研究》2019年第5期;冯喜恒:《刑事处罚令程序中的量刑协商——德国的实践及其对我国设立认罪认罚从宽制度的启示》,载《浙江理工大学学报(社会科学版)》2016年第2期;董坤:《认罪认罚案件量刑建议精准化与法院采纳》,载《国家检察官学院学报》2020年第3期等。

〔3〕 笔者于2020年上半年赴四川省乐山市犍为县人民检察院开展为期10天的调研,主要工作包括:(1)开展调研座谈会,了解基层检查机关办案情况;(2)进行案卷查阅整理并统计(该院已借调乐山市2019~2020年办理的全部认罪认罚案件),其中有效数据共计927件(已办结案件)。感谢乐山市李鹏飞检察长、犍为县杨坤检察长、肖江副检察长以及谢科主任等对本次调研给予的大力帮助,参与调研的除本文二位作者外,还有四川大学硕士生莫张倩、许源源、冯琪和刘星辰,在此一并致谢。

在司法实践中的正确运用,确保制度得以正确有效的实施。

总体来看,四川省乐山市2019～2020年度办理的刑事案件中,认罪认罚程序的适用率占总体案件的一半以上,总体占比约为65.19%;从适用程序上看,以简易程序和速裁程序为主,其中速裁程序适用率约为43.48%,简易程序适用率约为27.56%,以普通程序审理的刑事案件,认罪认罚的适用率仅为12.09%。以量刑幅度来区分,其中判处3年以下有期徒刑的比例为79.33%,判处3年至7年有期徒刑的比例约为16.41%,判处7年至15年有期徒刑的比例约为4.09%,判处15年及以上有期徒刑的比例约为0.17%,仅有1件。

基于诉讼经济原则,基于案件性质、罪行轻重以及被告人认罪状况等不同因素,应当选择适用不同的刑事诉讼程序。认罪认罚从宽制度作为以审判为中心的诉讼制度改革的重要配套措施,其重要作用在于对被告人认罪的刑事案件予以审理简化,此类案件量刑的实体权力处分由检察院机关主导,审判中公诉人以量刑建议的方式提出,经人民法院审查后作出采纳与否的决定。依据《人民检察院刑事诉讼规则》对量刑建议的规定〔4〕可知,量刑建议的提出是办理认罪认罚从宽案件中最为重要的核心环节,个案中提出具体、明确的量刑建议已成为人民检察院的一项法定职责,亦为检察机关的主导责任的具体体现。从量刑建议的形成机制来看,可以分为以下三个方面:第一,量刑建议的形成主体,即哪些主体可以参与到量刑协商的程序中,最终由谁决定量刑建议的内容;第二,量刑建议的形式,检察机关的量刑建议内容究竟应该是确定刑还是幅度刑;第三,具体的量刑建议该如何计算,应当遵循怎样的公式确定。对于四川省乐山市实务的总体情况,具体介绍如下。

(一)量刑建议的参与主体与协商情况介绍

1.参与主体情况介绍

依据《刑事诉讼法》第201条的规定,人民检察院提出的量刑建议将直

〔4〕《人民检察院刑事诉讼规则》第274条规定,认罪认罚案件,人民检察院向人民法院提起公诉的,应当提出量刑建议,在起诉书中写明被告人认罪认罚情况,并移送认罪认罚具结书等材料。量刑建议可以另行制作文书,也可以在起诉书中写明。第275条规定,犯罪嫌疑人认罪认罚的,人民检察院应当就主刑、附加刑、是否适用缓刑等提出量刑建议。量刑建议一般应当为确定刑。对新类型、不常见犯罪案件,量刑情节复杂的重罪案件等,也可以提出幅度刑量刑建议。

接对人民法院产生拘束力,凸显了检察机关在认罪认罚从宽制度的主导地位,即“认罪认罚从宽程序是检察官的程序”,[5]签署具结书的双方主体为检察机关与被追诉人,同时还要求辩护人或值班律师到场,参与方可针对案件事实情况、法律适用、审理程序以及具体的量刑建议等方面发表意见。四川省乐山市适用认罪认罚程序办理的刑事案件中,辩护律师参与率为11.4%,值班律师的参与率为88.6%,其中辩护律师基于其受托人的身份在认罪协商中关于被告人定罪量刑发表意见比例较高,达到90%以上,而值班律师更多的是以“见证人”的身份参与到案件协商程序之中,实质性意见发表比例不足20%,被告人能否在协商程序中得到有效辩护问题存疑。

同时《关于适用认罪认罚从宽制度的指导意见》(以下简称《指导意见》)要求,在量刑协商过程中应当听取被害方及其诉讼代理人的意见。[6]但其实在认罪认罚从宽制度施行之前,被害方就可以在各个诉讼阶段参与诉讼程序,包括在侦查、审查批捕及起诉等过程中均有发表意见的权利。着眼于认罪认罚案件,为加强对被害方权益的保障,量刑协商应当充分考虑被害方对案件具体情况的知悉权与意见陈述权。但必须明确的是,被害方提出异议并不当然影响认罪认罚的适用,被害方的参与及意见陈述仅能对案件进展起到“参考性”作用。四川省乐山市办理的认罪认罚案件中,被害人直接出席亲历量刑协商过程的情况较少,更多的是以提交书面陈述意见、签署刑事调解或和解协议的形式来表明其态度与观点。笔者在调研中发现,被害方提交的书面意见、证明材料以及和解协议,在个案中亦能起到重要的作用。例如:在一起交通肇事案的协商过程中,被追诉人S某是乐山市市中区重点学校的一名教师,下班途中驾车发生交通事故造成被害人死亡,在足额赔偿损失后,被害方家属(连同被追诉人以及其单位)连续向市中区检察机关提交3份意见书和请愿书,认为被追诉人S某是一名优秀的教师,若判处刑罚学校将损失一名优秀的人民教师,这对社会是一种莫大的损失,不希

[5] 参见万毅:《认罪认罚从宽程序解释和适用中的若干问题》,载《中国刑事法杂志》2019年第3期。

[6] 最高人民法院、最高人民检察院、公安部、国家安全部、司法部《关于适用认罪认罚从宽制度的指导意见》第16条规定,办理认罪认罚案件,应当听取被害人及其诉讼代理人的意见,并将犯罪嫌疑人、被告人是否与被害方达成和解协议、调解协议或者赔偿被害方损失,取得被害方谅解,作为从宽处罚的重要考虑因素。人民检察院、公安机关听取意见情况应当记录在案并随案移送。

望因这样的一个“过失行为”导致追诉人获刑。最终市中区检察机关综合衡量案件情况,将原先拟定“拘役10个月至1年,可适用缓刑”的量刑建议修改为“定罪但免予刑事处罚”,最终获得了人民法院的支持。

2.量刑协商程序运行情况

针对于量刑协商情况,笔者经与乐山市检察机关走访、调研得知,目前量刑协商的并无一个稳定的平台,对于辩护律师参与的案件,多为辩护人与承办检察官进行口头的沟通,方式也比较随意,可以在办公区进行当面沟通,亦可电话沟通。辩护人多通过提出书面的意见书,针对被追诉人的犯罪事实、法律适用及量刑幅度问题提出相应的意见,以供检察机关参考。对于无辩护律师参与的案件,量刑协商多在讯问被告人过程中以及具结书签署之前,由承办检察官与被追诉人进行沟通确定。但苦于被追诉人法律知识水平较低,缺乏协商的主动性,亦少有提出有针对性的协商意见,以被动的接受量刑建议为主,直接在具结书上签字认可。虽有值班律师在场,但其更多的是以见证人、程序正当性监督者的角色参与程序。即便法律给予其查阅案卷材料、了解案情的权利,但因为值班律师的数量有限,每日需参与的案件较多,且此值班律师并非特定案件的委托辩护人,对案件的了解程度不够,难以提出实质性的辩护意见,实务中只要被告人同意签署具结书,值班律师一般不会再提出与其相悖的法律意见,便直接在具结书上签字确认。

(二)量刑建议的表现形式

依据《指导意见》的要求,人民检察院不仅应当对于主刑刑期提出量刑建议,还应当针对于是否适用缓刑、是否适用附加刑等提出详细的意见。四川省乐山市人民检察院办理的认罪认罚案件中,已经做到量刑建议提出全覆盖。程序运转初期,量刑建议作为起诉书内容的一部分予以提出。自2019年7月乐山市检察院已经制定了规范化的量刑建议书,并要求各下级检察机关将量刑建议的全部内容在专门的量刑建议书中予以载明。就一般刑事案件而言,检察机关所提出的量刑建议可以归纳为三种模式:第一种为绝对不确定的量刑建议,仅仅提出“请依法判处”、“依法追究刑事责任”或者仅仅提出诸如“建议从宽处罚”等无具体刑法内容的意见;第二种为相对确定的量刑建议(幅度量刑建议),即在法定刑幅度内提出一定幅度(该幅度小于法定刑幅度)的量刑建议;第三种为绝对确定的量刑建议(精准量刑建议),即仅在具体个罪对应法定刑幅度内提出一个绝对刑种和刑期。[7]

目前,认罪认罚案件的"绝对不确定的量刑建议"已经不再广泛适用。四川省乐山市检察机关所提出的量刑建议均为"幅度量刑建议"和"精准量刑建议",其中幅度量刑建议比例为49.44%,精准量刑建议比例为50.56%,从数据分布上看,两种量刑建议方式的适用率相差不大。自2019年10月最高人民检察院倡导量刑建议精准化改革以来,乐山市检察机关提出精准量刑建议的幅度有所提升。笔者经访谈得知:乐山市人民检察院2020年以来提出精准量刑建议的比例已达到80%以上。在此特需提出的是:精准量刑建议的提出不仅包括主刑,还包括附加刑,附加刑中,对于罚金数额的确定为检察机关最难确定的部分。[8] 基于乐山市犍为县的实践情况,虽部分法官要求量刑建议对此亦应当给出明确的建议数额,但基于罚金刑计算的困难,犍为县法院分管领导给出意见是:对于罚金刑的量刑建议,检察机关可以给予一个明确的数额下限。这也是乐山市的通用做法,对于量刑建议罚金刑的部分,更多的是采用幅度量刑建议的方式予以提出,如"建议处罚金3000元以上"。

(三)量刑建议刑期计算方式及采纳情况

就本文所调研的四川省乐山市人民检察院2019~2020年办理的刑事案件而言,承案检察官在制作认罪认罚具结书量刑建议时,主要结合最高人民法院《关于常见犯罪的量刑指导意见》(法发〔2017〕7号)来确定,同时四川省高级人民法院亦发布《关于常见犯罪的量刑指导意见实施细则》,二者均成为目前检察机关确定量刑建议幅度及具体内容的主要依据。检察机关自身并没有形成独立的量刑计算方法、规定,依然沿用法院系统内部关于定罪量刑的指导意见,[9] 且此规定对量刑的基本步骤、需考量的各类因素以及基准刑的调节方法给予较为细致的规定。现在检察机关提出量刑建议的

---

〔7〕 参见姜涛:《认知量刑规范化》,中国检察出版社2010年版,第244~245页。

〔8〕 量刑建议的采纳情况系检察机关年度考核的重要部分,对认罪认罚从宽案件的办理,主刑、附加刑的采纳率均纳入到当年的考核之中。因此,罚金数额的计算,如最终未被法院采纳,则亦会影响该检察院当年的业务考核。

〔9〕 虽然最高人民检察院公诉厅于2010年2月23日发布《人民检察院开展量刑建议工作的指导意见(试行)》(〔2010〕高检诉发21号),但内容规定的较为粗略,目前检察机关办案并提出量刑建议,仍然沿用最高人民法院《关于常见犯罪的量刑指导意见》(法发〔2017〕7号)以及各地省高级人民法院的指导意见,而该意见为法院内部指导意见,检察机关亦未参与会签,其内部并未形成更为体系化、详细化量刑建议计算指导意见。

判断依据及计算方法,与审判机关裁判所考量的具体因素及刑期计算方式保持一致。

依据《指导意见》第40条的规定,对于人民检察院提出的量刑建议,人民法院应当依法进行审查。除有可能影响公正审判的五种情况出现外,法院原则上应当采纳检察机关提出的量刑建议,这一条文实质上已经对法官的自由裁量权起到了限制的作用。[10] 从四川省乐山市量刑建议被采纳的情况来看,总体而言被采纳的比例较高,达到了全部认罪认罚案件的92%以上,得到法院的高度认可。具体而言,直接采纳量刑建议的比例为84.20%,调整后采纳的比例为8.18%。对于未直接采纳量刑建议的情况,主要原因在于:第一,被告人是否应当适用缓刑的情况,占全部案件的43.83%;第二,罚金刑提出及具体金额的确定问题,占全部案件的24.32%;第三,刑期计算问题,占全部案件的19.97%;第四,因案件情势变更及其他情形导致未被直接采纳的情况,占全部案件的11.88%。

综上所述,四川省乐山市检察机关积极探索认罪认罚制度改革完善实践,对量刑建议的若干实践操作形成一定的具有创新性的实务经验。同时,良好制度的形成需经过长时间持续性挖掘,在已有经验的指引下继续发现问题并探索内在原因,故下文将在实证调研数据的分析基础上,以具体的问题为切入点,进行详细分析论证。

三、认罪认罚从宽制度中量刑建议的实践问题分析

结合四川省乐山市适用认罪认罚程序刑事案件情况的总体分析,笔者发现认罪认罚从宽程序的运行与立法之期待仍存在差距,存在一些亟须解决的问题,主要分为以下三点:其一,量刑协商双方主体地位不平等、值班律师作用发挥不足,各方参与人意见陈述平台缺失,导致量刑协商不充分、效果不佳;其二,量刑建议书的内容说理性不强,检察机关内部未形成体系化的量刑计算依据,同时对量刑建议方式选择较为随意,导致量刑建议的内容依据不足并缺乏精准度;其三,因量刑建议的约束力并不及于人民法院,实务中存在一定的检、法职权冲突的问题。

1. 认罪认罚从宽程序职权性色彩较强,难以做到平等、有效协商。认罪

---

〔10〕 参见吴东、张东武、吴海伦:《认罪认罚从宽制度改革中量刑建议研究》,载《人民检察》2017年第17期。

认罚从宽的量刑协商程序是“协商性司法”的典型体现。以检察机关为代表的控诉方为程序主导,如被追诉人不同意其提出的条件,亦可通过正式的控诉手段,使被追诉人承担更为严重的刑罚非难,这足以对被追诉人形成强大的心里压制,使其接受本不愿接受的处理结果。〔11〕 所谓的认罪认罚从宽的协商从本质来讲属于控辩合意,其直接目的是在控辩之间达成有关认罪和量刑的一致意见,带有一定的协商成分。〔12〕 但实际上,此种协商中被追诉人(或其辩护人)意思表示之提出并非完全自由,控方更具主导性。虽被追诉人有权针对控方之“邀约行为”提出本方意见,但最终被采纳的比例较低,无法做到完全的平等协商。

正如上文所述,目前实务中基本的协商模式为:检察机关与被追诉人双方协商,辩护律师(或值班律师)到场参与并有权提出意见。在具体的协商过程中,检察机关的工作模式较为随意,虽然可以在程序伊始释明认罪认罚从宽程序的具体内容、各方诉讼权利及适用该程序的法律后果,但难以做到详细且全面地展示证据材料,亦无法做到全方位听取被追诉人、辩护人及诉讼参与人等的意见。此外,认罪协商程序更多的是在检察机关提讯被追诉人之时进行,对于被害人的意见听取多通过提交书面意见或另行询问,对于各方的意见仅“汇总”于检察机关,但无法做到各方之间意见的互换,这也导致协商程序演变成:单纯的检察机关通过“讯问”“询问”的方式听取意见,而非通过意见交换、相互磋商并达成一致。因此,有学者将认罪认罚从宽程序的程序归结为“意见听取程序”而非“协商程序”。〔13〕 此观点的提出不无道理。

对于一些侵犯人身权利的犯罪,被追诉人需与被害人先达成并签署刑事和解协议,而后认罪认罚从宽程序才能启动。刑事和解协议的签署要求:在公安、检察机关主持下,被追诉人与被害人到场磋商并达成协议。因此,在程序上如若再一次增加单独的量刑协商程序则并无必要,未免显得有些程序重合。如在一起聚众斗殴案的审理中,被追诉人 W 某于 2019 年 3 月 26 日上午与被害人达成刑事谅解协议,并主动赔偿损失。检察机关于 2019

---

〔11〕 参见龙宗智:《完善认罪认罚从宽制度的关键是控辩平衡》,载《环球法律评论》2020 年第 2 期。

〔12〕 参见陈卫东:《认罪认罚从宽制度的理论问题再探讨》,载《环球法律评论》2020 年第 2 期。

〔13〕 参见闫召华:《听取意见式司法的理性建构——以认罪认罚从宽制度为中心》,载《法制与社会发展》2019 年第 4 期。

年3月27日再次将被追诉人提讯到检察机关,进行量刑协商,被追诉方同意检察机关提出的“有期徒刑1~2年,可适用缓刑”量刑建议,当场签署具结书。对于此类案件,本可在谅解协议签署之时便直接启动协商程序,此时被害人亦在场,能够更为直接在各方参与的情况下进行协商。故有必要尝试对相关程序进行简化,这不仅有利于案件办理“透明化”,亦为节约司法资源、提高司法效率的有益尝试。

2. 值班律师的法律帮助功能释放有待加强。值班律师作为认罪认罚程序的重要参与主体,主要职责为:在认罪协商过程中为被追诉人及时提供所需的法律帮助,提供法律咨询并针对案件处理情况、量刑建议等提出意见,必要时亦可会见当事人并查阅相关案卷材料。同时,在具结书签署过程中,值班律师亦应到场并在相应的文书上签字。结合我国刑事诉讼现状来看,众所周知的是刑事辩护率较低,而大部分基层法院审理的刑事案件没有律师为辩护人进行辩护,这一点在上文对辩护人和值班律师的参与比例也可见端倪。认罪认罚程序中的值班律师,更多是告知被追诉人适用该程序可以进行从宽处罚,以及签署具结书的后果,少有能针对具体的量刑问题,结合案件事实情况发表有利于被追诉人的实质性意见,亦不会对量刑结果提出质疑甚至反对性意见。

必须明确的是,值班律师并非该案的辩护人,其参与认罪认罚程序本质上讲,更像是进行“义务性法律劳动”。以四川省乐山市的现状为例,目前值班律师每日的工作补助为100~200元不等(各地区存在差异),其劳务报酬与委托辩护的律师差距极大,自身的工作热情、动力以及尽责程度便难以保证。此外,笔者注意到:值班律师每日参与的认罪认罚刑事案件平均在5个以上,亦无足够精力针对所有案件查阅案件材料、会见当事人,经过认真细致的分析思考提出相应的辩护意见。例如,在一起盗窃案的量刑协商过程中,被追诉人L某与检察机关进行量刑协商以及具结书的签署过程中,承办检察官在简要讯问L某后提出量刑建议为:拘役3~5个月,并处罚金1000~3000元。被追诉人认为这样的量刑建议畸重,自己可以被判处缓刑,并希望检察机关提出更为精准的量刑范围。此时,值班律师便开始劝说L某接受检察机关的量刑幅度,说:“签了具结书不能反悔,上诉了也没用。一般像你这种案件都是这么办的,你想争取缓刑检察官肯定不同意。要是不签,法院会给你判得更重。你自己考虑好,想想清楚哈。”被告人迫于无奈,签署了该份具结书,但具最终的判决结果显示,法院未直接采纳检察机关的量刑建议,判处被告人拘役5个月、缓刑10个月、罚金3000元的刑罚。目前的量刑协商过程中,值班律师向被追诉人提供的法律帮助较为有限,而该案值班律师甚至向L某提供了错误的法律信息,尽责程度也明显不够。这也一定程度反映目前认罪认罚程序中的常态,即值班律师仅对被追诉人进行一些简单的程序性的法律知识解释,将自己定位成一种见证人的角色,抛开具体的案情、量刑问题不谈,只要被告人在具结书上签了字,就认为他们的本职工作已经完成,忽视了其作为值班律师更重要的责任。

3. 量刑建议的形成说理性不强,提出依据不足。

(1)关于量刑建议书的说理性问题。依据《人民检察院办理认罪认罚案件监督管理办法》对量刑建议说明理由和依据要求,[14]经与各方充分沟通、全面听取掌握案情、依据法律和相关刑事政策并了解相关判例的前提下,对于拟提出的精准或幅度量刑建议说明理由。通过查阅四川省乐山市的认罪认罚案卷材料,量刑建议内容缺乏说理性内容,即便有所涉及也只是提出"被告人×某自愿认罪认罚并存在自首、坦白等法定从轻情节,建议判处刑罚为……"对于具体的酌定量刑情节,目前的量刑建议内容中基本没有详细叙述。笔者亦抽取四川省乐山市某基层法院同一检察官办理的认罪认罚案件材料,对于不同罪名的案件,其在量刑建议说理部分的内容、结构基本一致。由此可见,目前的量刑建议说理内容存在一定的模版,并无针对个案特殊性进行更加细致的解释、分析。目前的《量刑建议书》中仅对被告人涉及的具体罪名以及拟建议判处的刑罚进行了表述,但对于为何形成这样的量刑结论,内容说理部分并未予以详细分析。具体而言,目前的规范性量刑建议书仅对"被告人姓名、涉嫌罪名、案号、法律适用(法条名称与编号)、建议判处刑罚部分"留有空白供办案人员填写,具体内容为:"被告人×某自愿如实供述涉嫌的犯罪,对指控的事实没有争议,接受刑事处罚",便直接出具具体的量刑建议结论,缺失针对该量刑建议如何形成、如何计算以及被告人行为构成法定、酌定从轻(或减轻)情节的分析部分。

采用格式化《量刑建议书》文本的优势在于,能有效保证文书内容、结构及格式的规范性,避免存在权利义务告知以及相关事项记载的疏漏,亦能提

[14]《人民检察院办理认罪认罚案件监督管理办法》第6条规定,检察官提出量刑建议,应当与审判机关对同一类型、情节相当案件的判罚尺度保持基本均衡。在起诉文书中,应当对量刑建议说明理由和依据,其中拟以速裁程序审理的案件可以在起诉书中概括说明,拟以简易程序、普通程序审理的案件应当在起诉书或者量刑建议书中充分叙明。

高办案效率。但问题在于,固有的文书格式无法灵活囊括个案特殊情形。采用填空、勾选的方式的文书设计,仅能保证对罪名、法律适用等结果方面的内容说明。笔者认为,检察机关应当结合被追诉人的具体犯罪行为,将其具有的从轻、减轻情节予以详细说明,说明被告人缘何能够达到认罪认罚的适用条件;同时,对于具体的建议刑期计算方式,因何种情节而减轻多少刑期,亦应当作出详细的理由说明,确保"从宽"的具体依据科学、有章可循,并可以此作为范式对于同类案件起到借鉴性作用。

(2)检察机关自身未形成独立的量刑指导意见,提出量刑建议的依据不足。长期以来,检察机关所着眼之重点在于定罪问题,即被告人的行为是否构成犯罪以及具体构成的罪名为何,而对量刑问题,检察机关的判断及把握能力不够。量刑本是一个复杂的法律适用及计算的过程,不仅有法定量刑情节,还有酌定量刑情节。对于前者检察机关把握的较为准确,而针对酌定量刑情节,原本应由人民法院进行统一裁量判断的事项,因认罪认罚的适用提前于检察机关,但因相关法律条文、司法解释的规定较为模糊,需结合具体案情予以综合判断,检察官办案之短板问题便凸显出来,对于同类案件量刑建议标准不统一的情况时有发生。

虽然在认罪认罚案件的办理中,为保证量刑建议的科学合理性以及考虑被人民法院采纳的问题,与法院的量刑计算方式保持一致无可非议,但结合前文所述,"认罪认罚程序是检察官的程序",对于量刑建议的提出其具有绝对的主导性,一直沿用人民法院内部文件的内容进行量刑判断便显得有些自身根基不稳。虽然,现在人民法院确实形成了一套较为完备且规范的规定,但实际上并非检察机关自己的办案程序守则。虽然最高人民检察院公诉厅于2010年发布了《人民检察院开展量刑建议工作的指导意见(试行)》(〔2010〕高检诉发21号),但其仅规定了提出量刑建议的条件、综合考量因素以及法庭审理时公诉人的注意事项等问题,在认罪认罚程序的框架下,早已难以满足需提出具体、精准量刑建议的认罪认罚的时代需求。在未形成一套内部规范的量刑指导意见指引的现状之下,亦会导致目前检察机关办理具体案件工作存在法律适用困惑。

4. 检察权与审判权之间关系尚待厘清。认罪认罚从宽制度要求检察机关提出的量刑建议应当以精准化为导向,其必要性有二:其一,确定刑量刑建议有利于激励被追诉人真诚认罪、自愿悔罪;其二,提升量刑建议的约束力及检察机关的公信力。[15] 依据《指导意见》的规定,办理认罪认罚案件要求人民检察院提出的量刑建议以确定刑量刑建议为主,以幅度刑量刑建议为辅,[16] 对于具体模式的选择,应当依据案件的不同情况来进行综合判断选择。目前实务中存在较大困惑的是,检察机关精准量刑建议的提出是否属于对人民法院审判权的侵夺,公诉权的本质为求刑权,只有提交于人民法院审判后,方能作出最终的裁判。为规避办案机关之间的内部矛盾,不破坏平等武装原则,造成"权利冲突",[17] 故检察机关不敢直接提出精准量刑建议,转而采取幅度量刑建议方式。这一方面尽到了自己在认罪认罚程序中提出量刑建议的任务,另一方面亦为法院之审判权行使留有一定空间。

此外,人民法院为坚守其作为审判机关的业务职责,对检察院提出的精准量刑建议亦存在抵触情绪。如实践中常发生一些这样的情况,某基层检察院办理一起危险驾驶案时,提出"建议判处拘役两个月零十五天,并判处罚金人民币 6000 元"的精准量刑建议。法院虽认定被告人犯危险驾驶罪成立,但不采纳该量刑建议,一审判决被告人"拘役三个月零十天,并判处罚金人民币 8000 元"。检察院因此而提起抗诉,最终二审法院采纳该量刑建议并改判。[18]

出现上述问题的根本原因在于,认罪认罚从宽制度是我国引入合作性司法理念的直接产物,但实际上对抗性司法理念仍然在整个刑事诉讼构造中占据绝对主导地位,影响着权力配置体系与诉讼机制运行。其实,审前认罪协商机制的构建定会将某些"审判行为"纳入其中,转由检察官处分,这也是合作性司法的独特之处,而目前司法实务认罪认罚案件的办案观念仍未转变,依旧沿袭传统,导致量刑建议被接受程度不高。在司法资源短缺的背景下,检察机关提出与定罪量刑相关的书面量刑意见,既体现控辩双方的意

---

〔15〕 参见徐贞庆:《认罪认罚案件中量刑建议的精准化》,载《人民检察》2019 年第 17 期;谢健、黄志坚、聂婷婷:《认罪认罚从宽中量刑建议精准化的路径探索》,载《中国检察官》2020 年第 5 期。

〔16〕 《指导意见》第 33 条第 2 款规定,办理认罪认罚案件,人民检察院一般应当提出确定刑量刑建议。对新类型、不常见犯罪案件,量刑情节复杂的重罪案件等,也可以提出幅度刑量刑建议。提出量刑建议,应当说明理由和依据。

〔17〕 参见洪浩、朱良:《论检察机关在刑事审前程序中的主导地位》,载《安徽大学学报(哲学社会科学版)》2020 年第 4 期。

〔18〕 参见范跃红:《认罪认罚了,量刑从宽建议为何未采纳》,载《检察日报》2019 年 9 月 21 日,第 1 版。

志,又能符合法官的判案立场,刑罚建议亦能吸收主要参与者的观点。[19]从某种意义上讲,认罪认罚案件的办理模式,量刑建议越具体,被追诉人的协商动力越大,对量刑建议的认可度越高,同时人民法院亦应当对控辩合意所形成的量刑建议予以尊重。[20]

四、认罪认罚从宽案件中量刑建议之完善对策

为保证认罪认罚制度在司法实践中的良好开展与运行,结合实务中存在的若干问题,笔者之意见分四个角度论述:第一,确保控辩平衡,保障各方参与人充分发表意见的权利;第二,加强值班律师在认罪认罚案件中的作用,有益于对被追诉方合法权益的保障;第三,加强量刑建议书的内容说理性,并形成体系化的量刑建议形成、计算依据,提升量刑建议的精准性与可接受性;第四,量刑建议具体形式究竟该如何选择,以及转变办案思维,缓和法检关系,加强量刑建议的约束力。

(一)"诉前会议"平台之功能再强化——保障平等协商并充分听取各方意见

所谓的诉前会议,是指检察机关刑事案件审查起诉过程中在决定提起公诉之前,针对证据合法性、全面性等特定事项,召集侦查人员、当事人以及辩护人、诉讼代理人平等地进行交流沟通、解惑释疑,就相关问题的认识和处理达成意见的一种审查起诉机制。[21] 诉前会议的召开,旨在对诉讼参与人程序性权利之保障,一方面做到检务公开,另一方面可以加强被追诉人权利保障,成为被追诉人、辩护人在审前程序得以有效陈述意见的平台。[22]在认罪认罚案件的办理过程中,笔者认为可以考虑将其作为办案检察官与被追诉人(及其辩护人)进行有效交流的平台,亦允许被害人及其他诉讼参与人在诉前会议中充分陈述意见。最终各方之意见汇总于承办检察官,成为个案量刑建议的产生及判断依据。依据《指导意见》第29、33条可知,认罪认罚案件的办理中可以进行证据开示,并充分听取各方意见,尽量协商一致。诉前会议恰恰是一个最好的平台,在各方均能列席参与的情形下,陈述

---

〔19〕 参见赵恒:《量刑建议精准化的理论透视》,载《法制与社会发展》2020年第2期。

〔20〕 参见熊秋红:《认罪认罚从宽制度中的量刑建议》,载《中外法学》2020年第5期。

〔21〕 参见王祺国:《以审判为中心构建"诉前会议"制度》,载《检察日报》2015年4月29日,第3版。

〔22〕 参见龚毅、万毅、赵亮:《诉前会议制度实践与理论分析》,载《人民检察》2015年第15期。

意见并见证被追诉人具结书的签署,不仅能作为其认罪认罚自愿性、真实性的有效保障,而且对于存在争议、需要协商的事项,如交通肇事罪中被害人谅解书的签署,亦可集中于这个平台在检察官的见证下进行处理。

会议主持人由办案检察官担任,参与人包括但不限于被追诉人、辩护人(值班律师)、被害人及其诉讼代理人。对于一些疑难复杂、社会影响力大的案件,亦可探索邀请相关社会组织、专业人士的参与,他们的意见一定程度也能成为检察人员办案的有益参考。召开一次诉前会议,完成对各方意见的采集、证据开示以及具结书的签署等工作,是司法效率提升的有效途径,并可保证协商过程透明、公开。具体程序阐释如下:

1. 会议开始阶段:由办案检察官对案情进行陈述,进行相应的证据开示,告知被追诉人享有的诉讼权利及认罪认罚的法律规定并给予充分释明。同时,检察官亦应当根据所收集的证据详细说明被追诉人的行为依法应如何定性,一般的量刑标准是什么,以及被追诉人具有哪些可以从轻、减轻的量刑情节,依据认罪认罚程序的相关计算标准,可以获得何种刑事处罚。

2. 调查阶段(各方意见听取阶段):先由被追诉人对其是否认罪认罚发表意见,听取被追诉人及其辩护人(值班律师)、被害人及其他会议参与人的意见。对于存在意见冲突的,允许各方进行多次意见交换。此外,亦可引领被追诉人与被害人及其亲属的调解,征得对方的原谅并签署谅解书。

3. 总结阶段:会议主持人对各方意见进行总结,对于认罪认罚的内容进行最后的公布,同时亦可在此阶段对被追诉人进行法制教育,谨防再犯。

4. 确认阶段:如被追诉人认可检察官提出的量刑建议,则在各方见证下,当场签署认罪认罚具结书,并由辩护人或值班律师签字。

完善认罪认罚从宽制度的关键在于控辩平衡。控辩平衡并非是集资源的平均分配和实际能力的平等赋予,而是仅指在诉讼程序中的法律地位平等和诉讼手段对等。[23] 诉前会议——专门的审前“意见交换平台”的设置,可以保障被追诉人意见的发表权,确保辩护人平等、有效行使刑事辩护权,保障被害人的知情权与陈述权,从而保证量刑协商程序平等、公正并公开进

---

〔23〕 参见龙宗智:《完善认罪认罚从宽制度的关键是控辩平衡》,载《环球法律评论》2020 年第 2 期。

行,化解各方矛盾与纠纷,符合认罪认罚从宽程序的立法价值。

(二)值班律师之作用再拓展——切实维护被追诉方合法权益

依据《刑事诉讼法》对值班律师职责的规定,[24] 包括提供法律咨询、程序选择建议、申请变更强制措施等,给予被追诉人全方位的法律帮助。认罪认罚程序中值班律师制度设立的初衷在于:保障被追诉人认罪认罚从宽的自愿性、具结的真实合法性以及给予被追诉人法律帮助,而非单纯的"程序合法性见证人"。针对司法实务中存在的问题,笔者观点如下:

1. 法律援助机构所安排的值班律师采用"定期"或"轮流"值班的方式驻派于指定的工作场所,为被追诉人提供的法律帮助大多为"单次服务",并不会和当事人形成稳定的法律服务关系。虽然法律赋予其阅卷权、调查核实证据等权利,但因此种"临时性"的帮助关系,值班律师无法、也不愿行使该项权利,更多的是对一些法律层面的问题给予一些浅显的解释。为解决该问题,可以考虑在资源允许的条件下,将认罪认罚案件纳入到应当优先提供法律援助的范围之内。同时可以探索将值班律师转化为辩护人的机制,构建双方长期、稳定的委托关系。这一方面有利于有效辩护的实现,在认罪协商、庭审中有效发挥辩护人的作用;另一方面,亦可提升值班律师提供法律帮助的积极性,从主观上重视该案件,促使其认真、尽责地履行法律帮助的职责。

2. 为保障值班律师有效发挥法律帮助作用,应就其工作内容以及法律责任方面进行具体的规定。虽然《指导意见》第12条对值班律师的法律帮助事项进行相应的说明,但是具体在约见被追诉人时该遵循何种规范性程序、如何做到全方位的帮助,仍为空白。笔者建议,在每一次的会见过程中,值班律师应当形成规范性的《会见笔录》,对相关法律帮助事项一一向被追诉人询问,并将其提供的法律意见记录其中,交由检察机关存档。同时,对于值班律师在履职过程中未尽到应尽责任的行为,司法行政部门应建立相应的考核、申控投诉机制,对于不积极履行职责、出现重大过错的值班律师,予以相应的责任追究。

---

[24] 《刑事诉讼法》第36条规定,法律援助机构可以在人民法院、看守所等场所派驻值班律师。犯罪嫌疑人、被告人没有委托辩护人,法律援助机构没有指派律师为其提供辩护的,由值班律师为犯罪嫌疑人、被告人提供法律咨询、程序选择建议、申请变更强制措施、对案件处理提出意见等法律帮助。人民法院、人民检察院、看守所应当告知犯罪嫌疑人、被告人有权约见值班律师,并为犯罪嫌疑人、被告人约见值班律师提供便利。

3. 较因委托代理关系而聘请的辩护律师而言,值班律师的经济补贴较少,缺少经济收益的工作亦难以保障工作的热情,消极怠工的情况时有发生。笔者注意到,目前司法部已经在江、浙、沪等经济发达地区开展“公设辩护人”的试点工作。所谓“公设辩护人”,是指由国家财政专门资助为经济困难的被追诉人提供相关刑事法律咨询、法律援助的,具有国家公职人员身份的专职或兼职刑事辩护律师。比起待遇无法得到有效保障、流动性较强的值班律师,公设律师有国家给予的稳定收入,其本职工作就是全身心为经济有困难的被追诉人提供法律援助服务,且基于其辩护人身份可以持续、稳定、全程参与案件办理,亦有利于被追诉人权益之保障。

(三)量刑建议书的内容完善——提升量刑建议精准性、可接受性

1. 一个大前提:构建科学化的量刑建议依据体系。为保障量刑公正,确保同案同判,构建统一、标准的量刑依据体系便显得尤为重要。为提高量刑建议的采纳率,检察机关目前主要沿用人民法院内部的量刑指导意见以及各地区高级人民法院发布的量刑指导实施细则等。虽然这些已经可以覆盖很多常见犯罪的量刑考量因素、计算标准等,但检察机关目前仍未形成属于自己的《量刑建议计算标准》。为构建科学化的量刑建议依据体系,应当以量刑建议指导意见的规范化为前提。

笔者建议,可以尝试由法检机关联合,在现有文件的基础上,制定并发布更为细致、精准的量刑指导意见。在认罪认罚从宽程序出台之前,检察机关虽有权在起诉书中说明被追诉人的量刑情节以及希望依法判处的刑罚内容,但最终的量刑裁量权仍在审判机关手中,量刑为审判机关独享之权力。随着认罪认罚程序的开展,部分案件的量刑问题需在审查起诉之时予以详细审视,便要求检察机关具有相应的量刑判断能力。因此,有必要形成一部更为科学、精准的指导文件,对检察机关内部工作形成相应的约束力,同时亦应当与法院已有的量刑指导意见保持一致。一方面,该文件可以作为与被追诉人量刑协商的有效依据,在磋商过程中给予明确的法律指引;另一方面,该文件为法检机关共同出具,同样对人民法院的终局裁量亦有拘束,对于事实清楚、证据确实充分,检察机关指控罪名准确的案件,其可以作为审查认罪认罚案件中量刑建议之内容是否妥当的有效依据。

此外,笔者亦设想,对于司法实务中的较为常见的罪名,如危险驾驶罪、交通肇事罪和盗窃罪等,亦可在“人工智能量刑辅助计算系统”的帮助下进

行量刑计算。[25] 以实务中危险驾驶罪的办理为例，四川省高级人民法院要求：血液酒精含量达到80毫克/100毫升的，在1～3个月拘役幅度内确定量刑起点，每增加30毫克的，增加15日刑期；对于存在其他情形，如造成交通故且负全部或主要责任的、驾驶有乘客的营运车辆等，依据具体情节严重程度，增加基准刑的30%以下，具有两种以上情形的，累计不超过100%。在具体办案过程中，办案人员只需要将对该案定罪量刑有重要影响的"信息点"输入系统，便可以直接得到相应的刑期（幅度）计算结果。同时，结合系统中现存与本案相类似的"判例"，办案人员可以将类案的审理结果作为参考，提出精准的量刑建议。例如我国东南沿海某地区基层检察院，将现已生效的百万余份裁判文书、最高人民法院发布的公报案例以及相关指导案例等，梳理案由和量刑重点考量因素，通过一系列系统整合与筛查，就特定类型案件和终审裁判量刑数据给出量刑区间分布、集中量刑值、平均量刑值等，包括最低刑期、最高刑期及平均刑期，同时推送该类案件的具体裁判文书内容、裁判要旨，为检察机关作出量刑建议提供参考。但必须明确的是，人工智能及大数据技术在量刑中的运用，并不是本质上取代检察官基于一定自由心证体系的法律思维和职能行为，而是作为辅助工具扩大检察官形成量刑建议时的参考依据和信息量，辅助实现量刑建议精准化、均衡化。[26]

2. 量刑建议内容说理性之完善对策。量刑建议作为认罪协商程序的最终产物，应当进行详细的说理从而反映认罪协商的具体过程。个案中量刑建议如何形成、刑期如何计算的依据性内容，应当给予详细陈述，而非成为单纯量刑建议结果的"文本载体"。通过详细的事实介绍、法律论证说理，将量刑建议的"形成理由"展现于相关文本之中，将提升量刑建议的透明度和科学性。笔者认为，对于量刑建议的说理，应当主要着眼于以下几个方面：

第一，检察机关对所收集证据的意见、案件事实以及法律定性相关问题的说理。认罪认罚案件的办理仍然应当遵循法定证据标准，坚持证据裁判规则，仍应当以"以事实为依据，以法律为准绳"，不因认罪认罚程序的运用

---

〔25〕 该观点系笔者于C市某基层法院走访调研过程中所形成。目前危险驾驶罪案件的办理占该地区刑事案件的35%以上，已经成为最为常见的罪名，因案情简单，所涉及的证据较少，更多的是考察被追诉人的驾驶速度、检验报告中的人体酒精含量等作为定罪量刑之依据。希望针对这些常见罪名，建立起一套体系化的办案系统用以简化审理流程以及文书撰写工作，通过输入若干信息点，形成相应的裁判文书。

〔26〕 参见陈卫东：《认罪认罚从宽制度的理论问题再探讨》，载《环球法律评论》2020年第2期。

而降低个案的证据要求和证明标准。认罪认罚程序的适用、量刑建议的提出前提是确有证据证明被告人的行为构成犯罪,因此无论是起诉书还是量刑建议书,仍应当具体载明被追诉人的犯罪事实以及相关的定性分析,包括可以若干法定、酌定量刑情节的列举、说理,作为个案量刑建议的具体考量因素。

第二,被追诉人自愿如实供述以及认罪认罚情况的说理。协商程序的根本在于双方意思表示的自愿、真实性,因此认罪认罚案件的办理必须给予被追诉人及其辩护人(值班律师)发表意见的权利,对其提出的合理性意见,检察机关亦应当充分考虑并予以采纳。笔者建议,对于该部分意见可以借鉴法院判决书中“被告人辩称”和“辩护人意见”的写法,将被追诉方在量刑协商过程中的认罪情况以及相关意见予以载明,并作出是否采纳的结论。

第三,检察机关的量刑建议提出所依据的法律条文、量刑建议规则以及量刑建议结果计算依据的说理。最终的量刑建议结果实为被追诉方所重点关注的部分,自愿供述罪行、认罪认罚的最终目的在于获得更轻的刑事处罚。同时,依据《指导意见》第 40 条的规定,人民法院对于认罪认罚案件中检察机关提出的量刑建议,应当依法审查,对于“……指控罪名准确,量刑建议适当的,人民法院应当采纳”。增强量刑建议说理性,一方面系检察官恪守客观公正义务的体现,将量刑建议形成的方式向被追诉方公开,保障刑罚计算的客观、正确与合理性,提升对量刑建议的信服程度;另一方面,将说理性较强的量刑建议提交于法院,法官亦可清晰地看到该案检察机关的办案思路,量刑建议形成的心证依据。如若存在不同意见,可明确地找到究竟是在哪一个具体的“环节”出现分歧,并与检察机关再次进行细节的沟通,而非机械、笼统地告知“应当予以调整”。

量刑建议内容说理性之完善,是我国量刑规范化改革的应有之义,为实现认罪认罚案件“同案同判、类案类判”的根本性举措。量刑规范化的实现不仅仅体现在量刑结果的同类、同质,而且应该在量刑方式、依据以及办案思维上进行统一,在此之上考察个案的特殊性因素,从而转变我国传统刑事司法理念,统一法律适用,促进量刑的公平正义。

(四)精准量刑与幅度量刑之选择:提出的量刑建议方式

在量刑建议方式的选择上,精准与幅度量刑本身并不完全对立,应当依据案件的事实情况、复杂程度等方面进行综合考量。[27] 目前适用认罪认罚程序审理的案件多为轻罪案件,如危险驾驶、交通肇事、故意伤害(轻伤级)、容留他人吸毒以及盗窃罪。此类轻罪案件因事实清楚、证据充分且控辩之间争议不大,作为基层法检机关办理最多的刑事案件,现已形成较为规范、统一的量刑计算标准化体系,检察机关提出精准(确定)量刑建议也少有与法院裁量严重偏差的情况,受到法院采纳的比例也较高。因此,笔者认为,对于事实清楚、证据确实、充分的轻罪案件,检察机关应当提出“确定刑”的精准量刑建议,这也符合认罪认罚从宽制度的设立目的。提出“确定刑”量刑建议系控辩通过平等沟通,并达成共同一致意思表示的有效协商体现,利于保障被追诉方对量刑建议的可接受性,有效避免裁判后出现上诉、抗诉的情况,从而加强认罪协商过程及结果的稳定性。

此外,依据刑事诉讼法及相关法律规定,认罪认罚程序的适用并没有案件类型以及适用罪名的范围要求,因此各类案件均可以适用该程序。鉴于刑事案件的多样性、复杂性,笼统适用“确定刑”精准化量刑建议难度较大。实务中如共同犯罪、单位犯罪、刑事附带民事以及监察委员会立案调查的刑事案件,因涉及主体特殊、案件证据较多抑或案情复杂,机械地要求检察机关提起公诉时提出极为精准的量刑建议难度较高。另外,重罪案件因量刑范围的跨度较大,需考量个案若干具体的法定、酌定量刑情节,并不像诸如危险驾驶罪案件所匡定仅“处拘役,并处罚金”的刑罚。笔者建议,对于该类案件,检察机关提出的量刑建议应以“幅度量刑”为主。虽然《指导意见》要求认罪认罚案件的办理,一般要求精准量刑建议,但对于那些检察机关难以准确把握的量刑情节复杂、新类型以及不常见的犯罪可以提出幅度量刑。从刑种上看,以10年以上有期徒刑、无期徒刑以及死刑案件为主要内容,同时一个案件中可能为多种轻、重量刑情节的综合,故量刑结果上出现偏差的可能性较大。相比于普通刑事案件,重罪案件所产生的社会影响较大、社会关注度较高,即便是作为审判专门机关的法院,在案件定性、量刑方面亦可能存在较大困惑,不乏有的案件需要提交审委会讨论、开展专家座谈会针对案件定性问题进行论证的情况发生。因此,该类案件虽然可以适用认罪认罚程序,但量刑建议上并不机械地要求“精准”,提出幅度量刑更能契合该类

〔27〕 参见卞建林、李艳玲:《认罪认罚从宽制度适用中的若干问题》,载《法治研究》2021年第2期。

案件的特殊性。

五、结语:认罪认罚程序中的法检关系冲突与调和

认罪认罚从宽制度系“以审判为中心”的诉讼制度改革综合配套设施之一。笔者认为,对于疑难复杂案件,人民法院应集中力量以“实质化”方式进行审理、裁判,而对于认罪案件、简单且事实清楚以及争议不大的案件,通过认罪认罚程序将办案工作之一部分让渡于检察机关,实现案件繁简分流,系缓解我国案多人少,提高办案效率的有益举措。目前,主要争议问题在于——认罪认罚案件的办理,检察机关与被追诉方进行量刑协商并签署具结书,提出的量刑建议人民法院“应当予以采纳”,此模式是否违反了《刑事诉讼法》总则第12条所要求“未经人民法院依法判决,对任何人都不得确定有罪”的基本原则。此种担忧不无道理,检察机关通过量刑建议的方式直接决定被追诉人的刑罚种类、期限等,在认罪认罚案件办理中确实拥有一定的裁量权。在当下刑事诉讼语境中,笔者认为,《刑事诉讼法》第12条中的“判决”一词,更偏向于对于认罪认罚程序所产生之结果——量刑建议适当与否的审查与判断,同时兼顾审查认罪认罚程序的“合法性”工作。对于检察机关提出的“确定刑”量刑建议,人民法院需要审查被追诉人认罪的自愿性以及量刑是否适当,并作出最终的确认与裁定;如发现量刑建议明显不当,则可以要求检察机关进行调整或直接作出判决。因此,认罪认罚程序中检察院作为主导一方,通过收集证据查清案件事实,准确适用法律形成初步结论。在审判阶段,人民法院的工作在于审查认罪认罚程序适用的合法性,并对检察机关提出的量刑建议予以审查并确认,此时人民法院更加偏向于一种检验核实的监督者角色,非因法定事由不得随意更改承载着控辩合意的量刑建议。同时,人民法院亦应当对检察机关给予一定的理解。量刑结论的计算并非纯粹的“数学问题”,还包含若干自由心证的裁量因素,即便形成规范、完善的量刑计算方式,对于具体情节的量刑也无法做到完全的精确无差错,还要根据个案具体情况在已有范围之内确定。在这样复杂的计算过程中,难免会出现法检意见相左之处。这更加要求检察机关增强量刑建议的说理性,充分说明结论的形成依据、原理与计算方法,在法院审查过程中方能确定量刑建议之形成原因,若非存在明显的判断错误,则应当予以采纳。

认罪认罚从宽制度是我国司法体制的重大变革,系“坦白从宽、抗拒从

严”的刑事政策法律化、程序化的重要体现。司法实务必须以诉讼意识、理念转变为根本,在实践中不断发现问题并探索优化诉讼结构与方式,给予较为科学的解决方式,方能牢牢把握住刑事诉讼司法实践的前进方向。

(李育林　初审)

(焦祎晨　校对)

公司分支机构对外担保的实体分析与诉讼展开

管云彪*

摘　要:分支机构不是一个独立的民事主体,而是法人的组成部分,与法人为同一人格,其功能在于引入了"商号"与"营业所"这两个影响商事活动展开的实质要素。在对外关系中,分支机构负责人是法人的"事务代理人",与分支机构所提供的实质要素共同保障商事活动的有效展开;分支机构负责人与法人构成职务代理关系。具体到分公司对外担保情形,分公司负责人对外担保的有效性存在"公司法人单独授权"和"公司决议"的双重限制,后者包括相对人"是否审查有无公司决议"和"是否审查公司决议效力"两次判断。在诉讼中,以纠纷解决的妥当性以及法院依职权审查"当事人适格"为出发点,当法院初步查明分公司越权担保时,应当变更公司法人为被告;此外,需要活用"诉讼告知",从而促使公司法人的申请参加。最后,判决主文中的责任承担顺序,需要由法院根据案情进行裁量而明确化;在执行中,执行法院应当遵循比例原则。

关键词:分支机构　职务代理　越权担保　诉讼告知

一、问题的提出

最高人民法院于2021年2月19日发布了指导性案例149号。[1] 这一

---

* 管云彪,中国人民大学法学院2020级硕士研究生。

〔1〕 参见长沙广大建筑装饰有限公司诉中国工商银行股份有限公司广州粤秀支行、林传武、长沙广大建筑装饰有限公司广州分公司等第三人撤销之诉案,最高人民法院指导案例149号(2021年)。

指导性案例直接明确了“法人在法人分支机构对外担保法律关系中是承担民事责任的当事人”这一裁判要旨。同时,2021年1月1日生效的最高人民法院《关于适用〈中华人民共和国民法典〉有关担保制度的解释》(以下简称《民法典担保解释》)第11条第1款与第4款规定了公司的分支机构未经公司股东(大)会或董事会决议以自己的名义对外提供担保的法律后果。这两者都为法院处理公司分支机构对外担保案件提供了框架,有助于司法裁判的统一,但仍存在进一步体系化的空间。在解释论上,公司分支机构对外担保的法律后果与法人分支机构的法律地位和对外关系直接相关,然而在理论中,两者都存在争议,比如法人分支机构是否是独立民事主体(是否将其纳入“非法人组织”体系当中〔2〕),存在不同的学说,如肯定说、〔3〕相对独立说、〔4〕否定说〔5〕等;公司分支机构与公司法人之间的关系也存在代理说和代表说之争,〔6〕这些属于公司分支机构对外担保的前提性问题。具体到公司分支机构对外担保的情形中,《民法典担保解释》第11条第1款与第4款只提供了公司分支机构对外担保行为效力判断与法律后果的原则性规定,有待进一步的解释以增强可操作性。而实体法问题的梳理与整合,最终还是要落在具体的诉讼中以实现实体与程序的协调与衔接;在公司分支机构对外担保(特别是涉及越权担保时)的诉讼中,法院将会面对当事人如何确定、判决主文中责任承担的方式等问题,但鲜有文章讨论公司分支机构的诉讼法问题。

借着本次指导性案例与《民法典担保解释》的发布,本文尝试对公司分支机构对外担保的情形进行实体法分析,并论述涉及公司分支机构对外担保时,如何在诉讼上进行展开的问题,也即在指导性案例149号和《民法典担保解释》搭建的既有框架下,进一步澄清、细化与延伸,希望能为实践问题

---

〔2〕 有关法人分支机构是否为非法人组织的争论,参见王利明主编:《中华人民共和国民法总则详解》(上册),中国法制出版社2017年版,第417页;张新宝、汪榆淼:《〈民法总则〉规定的“非法人组织”基本问题研讨》,载《比较法研究》2018年第3期。

〔3〕 参见王利明主编:《民法》(第7版),中国人民大学出版社2018年版,第71页。

〔4〕 参见高圣平:《担保法前沿问题与判解研究——最高人民法院新担保制度司法解释条文释评》,人民法院出版社2021年版,第115页。

〔5〕 参见张新宝、汪榆淼:《〈民法总则〉规定的“非法人组织”基本问题研讨》,载《比较法研究》2018年第3期。

〔6〕 参见张燕、仲伟珩:《法人分支机构的权限和责任》,载《人民司法》2017年第28期;程啸、高圣平、谢鸿飞:《最高人民法院新担保司法解释理解与适用》,法律出版社2021年版,第73页。

的解决提供一些绵薄之力。[7]

二、法人分支机构法律地位与对外活动本质的澄清

(一)法人分支机构法律地位的认定

1. 法人分支机构系法人的组成部分。在《民法典》第74条之下规定法人分支机构,则法人分支机构非自然人和法人是不言自明的。[8] 正如上文所言,法人分支机构是否能以"非法人组织"的形式成为独立的民事主体,学术界存在争议。但从民事主体的立法过程,[9]法人分支机构没有独立的财产[10]以及设立方式的不同可以得出,法人分支机构并不属于"非法人组织"。[11] 同时,私法自治的要义在于,法律关系所涉之人,须有意志贯彻其中。[12] 法人分支机构并不是独立的民事主体的另一个重要原因,也在于法人分支机构没有独立的意志,其意志应随着法人意志的转移而转移,并且限制在法人意志范围之内。

法人分支机构无法被《民法典》民事主体的体系所兼容,其并不是独立的民事主体。更确切地说,法人分支机构只是法人的组成部分,法人分支机构是法人人格的一部分——法人的解散,也必然导致法人分支机构的解散。故法人分支机构在经营中所产生的法律关系,是由法人来最终承受的。这既符合《民法典》第74条第2款条文的表述也符合指导性案例149号将法人定位为承担民事责任的当事人的精神。

此外,最高人民法院《关于适用〈中华人民共和国民事诉讼法〉的解释》

---

〔7〕 本文对于法人与法人组织的论述主要限于普通公司分支机构与公司法人之间。金融机构等具有特殊性的公司对外担保需要另外讨论。但应当明确的是,《民法典》第74条法人与分支机构的关系属于上位概念,并不限于普通公司分支机构与公司法人之间。

〔8〕 参见张燕、仲伟珩:《法人分支机构的权限和责任》,载《人民司法》2017年第28期。

〔9〕 2016年6月27日提交第十二届全国人民代表大会常务委员会第二十一次会议审议的《中华人民共和国民法总则(草案)》第91条第2款规定:"非法人组织包括个人独资企业、合伙企业、营利性法人或者非营利性法人依法设立的分支机构等。"但最终通过的《民法典》在"非法人组织"一章删去了"法人分支机构",而将其列于法人之下,可见立法者的用意。

〔10〕 非法人组织的财产与出资人的财产是相对分离的。只有在非法人组织的财产不足以清偿对外债务时,才由其出资人或者设立人承担民事责任。但从《民法典》第74条的表述来看,分支机构无疑不具备这一特点。

〔11〕 参见张新宝、汪榆淼:《〈民法总则〉规定的"非法人组织"基本问题研讨》,载《比较法研究》2018年第3期。

〔12〕 参见朱庆育:《民法总论》(第2版),北京大学出版社2016年版,第290页。

(以下简称《民事诉讼法司法解释》)第52条赋予了领取营业执照的法人分支机构当事人能力,一定程度上承认了商号化的分支机构具有一定的财产。但在责任承担上,《民法典》第74条第2款的文义也只是要求"也可以先以该分支机构管理的财产承担",而不是说"要求该分支机构承担",故并未肯定其财产能力,只是强调了其事实上的"管理能力",而承认法人分支机构的财产管理能力,也更多地是出于商事交易的便利——责任主体仍然是法人,只是可以先由分支机构管理的财产进行清偿而已。故虽然法律赋予了其诉讼法上的当事人能力,但这并不影响分支机构不是独立的民事主体这一定性。

2. 法人分支机构的实质要素:商号与营业所。法人分支机构不是独立的民事主体,法律主体独立性的否定使其丧失了有效展开商事法律行为的可能性,不可能成为法律关系的主体。〔13〕 那么其在法律上的功能又是什么呢? 本文认为,法人分支机构的设立,提供了一个抽象的商事活动空间,并且由此引入了影响商事活动展开的两个实质要素——"商号"(我国称为"商业名称",下文不作详细区分)与"营业所"。

在比较法上,商号可以形容是商人在从事营业活动时用来代表自身而使用的名称,以表示营业活动的机能。很多情况下普通大众是通过商号与商人进行交易的。有日本学者认为出于交易的便利和不易误导,某商人为同一经营目的只能使用一个商号(商号单一原则),在各个营业场所的营业内容仅仅是商人整个营业的组成部分而已,不允许分店使用另一商号,如果想要体现各营业场所的独立性,则可以在分支机构的名称中加入所在地名称如甲公司神户支店。〔14〕 这与我国《企业名称登记管理规定》第13条要求分支机构的商号必须反映出其与所属法人的关系类似,比如在商号中附属"某某公司分公司"字样,以表明其与所属法人的关系及其责任形式。《民法典》第74条第2款所规定的法人分支机构"以自己名义"从事民事活动其实就是以商号作为外观从事相应活动。这也可能是我国不少观点认为法人分支机构"具有相对独立性"的原因之一。但分支机构名称其实就是法人名称,分支机构名称的附属部分虽然在形式上与法人名称存在差异,但这种附

〔13〕 参见孙国华主编:《法理学》(第5版),中国人民大学出版社2020年版,第169~170页。

〔14〕 参见[日]近藤光男:《日本商法总则 · 商行为法》,梁爽译,法律出版社2016年版,第38~42页。

三人”之间的区别，这一点在司法实践中也有一定的体现。[30] 如认为法人分支机构负责人与法人之间的关系属于一般代理关系，则将会大大提升交易成本。

在制度构建方面，一般代理在行为人实施的代理行为未被追认时，赋予了善意相对人请求行为人履行债务或者就其受到的损害请求行为人赔偿的权利。定位到分支机构负责人上，当相对人善意时，可以要求法人分支机构负责人承担责任，虽然在最终法律效果上救济了相对人，但是实际上，相对人能在多大程度上从法人分支机构负责人处得到“实实在在”的救济呢？同时，从这个角度出发，会使得相对人对于对方的审查趋于严格化，审查负责人所提供的信赖事实、声明以及行为等而不是商事外观，就又与“追求效率”这一目标相悖，也与《民法典担保解释》的精神不符。此外，在对外担保时，恶意相对人可以根据《民法典》第 171 条第 4 款要求法人分支机构负责人承担责任和根据《民法典担保解释》第 11 条第 4 款要求公司承担责任，导致相对人获得更多偏袒，大大增加了职务代理人的风险，从而致使利益天平失衡。综上，一般代理存在解释困境。

(3)职务代理更符合我国法律体系。法人为实现其对外交往的目的而赋予职员代理权限，但又需要对代理人进行管理和控制以防止其滥用代理权。相对人对于法人内部情况的了解一般处于弱势地位，如果要求其对代理权进行实质性审查，那么成本将会相当高，这不符合商事活动追求效率的价值。同时，交易相对人一般并不知道也没有义务知道相关人员的职权范围的限制。[31] 易言之，当相对人与职务代理人进行交易时，规范设计的重点在于如何让相对人相信职务代理人具有代理权。在比较法上，立法者以类型化的技术确定职务代理人的身份，即以商事登记或法律规定的方式限定职务代理权的范围，[32] 这一点与我国立法体系吻合。对于商事登记而

〔30〕 在“西安海晟船舶重工实业有限公司、四川省运诚物资贸易有限公司买卖合同纠纷案”中，四川省高级人民法院就明确指出，西安海晟公司副总经理兼驻成都办事处主任李燕以该公司名义同四川运诚公司签订的《钢材采购合同》，系典型的职务代理行为，“一审判决将李燕行为认定为表见代理不当，应予纠正”。参见四川省高级人民法院民事判决书，(2017)川民终938 号。

〔31〕 参见中国审判理论研究会民事审判理论专业委员会编：《民法典总则编条文理解与司法适用》，法律出版社 2020 年版，第 294 页。

〔32〕 参见杨秋宇：《融贯民商：职务代理的构造逻辑与规范表达——〈民法总则〉第 170 条释评》，载《法律科学(西北政法大学学报)》2020 年第 1 期。

言,《市场主体登记管理条例》统一了市场主体登记管理事项,且法人分支机构的营业执照直接体现了法人对于法人分支机构负责人的授权范围,起到了作为职务代理载体的功能,系为交易相对人所信赖商事外观,符合《民法典》第170条第2款的精神,也与上文所提及的法人分支机构的实质要素相契合。就法律规定而言,多见于《公司法》中,如《公司法》第22条第1、2款,而最为典型的便是《公司法》第16条对公司对外担保的法定要求。

此外,上文已经提及我国分支机构负责人与比较法上的经理人更加接近。日本法通说认为,经理人与公司法人之间的关系为雇佣关系。[33] 虽然我国并无与之直接相关的规范,但可以《公司法》中的有关高级管理人员的制度进行规制。[34] 《公司法》第146条明确了公司是"聘任"高级管理人员,其也被公司赋予了一定的权限,《民法典》第82条也明确了高级管理人员系执行法人职务的行为,受监事会监督。[35] 并且,我国通说认为职务代理中的"执行工作任务的人员"需与商事组织具有劳动关系或雇佣关系。[36] 认定公司高级管理人员与公司之间存在劳动关系也是实务领域目前的主要观点。[37] 法人分支机构需要展开必要的活动,从实际操作上看,是由分支机

---

〔33〕 参见[日]近藤光男:《最新日本公司法》,梁爽译,法律出版社2016年版,第14页;[日]近藤光男:《日本商法总则·商行为法》,梁爽译,法律出版社2016年版,第57~58页。

〔34〕 这一点在银行、保险业等特殊行业更加明显,如《保险公司董事、监事和高级管理人员任职资格管理规定》第4条规定:"本规定所称高级管理人员,是指对保险公司经营管理活动和风险控制具有决策权或者重大影响的下列人员:……(三)省级分公司总经理、副总经理和总经理助理;(四)其他分公司、中心支公司总经理……"

〔35〕 高级管理人员并非公司独立的机关,而是辅助机关,在大陆法系通常将之称为"商业使用人",即从属于商事主体并辅助其营业,其与公司之间的关系是一种基于委托而发生的代理关系,有公司全权代理人之称。故在这一点上与本文之前提到法人分支机构负责人的定位是一致的。参见施天涛:《公司法论》(第4版),法律出版社2018年版,第369页。

〔36〕 参见刘静波:《以职务代理完善我国代理制度——以公司交易实践为视角》,载《新疆大学学报(哲学·人文社会科学版)》2012年第2期;尹飞:《体系化视角下的意定代理权来源》,载《法学研究》2016年第6期;杨立新:《中国民法总则研究》(下卷),中国人民大学出版社2017年版,第906页。在《民法总则》的立法资料中,立法者也将"工作人员"一词理解为与组织体有劳动、雇佣关系或受劳务派遣到组织体中的人,参见李适时主编:《中华人民共和国民法总则释义》,法律出版社2017年版,第528页。

〔37〕 参见张偌晗:《公司高管在劳动关系中的身份及其法律适用》,载林嘉主编:《劳动和社会保障法论丛》(第6辑),首都经济贸易大学出版社2020年版。

构负责人与其他工作人员(由分支机构负责人选任和解聘)[38]完成,这两类主体对外活动不作区分地一体化规制于职务代理,而最终的效果归于法人。将分支机构负责人与法人之间的关系定位为职务代理,既符合立法体例与实践,也可以将法定代表人、分支机构负责人分别通过《民法典》第61条与第170条进行规制,解决法人对外部实施法律行为时的理论基础。

三、公司分支机构负责人对外担保的结构

在澄清公司分支机构对外担保的前提性问题之后,具体到指导性案例149号以及《民法典担保解释》第11条所涉及的公司分支机构负责人对外担保的情境中,其又呈现出独特的结构——内部与外部的双重限制:内部限制是指公司分支机构负责人往往并不具备对外担保的权限,需要公司另外的授权,[39]此不同于公司法定代表人对外担保;外部限制是指法律、行政法规对于职权的限制,也即需要存在对外担保的公司决议。

在外部限制方面,我国法律实行了公司分支机构负责人对外担保与公司法定代表人对外担保一体化规定的方式——实际上是根据“举重以明轻”的解释规则来构建的,既然法定代表人对外担保需要有关决议,那么分支机构负责人对外担保就更加需要有决议,否则可能通过分支机构来架空法人对外担保时的法定规则。[40] 在这样的外部限制的制度安排下,公司分支机构负责人对外担保的审查方式与公司法定代表人是一致的;两者唯一的差别就在于公司分支机构负责人对外担保需要另外的授权。

---

〔38〕《劳动合同法实施条例》第4条规定,劳动合同法规定的用人单位设立的分支机构,依法取得营业执照或者登记证书的,可以作为用人单位与劳动者订立劳动合同;未依法取得营业执照或者登记证书的,受用人单位委托可以与劳动者订立劳动合同。同时,在四川省宜宾市中级人民法院民事判决书,(2020)川15民终1841号中,终审法院指出,虽然鸿晟公司决定提前解散宜宾分公司,并注销了鸿晟宜宾分公司的工商营业执照。但是,鸿晟公司的主体资格仍然存在,并未终结,在未与阮晓燕协商达成一致意见的情况下,鸿晟宜宾分公司不得解除与阮晓燕的劳动关系,鸿晟公司应承担鸿晟宜宾分公司的劳动用工主体责任。这一裁判要旨与本文一开始提出的指导性案例149号所体现的精神一致,同时也与《民法典》第74条第2款相契合。

〔39〕参见高圣平:《担保法前沿问题与判解研究——最高人民法院新担保制度司法解释条文释评》,人民法院出版社2021年版,第116页。

〔40〕参见最高人民法院民事审判第二庭编:《〈全国法院民商事审判工作会议纪要〉理解与适用》,人民法院出版社2019年版,第182~183页。

(一)交易相对人的审查层次与证明

《民法典》第683条删除了分支机构不得担保的禁止性规定,但并不意味着法人分支机构提供的担保就有效。[41] 首先需要判断,公司分支机构负责人是否有公司法人的授权,这便要考虑其是否构成《民法典》第170条的职务代理。如果构成职务代理,那么合同一般是有效的,但在对外担保的情形中,公司分支机构负责人仅有代理权是不够的。

随后需要判断公司决议这一外部限制。《民法典担保解释》第11条第1款与第4款规定了公司的分支机构未经公司股东(大)会或董事会决议以自己的名义对外提供担保的法律后果。《民法典担保解释》第11条第1款与第7条的思路基本一致,采取的是法定代表人越权担保的思路,[42] 也即法院在判断法定代表人对外担保的效力时,不仅既要根据公司法的相关规定判断是否构成越权,又要根据《民法典》第61条和第504条的相关规定来认定效力。换言之存在两次判断,一是相对人是否审查有无公司的决议,二是相对人是否审查决议的效力。

综上,对公司分支机构负责人对外担保效力的判断大致分为两个大的层次:一是公司分支机构负责人是否经过授权;二是如果公司分支机构负责人对外担保经过授权,便按照法定代表人对外担保的思路处理——进行"相对人是否审查有无公司的决议"与"相对人是否审查决议的效力"两次判断。

1."公司分支机构负责人经过授权"为判断担保效力的前提。一般法人分支机构不同于金融机构的分支机构对外担保,金融机构的分支机构可在其营业执照记载的经营范围内开立保函,一般的分支机构不具有这样的权限,也不会记载于营业执照,那么便需要另外单独的授权,如果没有授权,也就没有必要进行下一步判断。如在青海宏信混凝土有限公司、海天建设集团有限公司青海分公司民间借贷纠纷案中,[43] 最高人民法院认为,海天青海分公司作为海天集团公司的分支机构,海天青海分公司与海天集团公司未就担保达成一致意见,海天青海分公司未取得海天集团公司的书面授权,

〔41〕 参见刘贵祥:《民法典关于担保的几个重大问题》,载《法律适用》2021年第1期。

〔42〕 参见程啸、高圣平、谢鸿飞:《最高人民法院新担保司法解释理解与适用》,法律出版社2021年版,第74页。

〔43〕 最高人民法院民事判决书,(2019)最高法民终1535号;最高人民法院民事裁定书,(2020)最高法民申6314号。

而海天集团公司事后亦未对该担保行为进行追认，因此，青海宏信公司与海天青海分公司之间的担保合同无效。

这里就区别于大陆法系中的经理人，因为大陆法系概念中的经理人是概括授权，包括了担保的授权，原则上不存在越权的问题，且经理权的产生和消灭是以商事登记为基础的。值得一提的是，比较法也并不绝对排除限制。例如日本法上，商人可以就经理的代理权进行限制，只不过这在日本法上仅仅具有内部性，经理人违反此限制属于解聘、赔偿的理由，〔44〕并不对第三人交易产生影响；也即对经理人的限定只能由法律来完成。但中国法缺乏商事代理的类型化体系，甚至出现了一定的适用混乱，同时需要登记的事项的类型化与体系化程度并不高，从而引发了这一不同。这也是上文为什么说我国法人分支机构负责人是“类似”“接近于”经理人。

同时需要重申的是，因为公司分支机构负责人与公司法人之间构成职务代理关系，区别于一般代理，相对人一般只负担确认代理人的身份，以及判断该身份之下所享有的职权范围，无须查证内部授权行为的真实性，〔45〕也即相对人对公司法人对外担保的授权进行了合理审查，确信公司分支机构负责人有代理权的商事外观“表面存在”即可，不需要进行实质审查。

2.“相对人是否审查有无公司决议”与“相对人是否审查公司决议效力”系善意判断的关键。在明确分支机构负责人经过授权后，仍需判断外部限制问题。有无公司决议，直接影响到相对人有无善意适用的空间。判断相对人是否为善意，第一步便是相对人有无审查公司决议。法院不能仅仅凭借承诺或声明对相对人进行担保，但并未向相对人提供相关的股东会决议，就可以豁免债权人的审查义务，认定相对人为善意。〔46〕如在亿阳集团股份有限公司、亿阳信通股份有限公司合同纠纷案中，法院认为债权人单纯要求上市公司在保证合同中声明或保证其已履行完内部决议程序的，不构成债权人善意履行注意义务。〔47〕

---

〔44〕 参见《日本最新商法典译注》，刘成杰译注，柳经纬校，中国政法大学出版社2012年版，第56页。

〔45〕 参见冉克平、瞿燕妮：《论我国的商事职务代理制度及其完善——兼析〈民法总则〉第170条》，载《湖北警官学院学报》2019年第4期。

〔46〕 参见最高人民法院民事判决书，(2017)最高法民再258号。

〔47〕 参见最高人民法院民事判决书，(2019)最高法民终1603号。

仅仅要求在提供担保时提交公司决议,而对公司决议内容不进行任何审查,也是不够的。[48] 交易相对人善意与否主要落在“相对人是否审查公司决议效力”这第二次判断上。但因为商事活动追求效率,一般限于形式审查,[49] 只要求相对人尽到必要的注意义务即可,标准不宜太过严苛。这也与《民法典担保解释》第7条最后一款规定的“相对人有证据证明已对公司决议进行了合理审查,人民法院应当认定其构成善意”相符。形式审查的内容包括:与公司章程比对决议上签章的股东的一致性,计算签章股东所持表决权是否达到《公司法》或公司章程所定最低比例等。[50] 此外,不仅涉及文义审查,还需要借助于简单的逻辑审查。[51]

在形式审查的标准之下,相对人无须审查公司担保决议的形成是否存在程序上的瑕疵,如形成公司担保决议的董事会或股东(大)会会议的通知程序、召集程序和表决程序是否符合《公司法》和公司章程的规定;对股东会议加盖的印章的真实性也没有进一步审查的义务,即使举示股东会决议上加盖的股东印章与工商备案中的印章制式不一致,也不能据此认定股东会决议上加盖的股东公司印章为虚假,不能因此否定公司对外担保的效力。[52]

3.“善意”的证明问题。一般而言,“善意”此种消极事实难以证明,故有观点认为要求相对人证明交易时不存在疑点过于严苛,因此应当推定相对人是善意,应当由法人对相对人的恶意承担举证责任。[53] 但法定限制与约定限制不同,在法定限制之下,相对人的善意需要自己举证证明,而在约定限制之下,相对人的善意是被依法推定的。[54] 故在公司分支机构负责人对外担保时,相对人初步证明自己对公司法人对外担保的授权进行了合理

[48] 参见刘贵祥:《担保制度一般规则的新发展及其适用——以民法典担保制度解释为中心》,载《比较法研究》2021年第5期。

[49] 参见高圣平:《公司担保中相对人的审查义务——基于最高人民法院裁判分歧的分析和展开》,载《政法论坛》2017年第5期。

[50] 参见高圣平:《担保法前沿问题与判解研究——最高人民法院新担保制度司法解释条文释评》,人民法院出版社2021年版,第83页。

[51] 参见李建伟:《公司非关联性商事担保的规范适用分析》,载《当代法学》2013年第3期。

[52] 参见最高人民法院民事判决书,(2018)最高法民申206号;最高人民法院民事裁定书,(2020)最高法民申4267号。

[53] 参见杨代雄:《公司为他人担保的效力》,载《吉林大学社会科学学报》2018年第1期。

[54] 参见周伦军:《公司担保的法律解释论》,载陈洁主编:《商法规范的解释与适用》,社会科学文献出版社2013年版,第312页。

审查,确信公司分支机构负责人有代理权的商事外观“表面存在”即可,而应当由法人对相对人的“恶意”承担完全的证明责任。对于是否尽到审查决议的义务,仍应由相对人对“善意”进行完全证明,但立法者作了一个“折中”——由相对人对合理的形式审查进行证明,即可认定为善意。这一规则可以被看作证明负担的减轻,无须相对人证明“善意”这一评价性要件事实达到高度盖然性的标准。

(二)相对人非善意时公司法人的缔约过失责任

经过上述两层判断之后,如认定公司法人不用承担担保责任时,仍需要审查公司法人有无过失——公司对担保合同无效有过失的(内部管理不善、选任问题等),仍然应当要承担相应的责任,也即《民法典担保解释》第11条第4款和第17条的规定。此种责任的性质属于缔约过失责任,有别于担保有效时所应承担的担保责任,[55]其参照《民法典担保解释》第17条担保无效的有关规则处理。具体而言,根据过失相抵的原则,法院可以考虑公司分支机构的交易相对人是否信赖公司分支机构营业所构造的环境;是否注意营业执照对公司分支机构负责人的授权的记载;对公司分支机构负责人的权限有没有尽到合理的审查注意义务,也即有无审查公司分支机构负责人代理权“表明存在”(一般存在授权书等);有无审查对外担保的决议以及决议效力;公司法人一方自身的经营管理(如公章管理制度[56])规范与否[57]等因素来综合判断,最后确认双方的过错程度。

可以看出在我国的制度构建上,公司分支机构负责人对外担保的规则

〔55〕 参见最高人民法院民事审判第二庭编:《〈全国法院民商事审判工作会议纪要〉理解与适用》,人民法院出版社2019年版,第181~182页。

〔56〕 最高人民法院在吉安市吉州区安桐物业服务有限公司、上饶银行股份有限公司吉安分行金融借款合同纠纷案中指出,鉴于安桐物业公司认可案涉《最高额抵押合同》上所盖的该公司印章及法定代表人个人印章的真实性,二审判决认定其在公章管理上存在不当,对案涉抵押合同无效存在过错,并判令其对吉瑞公司案涉债务不能清偿部分承担50%的补充赔偿责任,并无不妥。参见最高人民法院民事裁定书,(2021)最高法民申3801号。

〔57〕 参见高圣平:《担保法前沿问题与判解研究——最高人民法院新担保制度司法解释条文释评》,人民法院出版社2021年版,第96页。

与法定代表人的规则十分相近。[58] 究其原因,本文认为源于我国虽然采用民商合一的体系,但我国的商事规范并没有完善,特别是商事代理制度(比如代表、职务代理、一般代理的关系,常常成为争议的焦点),这也是不能直接将我国法人分支机构负责人等同于大陆法上经理人的原因之一。以瑞士和我国台湾地区为代表的民商合一体系虽将职务代理制度列入其"民法"债编中,但在规范适用上却依然要考虑"商事法"的特别安排。[59] 未来,我国有待对商事规则进行单行立法类型化商事代理制度以及完善相应的登记制度,更加明确地解决有关问题。

(三)公司法人向公司分支机构负责人的追偿

本文将公司分支机构负责人定位为《公司法》中的"高级管理人员",而当公司分支机构负责人违反了法定的忠实义务和勤勉义务时,公司法人自然可以要求其承担赔偿责任;公司股东也可以依据《公司法》第151条的规定,提出股东代表诉讼。此外,如果公司法人与公司分支机构负责人之间签订的劳动合同中约定了相关违约金条款的,那么应当适用且不因违反《劳动法》而无效——因高级管理人员本身具有身份的特殊性,[60] 基于公司管理的职责而与普通员工相区分,其不受《劳动法》违约金条款的倾斜保护。但公司法人能得到的赔偿不应当超过在越权担保中对相对人所负缔约过失责任的上限。

在民法理论上进行制度梳理和重整后,需要进一步面对的是在诉讼过程中,涉及公司分支机构对外担保时,当事人确定和责任承担方式这两个实践中的争议问题。这既是民法在民事诉讼中的投影,同时也涉及《民法典》

---

〔58〕 在《民法典》实施之前的判例——大理兰林阁置业有限责任公司昆明分公司、大理兰林阁置业有限责任公司民间借贷纠纷再审案中,已经出现了这样的倾向。在此案中,最高人民法院认为,"苏家荣以兰林阁昆明分公司负责人的身份债务加入,并加盖了兰林阁昆明分公司的印章,参照《中华人民共和国民法总则》第六十一条第二款'法定代表人以法人名义从事的民事活动,其法律后果由法人承受'之规定,作为兰林阁昆明分公司负责人,苏家荣以该分公司名义出具借条的行为,应当由兰林阁昆明分公司承担相应的法律后果"。这里最高人民法院参照了代表人制度来解决分公司负责人越权对外债务加入的案件。参见最高人民法院民事判决书,(2019)最高法民再236号。

〔59〕 参见陈自强:《代理权与经理权之间——民商合一与民商分立》,北京大学出版社2008年版,第177页。

〔60〕 参见田璐、郭欣欣:《公司高管在公司法与劳动法语境下的不同法律规制及路径选择》,载林嘉主编:《劳动和社会保障法论丛》(第6辑),首都经济贸易大学出版社2020年版,第54~66页。

施行后如何与《民事诉讼法》衔接的问题。

四、公司分支机构对外担保在诉讼中的展开

(一)公司分支机构对外担保诉讼中的当事人确定问题

1. 公司法人与公司分支机构当事人确定的一般性问题

《民事诉讼法司法解释》第52条赋予了领取营业执照的公司分支机构当事人地位,故下文中涉及公司分支机构对外担保的诉讼问题时,不再作负责人和公司分支机构的区分。实践中,公司分支机构与法人的被告地位如何列明,一直存在争议。如在芦山县鼎盛汽车维修服务中心与四川省天全县交通运输责任有限公司等修理合同纠纷案[61]和刘文生、深圳市建安(集团)股份有限公司民间借贷纠纷案[62]中,法院均认为法人对分支机构的行为应承担法律责任,故法人作为适格共同被告并无不当。在湖南建工集团有限公司、颜胜钢民间借贷纠纷案中,法院认为法人分支机构在民事活动中产生的民事责任由法人承担,因此,法人分支机构从事的民事行为引起纠纷,应当由法人作为诉讼主体参加诉讼。[63]

依照本文的实体法观点,诉讼法应与实体法保持一致,本不应赋予领取营业执照的公司分支机构当事人地位,而应由公司法人进行诉讼,由公司分支机构负责人出庭应诉。但在我国法语境下,基于《民事诉讼法司法解释》第52条,直接赋予了领取营业执照的公司分支机构当事人能力,可以说是因中国国有企业在市场中的重要性而作的政策性选择,特别是在各大国有银行散布全国各地分支机构的情况下,赋予分支机构当事人能力也便于诉讼的开展,同时这也已经在实践中形成了路径依赖。应当说,“赋予分支机构当事人能力”与“以法人为当事人,分支机构负责人出庭应诉”都可以解决当事人确定的问题。本文尊重现有的体系,在一般的诉讼中,由公司分支机构进行诉讼没有特别大的问题,但具体到公司分支机构越权担保时,本文更倾向于回归实体法的原貌,应当由公司法人作为当事人来进行诉讼,故下文中的越权担保情形也主要围绕这一论断为核心来展开。

---

〔61〕 参见四川省芦山县人民法院民事判决书,(2021)川1826民初97号。

〔62〕 参见最高人民法院民事裁定书,(2018)最高法民申5639号。

〔63〕 参见最高人民法院民事裁定书,(2018)最高法民申3341号。

2. 公司分支机构对外担保时的当事人确定

在对外担保领域,作为发起攻击的一方时,由公司分支机构进行诉讼,还是公司法人自己进行诉讼,属于诉讼策略问题。故在对外担保这一语境下(尤其是公司分支机构越权担保时),公司分支机构与公司法人的当事人问题多集中在其作为被告的诉讼中。

当公司分支机构越权进行担保时,也正如指导性案例149号中一样,公司法人对于公司分支机构越权担保往往毫不知情,甚至连诉讼的存在都无从知晓。虽然公司分支机构的对外担保通常不会过于超过其业务能力和财产范围,但其越权担保可能引发其他的连锁效果,给公司法人带来巨大不利。[64] 指导性案例149号中的总公司直到进行投标活动时,才知晓自己的分支机构越权进行了担保且未履行判决中的连带责任,而分支机构的这一行为直接影响到了总公司的投标活动,这才引发了总公司的第三人撤销之诉。[65] 在事后得知时,指导性案例149号的裁判要旨已经将公司法人的救济方式限制在了诉讼当事人领域,对公司分支机构所为之确定判决,其效力及于公司法人,[66]公司法人受到既判力的约束,无法另行提起诉讼。[67] 也即只能通过当事人申请审判监督的方式进行救济。但也往往因为公司分支机构在原诉讼中进行了自认等诉讼行为(起码并不会积极进行有效防御),基于"禁反言"的原则,导致公司法人在审判监督程序中再进行救济,只能是杯水车薪。故在公司分支机构对外担保的案件中,当事人如何确定需要重新考虑。

公司分支机构是否越权担保、相对人在签订担保合同时是否善意均属

---

〔64〕 实践中,因为企查查、启信宝等数据软件提供"涉诉风险提示"服务,企业普遍敏感自己"惹上官司",从而影响潜在的商业交易机会。在实践中也已经出现了"钓鱼维权",诉讼牟利的行为,来讹诈企业。

〔65〕 长沙广大公司在诉讼中主张,长沙广大公司在2017年3月因为工程投标需要提供投标资料,通过在中国执行信息公开网及信用中国网查询才发现广大广州分公司已经被工商银行粤秀支行作为被执行人申请法院强制执行,并将该信息登记在全国法院被执行人信息网,至此长沙广大公司才知道广州市中级人民法院案号为(2016)粤01民终第15617号,通过在最高人民法院裁判文书网的查询才知道该案的判决结果及相关情况。广大广州分公司作为被执行人,无法进行所有的投标活动,对其公司的生产经营造成了非常严重的影响。参见广东省高级人民法院民事裁定书,(2018)粤民终1151号。

〔66〕 参见肖建国主编:《民事执行法》,中国人民大学出版社2014年版,第68页。

〔67〕 参见[日]高桥宏志:《民事诉讼法制度与理论的深层分析》,林剑锋译,法律出版社2003年版,第488~491页。

于基本事实，人民法院应当予以查明，也系职责所在；在诉讼上，也极可能引发后续争议——如指导性案例149号一样。为了使纷争有效且适当地获得解决，依照当事人适格理论选出适格的当事人〔68〕才是上策，故本文认为，在诉讼活动开始环节法院便需要审查公司分支机构是否有无书面授权书，有无有关决议等，如果法院初步查明事实涉及公司分支机构负责人越权担保时，出于实体结果最终还是由公司法人来承受的考虑，应当依职权通知公司法人，变更公司法人作为被告，〔69〕而公司分支机构应当退出诉讼；同时，基于公司内部管理，公司法人势必会接手案件有关的材料，甚至会更换分支机构负责人，这样既保障了公司法人的程序权利，也有利于事实的查明，防止后续纠纷的产生。此外，法院变更公司法人作为被告时，基于诉讼安定性的考量，变更之前的诉讼行为原则上对公司法人继续有效，但对于自认等重大事项，可以由公司法人进行追认；如果依照法院初步查明的事实并无涉及越权担保时，那么由公司分支机构继续进行诉讼。

另外，本文并不赞同将公司法人追加为共同被告的做法：首先，如果追加公司法人为共同被告，其诉讼构造为必要共同诉讼，也即诉讼标的是共同的，但上文已经提及分支机构对外活动的效力是由公司法人来承受的，实则公司法人才是合同的当事人，如认为是必要共同诉讼就会导致程序法上的认定与实体法产生矛盾，难以整合。其次，在必要共同诉讼中，双方当事人都可以进行诉讼行为，那么基于诉讼程序合一的必要性，在两者发生冲突时，会引发“是以公司法人的诉讼行为为准还是以公司分支机构的诉讼行为为准”的问题，尤其是在自认、撤诉、和解、上诉等重大事项的情况上。最后，如认为构成必要共同诉讼，那么在二审中才追加公司法人为共同被告的（二审才查明越权担保时），大概率会发回重审，以保障公司法人的程序性权利，但无疑造成了诉讼的拖延。

---

〔68〕 参见［日］高桥宏志：《民事诉讼法制度与理论的深层分析》，林剑锋译，法律出版社2003年版，第206页。

〔69〕 其实早在1982年《民事诉讼法（试行）》第90条已经规定了，起诉或者应诉的人不符合当事人条件的，人民法院应当通知符合条件的当事人参加诉讼，更换不符合条件的当事人，但1991年以后的《民事诉讼法》取消了更换非正当当事人的有关规定，在当前司法解决纠纷的功能不断扩大的情况下，更换非正当当事人仍具有积极意义。参见江伟主编：《民事诉讼法》（第8版），中国人民大学出版社2018年版，第126～127页。

3. 活用诉讼告知对公司法人参与诉讼的促进

上文提及,如果法院初步审查案件涉及公司分支机构越权担保时,应变更公司法人为当事人。但从认识论的角度出发,法院无法探知所有诉讼资料和证据资料,尤其是双方当事人恶意串通进行诉讼之时更加隐蔽。基于诉讼知情权的基本法理,对案件处理结果有利害关系者应当有权充分及时了解与己有关的诉讼程序的进行情况,〔70〕那么就需要考虑活用“诉讼告知”。〔71〕此种“诉讼告知”既可以解释为《民事诉讼法》第56条对无独立请求权的第三人可以由法院“通知”其参加诉讼延伸而出(起码在文字的射程范围之内并无特别不妥之处,且有独立请求权的第三人与主诉讼也存在结果上的利害关系),也可以解释为法院为查明“当事人适格”这一诉讼要件而进行的司法行为。此外,如果确实涉及公司分支机构越权担保的情况,那么这便属于公司法人重大经营事项,出于经济理性人的考量,公司法人不可能“无动于衷”;对公司法人进行“诉讼告知”,在保障公司法人的程序参与权利的同时,也可以在一定程度上增加诉讼资料或证据资料提供的可能性。

故在法院对涉及公司分支机构对外担保的案件中(并非所有类型的案件),需要在诉讼活动开始前将原告提供的起诉状副本等材料以及诉讼情况告知公司法人;同时,为了允许对方当事人对当事人适格这一问题发表意见,以及便于对方当事人针对日后可能出现的公司法人参与诉讼的情形做好准备,也应当向对方当事人进行“通知”。

公司法人申请参与诉讼必然会提交有关材料(即使是单纯的事实主张),那么法院需要进一步审查,如果初步查明存在越权担保的情况,变更公司法人为当事人;不存在时便可由公司分支机构继续进行诉讼,公司法人以第三人的身份参加诉讼。具体而言,公司法人申请以无独立请求权的第三人的身份参加诉讼时,如果法院根据公司法人提交的资料初步查明存在越

〔70〕 参见邵明:《现代民事之诉与争讼程序法理》,中国人民大学出版社2018年版,第236页。

〔71〕 这里的“诉讼告知”不同于大陆法系的诉讼告知,系对大陆法系诉讼告知的一种“改造”。大陆法系的诉讼告知由当事人按照法定方式将诉讼已经系属的事实通知与本案有利害关系的第三人。参加[日]新堂幸司:《新民事诉讼法》,林剑锋译,法律出版社2008年版,第573页。接到诉讼告知的人,其诉讼参加的形式并不限于辅助参加,可以申请独立当事人参加和共同诉讼参加的第三人也可以作为被告知方。虽然在日本法上,诉讼告知制度其主要目的在于产生“参加效力”,但也存在“助于早日厘清案情,引导纠纷向全面解决的方向发展,以尽早、全面解决纠纷”的附带目的。参见[日]高桥宏志:《重点讲义民事诉讼法》,张卫平、许可译,法律出版社2021年版,第360~361、372页。

权担保的情形，应依职权变更公司法人为当事人，这实则是赋予了公司法人更优待的地位，被告的地位在理论上更优于无独立请求权的第三人，如可以变更诉讼请求、独立的上诉等。公司法人申请以有独立请求权的第三人的身份参加诉讼时，如果法院根据公司法人提交的资料初步查明存在越权担保的情形，法院也应依职权变更公司法人为当事人；对于这一申请（起诉），应裁定不予受理，这实则是将参加之诉合并入主诉讼之中。但这并不影响其攻击防御手段的提出，也不会克减当事人的诉讼权利；另外公司法人也可以免除参加之诉的诉讼费用的缴纳。[72] 从对方当事人的角度出发，公司法人最终是需要参加诉讼的，其提交的诉讼资料和证据资料总是会对自己不利，但无非是以什么形式参加的问题而已，对于对方当事人而言并无特别大的区别。从法院的角度出发，既可以简化多面诉讼构造为一般诉讼的两面诉讼构造，也无须作出两个独立的判决或者一个判决中的多个判项。

最后，为了保障诉讼的安定性与经济效率，如果公司法人出于自己的疏忽大意或者不愿意参加诉讼，而未能及时申请参加诉讼，其应当对自己的行为承担相应的责任——不能再次参与诉讼之中，否则会造成一定的诉讼混乱和拖延。

（二）公司分支机构对外担保的责任承担方式

从实体法的角度来看，因为公司法人分支机构只是公司法人的组成部分，那么公司法人的责任财产也包括公司法人分支机构管理的财产，同时公司分支机构的责任也应当由公司法人来承担。虽然从《民法典》第 74 条第 2 款的文义上看，似乎是赋予了相对人一个选择的权利，[73] 但本文认为本条只是规定实体法上最终责任的承担方式而已，无法解读出交易相对人存在选择权。反映到诉讼上，如何承担责任，应当由法官根据案情（保障债权人权利的实现，执行尽可能地不影响法人正常的经营等因素）进行判断，从而在裁判主文中确定最终的责任承担方式，不是“和稀泥”式地直接引用《民法典》第 74 条第 2 款进行裁判，也即用尽审判权，而非把“如何判断责任承

---

〔72〕《诉讼费用交纳办法》第 18 条规定，被告提起反诉、有独立请求权的第三人提出与本案有关的诉讼请求，人民法院决定合并审理的，分别减半交纳案件受理费。

〔73〕吴香香老师在《民法典请求权基础检索手册》一书中，也将《民法典》第 74 条第 2 款作为主要规范，也即认为此条可以单独作为请求权基础。参见吴香香编：《民法典请求权基础检索手册》，中国法制出版社 2021 年版，第 16 页。

担”的权力留到执行阶段,避免出现“审执不分,甚至以执代审”的情况。[74]

比如,在刘颖与秦皇岛兰开汽车服务有限公司、秦皇岛兰开汽车服务有限公司承德分公司合同纠纷一审民事判决书中法院指出,[75]原告当庭陈述,贷款按时还清后,找到该分公司要求返还保证金,但是该分公司已经无人上班。原告要求被告秦皇岛兰开汽车服务有限公司承德分公司返还保证金的诉讼请求,其责任应由开办公司承担。也即法院根据公司法人分支机构的存续状况来对最终责任的承担方式进行裁量。在湖北众晶文化旅游开发有限公司众晶国际酒店、樊城区赵军制冷设备维修部修理合同纠纷二审民事判决书中,[76]法院指出本案空调维修费数额较小,众晶酒店作为五星级酒店具有相应的承担能力(由公司法人分支机构承担责任)。也即法院根据责任的大小来判断,由分支机构来承担。应当说,在公司分支机构对外担保的责任承担方式上,也应当遵从这样的裁判思路——在裁判主文中应当明确,在公司分支机构越权担保时,公司应当承担缔约过失责任,如果公司分支机构有足够的管理财产,那么应当先由公司分支机构的管理财产承担;如果公司分支机构的营业状况等不足以承担责任时,才由公司法人直接承担。公司分支机构不构成越权担保而承担担保责任时,亦同。

法院直接在主文中明确如何承担责任,符合执行受理的条件,方便执行机关明确、快速地执行,同时也符合审判与执行分离的原则。这样的做法也可以避免出现执行法官代替审判法官行使剩余审判权的局面[77]——实践中大部分情况也是先执行公司分支机构所管理的财产,在不足以清偿执行债权人债权之时,才能执行公司法人的资产。这一点,在金融机构的分支机构财产不足以执行时,应当逐级变更上级银行直至总行为适格执行债务人更为明显。[78] 但对于金融机构此类实体,更多的是出于政策考虑。普通的公司法人与分支机构案件也可以出于案件的具体情况直接执行公司法人财

[74] 参见肖建国:《中国民事强制性执行法专题研究》,中国法制出版社2020年版,第26~27页。

[75] 参见河北省兴隆县人民法院民事判决书,(2021)冀0822民初10号。

[76] 参见湖北省十堰市中级人民法院民事判决书,(2021)鄂03民终43号。

[77] 最高人民法院《关于民事执行中变更、追加当事人若干问题的规定》第15条第1款规定,作为被执行人的法人分支机构,不能清偿生效法律文书确定的债务,申请执行人申请变更、追加该法人为被执行人的,人民法院应予支持。这一规定可以解释为,执行程序比例原则的体现,如果分支机构有足够的管理的财产,执行分支机构的财产即可。而直接在裁判主文中明确如何执行,更是为本条提供正当性的依据。

[78] 参见肖建国主编:《民事执行法》,中国人民大学出版社2014年版,第89页。

产,但比较少见。需要说明的是,鉴于民事执行法律关系中执行机关与被执行人之间关系的单向性、主动性、强制性等公权力特点,执行法院应受比例原则的约束,以防止执行法院过分追求执行效率与司法指标,“轻率”跳过裁判主文所确定的“执行层次”的情况出现。具体而言,执行法院在执行公司分支机构管理的财产时,应当穷尽各种执行方法、措施和途径,对被执行人的财产进行必要的调查、审计,依法采取各种执行行为后,公司分支机构管理的财产仍然不足以清偿债务的(如果公司分支机构的财产拍卖、变价的成本高于可获得的执行收益,也应当视为不足以清偿债务),才能依据裁判主文执行公司法人的财产,尽可能减少对公司法人经营的影响;公司分支机构或公司法人可以依据《民事诉讼法》第232条,就执行法院未遵行比例原则的执行行为提出执行异议,以纠正执行法院的违法执行。

五、结语

法人分支机构并不是独立民事主体,只是法人的组成部分,与法人为同一人格,其功能在于引入了“商号”与“营业所”这两个影响商事活动展开的实质要素。而在对外关系中,法人分支机构的负责人是“事务代理人”,法人分支机构在法律地位上只是“事务代理人”的外壳而已,法人真正授权的是法人分支机构负责人,但法人分支机构提供了抽象的商事活动空间,以商号在商事活动中区分其他经营主体,以营业所构造合理、便利的商事环境,法人分支机构负责人与法人分支机构的有效结合,才能保障法人在原有住所地之外的商事活动的有效展开。此外,法人分支机构负责人与法人构成职务代理关系,这样的定位更符合我国的法律体系。具体到公司分支机构负责人对外担保活动中,又呈现出独特性——需要公司法人单独授权的内部限制和公司决议的外部限制。在内部限制上,相对人审查代理权是否“表面存在”即可;在外部限制上,公司分支机构负责人对外担保的处理思路与法定代表人对外担保一致,也即存在相对人“是否审查有无公司决议”和“是否审查公司决议效力”两次判断;当分支机构负责人越权担保时,公司需要承担缔约过失责任。从我国的立法体例和司法实践看,在对外担保的问题上,公司分支机构负责人有向法定代表人靠拢的趋势,两者的关系如何发展,有待未来商事规范立法进行妥善处理。具体化到诉讼中,在强调民商环境优化的大背景下,法院需活用“诉讼告知”,保障公司法人的诉讼听审权,从而影响公司法人的诉讼参加情况;同时,法院应当依职权审查公司分支机构负责人的权限、有无相关决议等,初步查明公司分支机构负责人存在越权担保时,应当变更公司法人为当事人,但最终的责任承担方式需要由法院根据案情进行裁量。在执行中,执行法院应当遵循比例原则。

(张亦衡　初审)

(焦祎晨　校对)

论过程性信息豁免公开的判定路径

金 麟*

摘 要:我国过程性信息豁免公开制度在规范面向上的变化引发了判定路径的调整。当前的判定路径包括法律概念的解释和是否公开的行政自由裁量两个判定阶段。过程性信息的法律概念应从静态的角度进行广义的解释,将行为开始到行为结束之前这个过程中产生的政府信息均纳入过程性信息的范围。公民有权对行政决策或行为作出的过程进行必要的监督。因此,过程性信息的公开范围应当进行类型化建构,细化为意见性信息和事实性信息。意见性信息应当根据最后依据原则和自愿原则进行是否公开的判定,以平衡公民监督权和行政机关工作人员坦率性交流间的利益冲突。事实性信息则应当以公开为原则,只要信息成熟并以相对稳定的形态呈现就应当公开。

关键词:过程性信息 类型化 豁免公开 判定路径

一、问题的提出

2010年3月26日,原卫生部发布的新生乳食品安全国家标准(GB19301-2010)中有关乳收购标准的规范发生了变化。2012年赵某提出信息公开申请,要求公开新国标制定时食品卫生安全国家标准审评委员会编写的会议纪要,遭拒后向法院提起诉讼。法院最终以行政机关内部交换意见的政府信息公开后可能导致行政机关内部难以坦率地表达意见为由驳

* 金麟,中国政法大学法学院2020级硕士研究生。

回原告的诉讼请求。[1] 诚然,现代政府信息公开制度已经脱离了诸如“民可使由之,不可使知之”的封建思想桎梏,确立了“以公开为原则,不公开为例外”的现代法治理念。据此,何种政府信息可以被认定为“例外”而不予公开,不能交由行政机关肆意决断,必须要有明确的规范依据。随着政府信息公开工作规范化、法治化、制度化的推进,过程性政府信息公开问题也成为近年的研究热点。

2019 年修订后的《政府信息公开条例》(以下简称 2019 年《条例》)第 16 条第 2 款对过程性信息的公开问题作出了规定。[2] 该条例首次在中央立法的层面上规定了过程性信息豁免公开的法律制度,解决了我国过去长时间存在的过程性信息公开问题上位法依据缺位,只能依照各国务院部门规章、地方政府规章和国务院办公厅的意见进行判断的合法性困境。但是,该条规定仅以列举过程性信息文件类型的方式对过程性信息的外在表现形式作出描述性规定,不能解决过程性信息豁免公开制度中长期存在的概念不清、范围不明、不公开理由混乱的问题,导致不能对实务操作进行切实有效地指导。新修改的条例中关于过程性信息的规定科学性不足,难以回应复杂的行政实践。[3] 迄今,学界已经对过程性信息豁免公开制度进行了很多研究和探讨,对过程性信息的内涵与外延、[4] 过程性信息豁免公开的理由[5] 和外国过程性信息公开制度的法律规定[6] 等问题进行了深入而有益的研究。但是,在 2019 年《条例》修订后,我国过程性信息豁免公开制度的规范基础发生较大的变化,而且因当前法规范的科学性不足,导致判断过程

---

〔1〕 参见安健:《生乳新国标会议纪要信息公开案宣判——消费者起诉原卫生部被驳回》,载《人民法院报》2013 年 12 月 17 日,第 3 版。

〔2〕 2019 年《条例》第 16 条第 2 款规定:“行政机关在履行行政管理职能过程中形成的讨论记录、过程稿、磋商信函、请示报告等过程性信息以及行政执法案卷信息,可以不予公开。法律、法规、规章规定上述信息应该公开的,从其规定。”

〔3〕 参见王敬波:《过程性信息公开的判定规则》,载《行政法学研究》2019 年第 4 期。

〔4〕 相关内容参见杨登峰:《论过程性信息的本质——以上海市系列政府信息公开案为例》,载《法学家》2013 年第 3 期;张咏:《再问“过程性信息”概念界定:行政过程抑或自身状态》,载《甘肃行政学院学报》2015 年第 4 期。

〔5〕 相关内容参见杨小军:《过程性政府信息的公开与不公开》,载《国家检察官学院学报》2012 年第 2 期;王军:《过程性信息是否公开的司法判断》,载《甘肃行政学院学报》2015 年第 4 期。

〔6〕 相关内容参见龙非:《德国〈信息自由法〉中的“过程性信息”保护》,载《行政法学研究》2013 年第 3 期;梁艺:《美国信息自由法上过程性信息的豁免公开——基于判例视角的反思与借鉴》,载《法治研究》2014 年第 10 期。

性信息是否公开存在以下问题:其一,过程性信息的概念不明确。过程性信息的内涵与外延、过程性信息与内部管理信息的区别、过程性信息存在几种类型都存在争议。其二,过程性信息豁免公开的判定路径不明朗。行政机关应当如何对过程性信息进行认定,法院在过程性信息公开诉讼中如何对涉案信息进行审查均缺乏清晰、明确的规则,导致实务中的判断方式存在混乱和不一致的现象。其三,可以公开的过程性信息的范围不明确。2019 年《条例》规定了"过程性信息可以不公开",但并未对判定标准作出规定,"可以"的范围处于迷雾之中,成为行政机关"一律不公开"的理由。

以上三个问题导致行政机关对于某信息是否属于过程性信息,是否应当公开无从判断,往往采取"一刀切"式一律不公开的做法。而司法实务中法官的态度亦不尽相同,判定规则的模糊导致对于过程性信息的认定和公开与否常常出现同案不同判的失序现象。诚然,部分过程性信息确实具有不公开的正当理由,2019 年《条例》也为之设定了豁免制度,但是一律不公开的做法与我国打造透明政府,保障公民知情权的理念背道而驰。因此,解决过程性政府信息豁免公开制度中存在的问题,可以进一步推动我国政府信息公开法治化的发展,提高政府透明度,更好地保护公民的"知的权利"。本文通过梳理 2019 年《条例》颁布前后过程性信息豁免公开制度的规范基础变化和司法实务中的裁判经验,尝试建构起一套相对明确、具有可操作性的过程性信息豁免公开的判定路径,以求能准确识别过程性信息并对其是否可以公开作出合理的判断。

二、过程性信息的概念判定

过程性信息这个概念在我国出现较晚,但其实质性的内容早在 2003 年《广州市政府信息公开规定》(已修改)中就已有体现,[7]随后一直散见在规章或规范性文件之中。该概念在认识上较为混乱,直至 2019 年我国正式在行政法规中对过程性信息作出规定后,才达成了相对一致,可以进行有效对话的概念认识。因此,我国对过程性信息的概念认识存在两个阶段:前一个阶段是 2019 年《条例》修订前,过程性信息豁免公开缺乏上位法依据,其规

〔7〕 实际上,早在 1950 年《政务院关于各级政府工作人员保守国家机密的指示》中就已规定"国家各种措施之未决定或虽然决定而尚未公布之事项",但这是在革命年代"国内外敌人则千方百计对我加以侦查破坏"的情形下的保密措施,与现代过程性信息豁免公开大不相同。

定散见于地方政府规章的时期;后一个阶段是2019年《条例》中正式规定了过程性信息豁免公开的时期。下文将从学理和司法实务方面对过程性信息的概念认识进行梳理,探求其理论变迁的脉络,进一步分析过程性信息这一"不确定法律概念"的真实含义。

(一)过程性信息概念认识的理论变迁

1. 学理认识:过程性信息概念的理论争议

在前一个阶段,因过程性信息豁免公开制度存在必要性与合理性,且域外法中这一制度普遍存在,学界对于过程性信息豁免公开的合法性困境采取了搁置的态度,转而专注研究过程性信息的内涵、表现形式、不公开理由和可以公开的范围。对于过程性信息的概念,大概有三种具有代表性、相对较稳定的意见:

其一,是以杨小军教授为代表的"过程论",认为过程性信息处于行政机关行为开始到正式作出前的中间阶段,该过程并非信息的形成过程,而是信息所服务行为的形成过程。[8] 当行政行为已经作出后,在这个过程中产生的信息也就不再是过程性信息,不能凭借过程性信息豁免公开制度得以豁免公开。

其二,是以杨登峰教授为代表的"信息形成论",以信息的制作或获取状态划分过程性信息。该意见认为应当以信息本身的形成状态界定过程性信息,即信息自身是否仍处于处理过程中。[9] 如果政府信息本身尚未完成,就属于过程性政府信息,当政府信息已经以处理完毕,以一定方式记录下来后,就不再属于过程性信息,应当予以公开。

其三,以国务院办公厅《关于做好政府信息依申请公开工作的意见》为基准,将"非正式、欠准确、不完整、不具有使用价值"作为过程性信息的判定标准。例如,有学者认为非正式、不准确、欠完整与不具使用价值间属于因果关系,前者是因,后者为果,核心是后者。[10]

可见,学界之前对于过程性信息的认识区别极大。但是在后一个阶段,也就是2019年《条例》中已经规定了过程性信息豁免公开的当下,法规中对

---

〔8〕 参见杨小军:《过程性政府信息的公开与不公开》,载《国家检察官学院学报》2012年第2期。

〔9〕 参见杨登峰:《论过程性信息的本质——以上海市系列政府信息公开案为例》,载《法学家》2013年第3期。

〔10〕 参见张咏:《再问"过程性信息"概念界定:行政过程抑或自身状态》,载《甘肃行政学院学报》2015年第4期。

过程性信息进行了"列举式"加"等"的描述性规定。从文义解释的角度,过程性政府信息是行政机关行为开始到正式作出的中间阶段产生的信息,已经明确排除了上述的第二种"信息形成论"的观点,过程性信息所谓"过程"是指信息所服务行为之形成过程的基本概念应无问题。但是,2019 年《条例》仍未对过程性信息下一个清晰明确的定义,是否需要"正式、准确、完整"的标准和行政程序结束后过程性信息的性质是否会发生改变等问题都未得到解答,导致过程性信息这一法律概念的内涵仍然有极大的可解释空间。

2. 司法经验:过程性信息概念的实践矛盾

就过程性信息的概念和表现形式而言,司法实务中显然未取得一致意见。在过程性信息的表现形式上,实务中对于会议纪要、讨论记录等文件类型的理解也不尽相同。从现有的判例和研究来看,过程性信息的表现形式包括内部的请示、交换意见的往来公文、初步处理意见、法律意见书、风险评估报告、专家论证意见、备忘录等多种形式。〔11〕 但是,司法实务中对此存在同案不同判的现象。例如,在韩世明诉北京市环境保护局政府信息公开案中,法院认为市环保局〔12〕请示市政府同意的请示函系上下级行政机关之间的内部请示行为,不直接对权利人的权利义务产生实际影响,属于内部管理信息。〔13〕 但在其他案件中,"请示函"一般都被认为是过程性信息,2019 年《条例》也对此进行了确认。实际上,内部管理信息与过程性信息最大的区别在于是否能与所涉及的行政决策或决定相剥离。内部管理信息与行政决策或决定仅具有形式上的关系,其不会对行政决策或决定的作出产生影响。过程性信息必然对行政决策或决定的作出产生影响,具有实质关联性。

在过程性信息的性质变化上,2010 年"生乳新国标案"中,因新的国家标准对生乳的菌落要求显著降低,有消费者申请公布生乳新国标制定时的会议纪要,北京市第一中级人民法院认为行政决策作出前制作的会议纪要是机关内部交换意见的过程信息,其有助于保证决策的正确性,实现《政府信息公开条例》依法行政的宗旨,无论是行政决策过程中还是作出后公开,

---

〔11〕 参见余凌云:《行政法讲义》(第 3 版),清华大学出版社 2019 年版,第 423 页。

〔12〕 2018 年机构改革后组建为生态环境局。

〔13〕 参见韩世明诉北京市环境保护局政府信息公开案,北京市第一中级人民法院(2018)京 01 行终 70 号行政判决书。

均可能导致委员会难以坦率地表达意见为由驳回了原告的诉讼请求。[14] 2013年政府信息公开十大案例“姚新金、刘天水诉福建省永泰县国土资源局案”中,法院认为建设用地项目承包说明书、农用地转用方案、补充耕地方案、征收方案、供地方案等“一书四方案”已经经过批准并予以实施,不再属于过程性信息或内部材料,应当予以公开。[15] 可见在本案中法院认为过程性信息的性质会随行政程序的结束而变化。

有学者统计了2019年《条例》修订前法院对于过程性信息审查的标准,发现当前司法审查中存在三种判断标准,即“信息内容不确定”“信息所涉行政行为未终结”“信息制作或获取于行政程序中”。[16] 司法实务中法官意见的分化恰恰说明了我国对过程性信息认识的混乱。因此,寻找一种恰当的方式对过程性信息的概念作出界定系完善过程性信息豁免公开制度的当务之急。

(二)过程性信息概念判定的理论定位

从“信息所服务行为之形成过程”的角度,过程性信息的基本概念可以界定为“行政决策或决定从开始到结束的过程中形成的政府信息”应无问题,但在具体界定的标准上和类型化的划分中,仍然存有争议。如上文所述司法审查中存在的三个标准,其中“信息制作或获取于行政程序中”是对过程性信息最广泛的界定,一切产生于行政程序中的政府信息都属于过程性信息。而“信息内容不确定”和“信息所涉及行政行为未终结”虽然也都属于上述范围之内,但与“信息制作或获取于行政程序中”静态的观察不同,这两个判断方法是从行政决策或行政行为动态变化的角度看待过程性信息。

从“信息内容不确定”的角度,过程性信息之所以不应当公开,是因为其内容具有不确定性,随着行政程序的进展,信息有可能随之确定化。但是,笔者认为“信息内容不确定”存在两个缺陷:其一,信息内容不确定标准过于模糊。在行政程序过程中,信息的确定或不确定是一个动态变化的过程,而且两者往往交织在一起,共同存在于某个文件之中。其二,这种判断标准也

〔14〕 参见安健:《生乳新国标会议纪要信息公开案宣判——消费者起诉原卫生部被驳回》,载《人民法院报》2013年12月17日,第3版。

〔15〕 参见姚新金、刘天水诉福建省永泰县国土资源局案,福建省福州市人民法院(2014)榕行终字第83号行政判决书。

〔16〕 参见柳依依:《政府信息公开中的过程性信息判定研究》,上海师范大学2020年硕士学位论文,第16~20页。

无法适用于司法审查。很难想象随着司法程序的推进,某个信息在确定与不确定之间变化而导致对于信息的性质产生不同的认定。从后一个标准的角度,“信息所涉及行政行为未终结”是从行政程序进行时的角度考察过程性信息,认为只有在行政行为尚未成熟之时才存在过程性信息这个概念,一旦行政程序完结,过程性信息就都转化为普通的政府信息,不再豁免公开。但是,这种定义方式没有考虑到过程性信息中意见性信息的独特性,即便在行政程序完结之后,意见性信息同样会引发公众对于行政机关内部坦率性表达的压力,导致之后的行政机关内部意见的自由表达受阻。此外,这个问题涉及应当以什么样的视角看待“政府信息”的问题。笔者认为,只有静态的、以一定文件载体表现出来的信息才是法律意义上可以公开的“政府信息”,而在“政府信息”形成前,不以一定载体形式表现的各种各样的“动态信息”既不具有公开的可能性,也缺乏公开的价值。因此,对于过程性信息的理解应当站在静态的角度,只要产生于行政程序的过程之中,就应当属于过程性信息,而不是会随着行政程序的进行而变化。

在过程性信息的类型化探讨中,学界普遍认为可以划分为“事实性信息”和“意见性信息”两种类型。如果从文义解释的角度,2019 年《条例》中列举的“讨论记录、过程稿、磋商信函、请示报告等”具有明显的意见性色彩。因此,似乎可以认为事实性信息不是 2019 年《条例》中所指的过程性信息,其与普通的政府信息并无不同,不能豁免公开。但笔者认为,从文义解释的角度解读将事实性信息排除在过程性信息之外有一定理由,但是对于法律规范的内在含义不能单从字面上进行理解。“在寻找国会的意图时,你必须从制定法所使用的词句开始,但是不能像某些人认为的那样,以这种词句结束。你必须发现这些词句的含义。”[17] 从形式逻辑的角度,可以将事实信息与意见信息的关系总结为“纯粹的事实性信息、事实性信息与意见性信息的混合状态、纯粹的意见性信息”。但是,在实际的行政过程中,很难想象能够将事实性信息与意见性信息泾渭分明的予以区分。以“讨论记录”为例,其从字面上确实有明显的意见性色彩,但行政机关的工作人员不会凭空对某一问题进行空泛的讨论,绝大多数的“讨论记录”必然包含有事实性的部分。行政机关作出决策或决定的过程中,其内部的任何讨论都必然是事实性信息与意见性信息的有机结合。此外,事实性信息同样存在特殊性。如果在

---

〔17〕 [英]丹宁勋爵:《法律的训诫》,杨百揆、刘庸安、丁健译,群众出版社 1985 年版,第 7 页。

事实性信息尚不完整的时候就贸然公开,其披露会导致公众产生不必要的误解,或者会影响行政决策的正常进行。在现实生活中,因披露不完整的事实性信息引发舆情的事件俯拾皆是,不胜枚举。例如,在"重庆公交车坠江事件"中,就有媒体利用"女司机""高跟鞋""逆行"等片面的信息引导舆论;次日,后车行车记录仪显示系公交车撞断护栏后坠江,舆论压力又转移至司机身上;又次日,"黑匣子"显示事件的真相是乘客殴打司机,司机还手后突然转动方向盘导致公交车坠江,至此真相大白。[18] 可见,一段尚未调查完毕的"事实"中存在大量片面的信息,不负责任地贸然公开既会引发公众的混乱,又会导致"无辜者"背负不应有的骂名。因此,笔者认为事实性信息同样具有豁免公开的理由,不能将事实性信息排除在过程性信息之外,而是应当在判断是否予以公开的环节具体判断是否应当公开。

综上所述,过程性信息的概念应以"行为之形成过程""静态性""类型化"为理论定位的锚点,即"过程性信息是指在行政决策或决定从开始到结束的过程中形成,以一定文件载体表现,包含事实性信息和意见性信息的政府信息的总称",其性质不会随行政程序的推进产生变化。

三、过程性信息豁免公开的路径梳理

笔者所称过程性信息的判定路径,是指行政机关和人民法院在决定或审查过程性信息是否可以公开时,有助于其作出正确判断的具有一定先后顺序、思考逻辑、判断原则的方法。过程性信息的性质不会因其处于行政程序或司法程序而产生变化。因此,过程性信息的判定路径在行政程序和司法程序中具有同一性,其区别仅涉及决定者或审查者的视角上的差异。在2019年《条例》修订后,公开理念和规范基础的变更对我国过程性信息的判定路径产生了较大的影响,有必要对2019年《条例》前后的规范进行梳理、分析和解读,研究判定路径的构成模式,厘清过程性信息是否公开的判断基础。

(一)2019年《条例》修订前过程性信息的判定路径

在2019年《条例》修订之前,我国2008年的《政府信息公开条例》(以下简称2008年《条例》)中未对过程性信息问题作出规定。过程性信息豁免

---

〔18〕 参见孝金波、钟亚楠:《重庆公交车坠江事件,这些传闻你信了吗?》,载《人民网》2018年11月2日,http://society.people.com.cn/n1/2018/1102/c229589-30379431.html。

公开制度在中央立法上是缺位的，但因其存在的必要性与合理性，地方政府突破了上位法的限制，率先在行政规章中对过程性信息豁免公开制度作出了相应规定。我国过程性信息豁免公开的规定最初见于2003年《广州市政府信息公开规定》（已修改）第14条。〔19〕随后，过程性信息豁免公开制度在我国行政规章中呈现“井喷式”发展，相当多的国务院部门和各地方政府相继在规章中专门就过程性信息的问题作出了规定。〔20〕2010年，国务院办公厅在《关于做好政府信息依申请公开工作的意见》（以下简称《依申请公开意见》）的第2条规定了内部管理信息和过程性信息。〔21〕虽然这些行政规章明显地突破了上位法规定，存在减少行政机关的义务，限制公民权利的合法性问题，国务院办公厅的《依申请公开意见》也无权创设不公开事项，不符合《行政法规制定程序条例》中规定的行政法规解释主体的要求，〔22〕但是，过程性信息豁免公开确实存在必要性和正当理由，2008年《条例》未对此作出规定很大程度上是上位法的疏漏，如果无视行政规章的规定贸然否定行政机关的不公开决定，极有可能造成严重后果。因此，司法实践中往往认可国务院办公厅的《依申请公开意见》和各地的行政规章的法效力，将其作为司法审查的规范依据，在一定程度上形成了对过程性信息豁免公开案件司法审查的规范框架。虽然2019年《条例》的修订已经否定了上述下位法的规范效力，当前各部门和地方政府也对行政规章作出了相应修改，但是这些法律文件和相应司法判例中积累的规制方式和司法经验对于今天的研究仍然具有重要意义，不能轻易忽视。

法律规则通常由“假定条件”“行为模式”“法律后果”三个要素组成。行政规章中过程性信息豁免公开的构成要素表现为“过程性信息的概念”“是否予以公开”“责任承担”。其中，责任承担属于行政机关违反规定后应

---

〔19〕 2003年《广州市政府信息公开规定》第14条规定：“下列政府信息不予公开：（一）个人隐私；（二）商业秘密；（三）国家秘密；（四）除第十九条规定以外的在审议、讨论过程中的政府信息；（五）法律、法规规定禁止公开的其他政府信息。”

〔20〕 参见黄莹：《行政机关过程性信息公开豁免范围之界定》，载《四川警察学院学报》2013年第2期。

〔21〕 国务院办公厅《关于做好政府信息依申请公开工作的意见》第2条规定：“……行政机关向申请人提供的政府信息，应当是正式、准确、完整的，申请人可以在生产、生活和科研中正式使用，也可以在诉讼或行政程序中作为书证使用。因此，行政机关在日常工作中制作或者获取的内部管理信息以及处于讨论、研究或者审查中的过程性信息，一般不属于《条例》所指应公开的政府信息……”

〔22〕 《行政法规制定程序条例》第31条。

当承担的责任,与本文讨论的判定路径无关,在此不加赘述。通过对各地方规章的梳理,总体而言,作为“假定条件”的“过程性信息的概念”通常包括以下内容:(1)正在调查、讨论、处理过程中的;[23](2)在作出具体行政行为前,公开可能影响国家利益和社会公共利益的;[24](3)属于调查、讨论、处理过程中的政府信息,因其内容不确定,公开后可能影响国家安全、公共安全、经济安全或者社会稳定的;[25](4)正在调查、讨论、处理过程中,公开后可能影响检查、调查、取证等,或者可能威胁个人安全的;[26](5)属于行政机关之间和行政机关内部行文的请示、报告、批复、会议纪要、抄告单等文件和资料。在“行为模式”这个问题上,除《浙江省政府信息公开暂行办法》第20条[27]中规定过程性信息“可以不公开”外,其他的绝大多数地方政府规章都是规定过程性信息“不予公开”,即“勿为模式”。此外,大多数行政规章在不予公开的“勿为模式”的基础上,进一步规定了部分过程性信息豁免公开的例外性规定。例如,以“法律、法规另有规定”“征求意见”“明显的公共利益和重大社会影响”“预公开制度”“不会造成实际损害”等标准设立了过程性信息豁免公开的限制性规定。但这些例外规定实质上属于过程性信息普遍不予公开下的“公开豁免”,是“不公开为原则,公开为例外”指导的保密下的公开模式,不符合现代行政法政府信息公开制度的理念和精神。

综上所述,可见在2019《条例》颁布之前,过程性信息豁免公开制度遵循“是否属于过程性信息→过程性信息不予公开→例外情况下可以公开”的三阶段判定路径。在实务中,所谓的“例外情况”较为少见,申请人也无从提出有力证据证明该信息属于“例外情况”。因此,正是这种判定路径导致了实务中过程性信息趋向于一律不公开的情况。

(二)2019年《条例》修订后过程性信息的判定路径

在规范层面上,2019年《条例》中以列举的形式对过程性信息作出了描

---

〔23〕 例如2008年《宁波市政府信息公开规定》(已修改)第14条、2004年《吉林省政务信息公开管理办法》第9条、2008年《教育部机关政府信息公开实施办法》第14条。

〔24〕 例如2007年《南京市政府信息公开规定》(已修改)第10条。

〔25〕 例如2008年《上海市政府信息公开规定》(已修改)第10条。

〔26〕 例如2005年《郑州市政府信息公开规定》(已修改)第10条。

〔27〕 《浙江省政府信息公开暂行办法》第20条规定,属于行政机关之间和行政机关内部行文的请示、报告、批复、会议纪要等文件和资料,不作为行政管理依据的,可以不予公开,但应当告知申请人并说明理由。属于正在调查、讨论、处理过程中的政府信息、可以不予公开,但应当告知申请人并说明理由。

述性的规定,并且在"行为模式"上打破了原本各个行政规章中存在的过程性信息一律不公开的限制,明确表明过程性信息是"可以不公开"。这是对过程性信息豁免公开制度在理念上的重大转变。从文义解释的角度,其判定路径包括两个阶段:第一,对过程性信息这一法律概念的解释问题;第二,对过程性信息是否公开行政机关自由裁量的合理性判断问题。但令人遗憾的是,2019 年《条例》在规范上相较于之前的行政规章而言反而更加粗疏,其既没有为过程性信息下一个相对明确的定义,使过程性信息成为一个"不确定的法律概念",也没有规定过程性信息可以不公开的标准,令行政机关的自由裁量无限扩大,行政机关可以自行决定是否公开。两方面的缺失造成了当前过程性信息豁免公开的判断困境。当对于是否公开某项过程性信息存疑时,掌握了裁量权和不确定法律概念解释权的行政机关往往会倾向于引用过程性信息公开豁免制度,作出不予公开的决定。对此,部分地方政府规章对过程性信息豁免公开制度作出了进一步的细节规定。例如,2020 年《上海市政府信息公开规定》第 17 条〔28〕规定,如果过程性信息对外界产生了直接影响,并且作为行政管理依据的应当公开;2019 年《浙江省政府信息公开暂行办法》第 20 条〔29〕中规定了说明理由制度,都对 2019 年《条例》的不足作出了补充性规定。但也有部分地方政府规章仍然坚持"不予公开"的审查标准。例如 2019 年《贵阳市政府信息公开规定》(已修改)第 14 条〔30〕规定,除按照规定将文稿草案公开征求意见外,属于调查、讨论、处理过程中的事项涉及的不得公开,而其明显与 2019 年《条例》的规定相抵触,合法性存疑。总体而言,我国当前过程性信息豁免公开制度的规定粗疏,各地标准不一,造成了实务中的混乱。

---

〔28〕 2020 年《上海市政府信息公开规定》第 17 条规定:"行政机关的内部事务信息,包括人事管理、后勤服务、内部工作流程等方面的信息,可以不予公开。行政机关在履行行政管理职能过程中形成的讨论记录、讨论稿、磋商信函、请示报告等过程性信息以及行政执法案卷信息,可以不予公开。法律、法规、规章规定上述信息应当公开的,从其规定。前两款所列的内部事务信息和过程性信息如果已对公民、法人和其他组织的权利义务产生直接影响,并且作为行政机关行政管理依据的,应当公开。"

〔29〕 2019 年《浙江省政府信息公开暂行办法》第 20 条规定:"对申请公开的政府信息,行政机关应当按照下列规定分别作出书面答复处理:……(四)属于正在调查、讨论、处理过程中的政府信息,可以不予公开,但应当告知申请人并说明理由……"

〔30〕 2019 年《贵阳市政府信息公开规定》第 14 条规定:"行政机关不得公开涉及下列内容的政府信息:……(五)除按照规定将文稿草案公开征求意见外,属于调查、讨论、处理过程中的事项涉及的……"

在司法实践中,或许是因为不可避免的"惯性",法院对于过程性信息公开案件的司法审查总体上延续了过去的审查方式,即倾向于只审查涉案信息是否是过程性信息,若属于过程性信息则不予公开,实质上混同了2019年《条例》中规定的两阶段判断标准,导致司法实务中原告的胜诉率极低。但这种情况并非绝对,实务中已经有法院试图建立起"两步走"的方式对过程性信息公开案件进行审查,即首先判断涉案信息是否属于过程性信息,然后再对该信息是否应当公开进行判断。例如"于海龙诉吉林市住房和城乡建设局信息公开案",[31]法院认为,过程性信息豁免公开是因为此类信息是处于行政过程中的未成熟信息,公开可能会妨碍行政决策的完整性和科学性,可能对社会公众作出错误引导,甚至造成混乱,影响社会稳定。但是过程性信息中的事实信息一般应予公开。可见,当前司法实务中已经有法官接受了理论界对过程性信息的观点,将过程性信息划分为事实信息和意见信息,并通过过程性信息的特殊性证成过程性信息不予公开的范围。此外,在"吉林省红胜民族网络科技公司诉吉林省药品监督管理局行政信息公开案"[32]中,法院认为过程性信息如果符合以下条件,则可以公开:"其一,过程性信息是一个正式、准确、完整的政府信息;其二,关于过程性信息的决策、决定已经完成,并处于确定实施阶段;其三,如不公开将影响申请人的合法权益;其四,公开后不影响行政管理目的的实现,不影响国家利益和公共利益。"可见,在过程性信息公开案件中,显然,司法实务中已经呈现出同时对"过程性信息的概念"和"过程性信息是否可以公开"两个问题分阶段审查的迹象。

综上所述,以司法实践中的经验结合2019年《条例》的规定,笔者将当前过程性信息的审查路径总结为"过程性信息的判定→是否公开的判定并说明理由"的两阶段判定路径。

四、过程性信息豁免公开范围的判定

过程性信息在2019年《条例》中明确规定为"可以不公开""法律、法规、规章规定上述信息应该公开的,从其规定"。可见,对于过程性信息公开

---

〔31〕参见于海龙诉吉林市住房和城乡建设局信息公开案,吉林铁路运输法院(2020)吉7102行初1号行政判决书。

〔32〕参见吉林省红胜民族网络科技公司诉吉林省药品监督管理局行政信息公开案,吉林省长春市中级人民法院(2019)吉01行终259号行政判决书。

的范围,2019 年《条例》规定了两个层次。第一个层次,是特别法对于过程性信息公开的规定。这个层次更多是立法学、法政策学和法社会学的立法问题,而且特别法的规定往往明确而具体,不需要学理上的专门阐释。第二个层次,是"可以不公开"的问题。从文义解释的角度,这里赋予了行政机关对于过程性信息是否公开的自由裁量权,行政机关应当秉持"以公开为原则,不公开为例外"的原则,综合各方因素判断过程性信息公开与否的问题。值得注意的是,过程性信息同样有可能涉及国家秘密、商业秘密和个人隐私,但该部分与本文讨论内容无关,在此不加赘述。

(一)过程性信息豁免公开的理论基础

"知情"是人民能够正确、有效行使权利的前提。过程性政府信息的公开一方面可以保障人民的知情权,促使公民积极参与进管理国家、社会事务的过程之中,推动社会主义民主政治建设;另一方面可以保障国家机关保持同人民的密切联系,接受人民的监督,使"坚持以人民为中心"体现在过程中。现代政府信息公开制度要求行政机关"以公开为原则,以不公开为例外",任何能够豁免公开的政府信息都应当有足以支撑其正当性的理由。过程性信息之所以被单独类型化为一种"可以不公开"的政府信息,是因其相对于普通的政府信息而言具有特殊性,其生成于行政行为或行政决定作出的过程之中,缺乏一般政府信息所具有的明确性和稳定性。但是,过程性信息是一个复杂的概念,并非所有的过程性信息都具备影响其公开的特殊性质,只有那些明确存在正当理由的过程性信息才能被纳入"不予公开"的范围。故过程性信息是相对不公开,而非绝对不公开,2019 年《条例》中也对此作出了明确的回应。可见,过程性信息不公开的理由决定了过程性信息不公开的范围,过程性信息不公开的范围是不公开理由的实际表现。

对于过程性信息不予公开的理由,有学者广泛地研究了世界各国对于政府信息不公开的规定,综合分析了当前不同国家对于何种过程性信息可以不予公开的规定和学理认识。总体来说,主要存在以下三种理由:

1. 坦诚性原则。在政府政策与行政决定的准备阶段,为保证政府行为有效、公正、合法,行政机关工作人员积极地建言献策是对行政机关决策、决定质量的重要保证,如果贸然将这些不成熟的内部交流公之于众的话,行政机关工作人员很有可能会顾虑到自己尚不成熟的意见可能引发公众舆论或新闻媒体的压力,而不敢在行政过程中坦率地表达自己的意见,这显然极其不利于行政程序的正常进行。[33]

2. 社会稳定性原则。现代政府理念要求政府信息公开应当及时、主动、积极接受民众对于决策或决定过程的民主监督,不能将公民当作行政的"客体",而是平等的、互动的行政相对人。因此,保障公民在行政过程中的知情权具有重要意义。但是,处于行政过程中的政府信息可能会存在不成熟、不准确、不完整的问题,如果贸然将这种类型的过程性信息公开,可能会导致公众对于行政决策或决定产生误解,轻者可能导致资源的浪费和失去公众的信赖,严重者可能会造成社会混乱或社会不稳定。[34] 例如《日本行政信息公开法》第5条规定,国家机关、地方公共团体内部或者相互之间审议、讨论或协议的信息中,如果公开可能引起国民间的混乱,可以不公开。

3. 公平权益原则。行政决策或决定作出之前,信息并未对所有社会公众公开,如果将部分信息公开给个别申请人,可能会导致部分人获得不正当利益。[35]

可见,过程性信息公开对于保障公民知情权、建设透明政府具有重要意义,但是公民"知的权利"不能无限制地扩大,保证政府内部的坦率性交流,维护社会稳定和保障社会公平能够作为限制公民知情权的正当理由。重要的是,法律要为权利、权利的限制和权利限制的限制划分出一条合理的界限,在保证行政机关正常运转和社会稳定的前提下,最大限度地保障公民的知情权。结合我国过去的司法经验和域外理论,可以对过程性信息进行类型化,在更加具体的层面上讨论过程性信息应当如何公开的问题。当前,有学者认为可以将过程性信息分为事实性信息、意见性信息和行为信息、公务人员信息和专家性信息,并认为事实性信息、行为信息和专家性的信息应当公开,而意见性信息和公务人员信息因其可能会影响坦率性原则,不应当公开。[36]

(二)过程性信息豁免公开的类型化讨论

如上所述,在我国过程性信息在性质上可以区分为事实性信息和意见

---

〔33〕 参见梁艺:《美国信息自由法上过程性信息的豁免公开——基于判例视角的反思与借鉴》,载《法治研究》2014年第10期。

〔34〕 参见张鲁萍:《过程性信息豁免公开之考察与探讨》,载《广东行政学院学报》2011年第4期;贺诗礼:《关于政府信息免予公开典型条款的几点思考》,载《政治与法律》2009年第3期。

〔35〕 参见杨小军:《过程性政府信息的公开与不公开》,载《国家检察官学院学报》2012年第2期。

〔36〕 参见王敬波:《过程性信息公开的判定规则》,载《行政法学研究》2019年第4期。

性信息,意见性信息的主体来源上可以区分为公务人员信息和专家信息,不同的类型的过程性信息在不公开的理由上存在显著差异。因此,有必要对其他类别的过程性信息的公开标准进行类型化讨论,以清晰、准确地界定不同类型的过程性信息的公开范围。

1. 事实性信息

(1)成熟性原则。事实性信息在实际的行政过程中可以区分为尚未成熟的事实性信息和已经成熟的事实性信息。对于事实性信息而言,行政机关对于事实的调查、研究、评估等活动是一个不断推进的过程。正处于调查阶段的事实性信息虽然尚未形成一个相对稳定的状态,但其在过程中形成的阶段性结论已经以一定的载体形式表现出来,具有公开的可能性。在表现形式上,这些尚未成熟的事实性信息类似于德国《信息自由法》中所谓"非属公务信息的草稿、笔记",其并非是行政机关对某一事项的结论或决定,而是指"暂时性的思考草稿"或基于思考过程而形成的记录。[37] 在我国,尚未成熟的事实性信息在实践中可以表现为尚未完成的现场笔录、正在进行中的勘验检查报告、尚未完成鉴定的书证物证等正在进行调查中的信息。尚未成熟的事实性信息之所以不应当在行政过程中公开,最为重要的原因是其具有不明确的性质,如果贸然公开尚处于不稳定状态的事实性信息,可能会对公众利益造成不利影响,影响社会稳定。行政机关有义务尽最大的努力完成对于事实的调查并公布相对准确的事实性信息。在行政机关的调查程序结束后,已经获取的事实性信息必须公开,公众舆论对于不完整的事实可以进行补充,从而丰富事实信息,有助于决策的科学性。现代政府的公开透明要求,也要求对于事实性信息予以公开。因此,无论在行政程序结束前还是结束后,已经成熟的事实性信息都应当公开(见图1)。

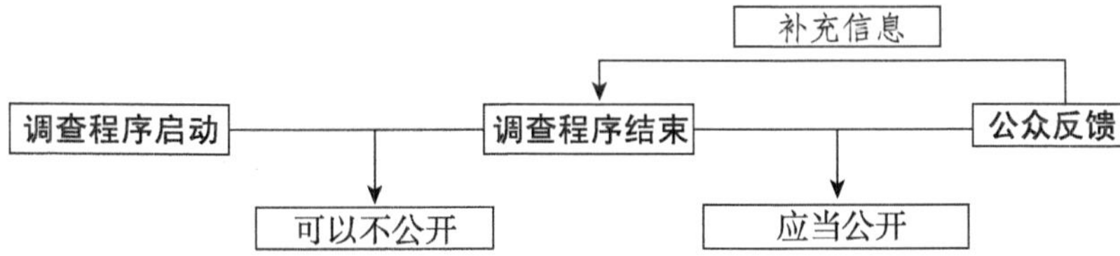

图1 事实性信息公开中成熟性原则的适用

〔37〕 参见龙非:《德国〈信息自由法〉中的"过程性信息"保护》,载《行政法学研究》2013年第3期。

(2)剔除原则。在行政程序的实际运行过程中,事实性信息以某种纯粹的形式独立存在的情况极为少见,其绝大多数时候是与意见性信息共同存在于某一会议纪要、讨论稿等信息载体上。但是,这种共同存在并不意味着两者间绝对不可区分,实践中事实性信息和意见性信息可能以"交织"或"混同"两种不同的方式共同记载于某一信息载体之上。以"交织"方式存在的信息可以通过剔除其中的意见性信息使信息载体上记录的事实性信息纯粹化,将之转化为纯粹的事实性信息,适用事实性信息的原则进行公开判定。以会议纪要为例,其中一般包括会议的时间、地点、与会人员、对于当前状况的汇报和会议确定的结论。其中,除最后一项外,其余信息都属于事实性信息。因此,行政机关应当将"交织"于事实性信息之间的讨论意见予以剔除,并对已经成熟化的事实性信息依法公开。以"混同"方式存在的信息则无法通过剔除的方式将之纯粹化。例如环评报告中对于事实的认定必然要涉及行政机关工作人员的主观判断,将之剔除后将导致信息的缺失与错误,可能会引发公众的误解。其中的"意见"实际上已经成为事实认定的一部分。因此,对于以"混同"方式存在的过程性信息应当依照事实性信息的成熟性原则进行公开判定,只要相应信息已经形成,就应当公开。

2. 意见性信息

(1)最终依据原则。对行政过程中的意见性信息予以保护可以保护行政机关内部工作人员的坦率性交流,避免行政机关工作人员因其尚不成熟的意见被曝光于众而受到舆论的压力不敢自由地发表见解。就公务人员个人而言,意见性信息的公开所影响的并非仅仅是该信息本身,更多的是公众对于相应行政机关工作人员个人品德和职业道德的质疑,其压力聚焦到作为一个个体的行政机关工作人员本身;就公共利益而言,澳大利亚联邦行政上诉法庭对出于公共利益而拒绝披露的种种情形作出界定。这一界定被称为"霍华德原则",其中包括"披露如抑制日后在决策前的通讯中所要求的直率坦诚,即很可能有违公共利益"。[38] 因此,这种意见性信息无论是在行政程序进行中公开,还是对行政程序结束后公开都会对行政机关工作人员的坦率交流造成压力,故对于"不成熟的意见"的豁免性公开并不因行政程序是否结束而变化。世界银行对于公开会损害内部讨论的统一性和公正

〔38〕 周汉华主编:《外国政府信息公开制度比较》,中国法制出版社2003年版,第214页。

性,破坏银行、其成员及其合作伙伴间自由与坦率的观点交流的信息不予公开。[39] 但这并不意味着对于意见性信息要采取一律不公开的判定方法。公众基于“人民主权”的宪法原则享有“知的权利”,有权了解行政机关在行政过程中“因何、如何、为何”作出行政行为或行政决策,并对这个过程进行民主监督。因此,对于已经终局化,不会再有更进一步意见交换和研究讨论的意见性信息在行政程序决定后应当公开。

(2)自愿原则。除上文所述按照“最终依据原则”应当公开的过程性信息外,其他的意见性信息均可以不公开。但“可以不公开”并不意味着绝对不公开,对于这类信息,2019 年《条例》实际上赋予了行政机关最终判断的自由裁量权,行政机关可以自行决定是否公开“可以不公开”的意见性信息。这种规定方式,在域外法中同样有迹可循。例如,荷兰《政府信息公开查阅法》第 11 条规定:“当申请涉及信息所在文件是为了内部协商起草的,则不得公布、泄露其中包含的有关对政策的个人意见的信息。为有效、民主政府之利益,可以公布对政策的个人意见的信息,但信息不能具体到个人。如果表达意见的人同意,则公布的信息可具体到个人。”[40] 在我国,大多数意见性信息都属于“集体决策”,域外具体到个人的公开方法包含于公务或混合顾问委员会建议中的有关对政策的个人意见的信息可以对外公布,只要直接相关的行政当局在该委员会成员活动开始之前把其意向告诉他们不能直接套用。但是,如果作出“集体决策”的与会者都同意公开,政府信息就可以公开。这种相对灵活的做法可以避免过程性信息“一刀切”的僵化处理方法。此外,按照“自愿原则”的解释路径,可以一并解决公务人员意见性信息和专家意见性信息的公开问题。公务人员在行政程序中发表意见系其履行职责的义务,通常没有选择余地。因此,对于其在行政程序中发表的意见,一般应当予以保护,但是如果行政机关自愿公开的,也可以公开。对于专家意见来说,专家在行政过程中对行政机关的决策或决定发表意见都是出于其主观自愿,没有什么力量能够强迫专家发表观点。因此,专家意见本身就包含了“自愿”的要素,不需要专家进一步同意就可以公开。

---

〔39〕 参见周汉华:《起草〈政府信息公开条例〉(专家建议稿)的基本考虑》,载《法学研究》2002 年第 6 期。

〔40〕 周汉华主编:《外国政府信息公开制度比较》,中国法制出版社 2003 年版,第 612 页。

五、结论

2019年《条例》虽然弥补了我国过程性信息豁免公开制度在中央立法层面上的空白,建构了过程性信息豁免公开的上位法基础,但是,2019年《条例》只进行了描述性的规定,过于粗疏的法规范不足以支撑实务中过程性信息能否公开的依据需求。通过梳理2019年《条例》修订前后规范基础的变化,可以发现过程性信息豁免公开应当遵循"过程性信息的判定→是否公开的判定并说明理由"的两阶段判定路径。在"过程性信息的判定"阶段,应当从静态的角度对过程性信息进行广义的认定,凡是产生于行政决策和行政决定的过程中的政府信息都属于过程性信息。在"是否公开的判定"阶段,应当将过程性信息细化为事实性信息和意见性信息。事实性信息应当遵循成熟性原则和剔除原则,无论在行政程序进行阶段还是结束后,只要已经符合上述两项原则就应当公开;意见性信息则应当遵循最终依据原则和自愿原则,在行政程序结束后,凡是能支撑行政决定或行政决策的意见性信息都应当公开,以保证给予人民主权的监督权,而公务人员意见和专家意见都可以统合到自愿原则之下进行判断,不需要单独分类。今后,各地方政府可以通过制定行政规章,对2019年《条例》中过程性信息不公开的规范作出进一步的细化规定,以在法规范层面明确过程性信息豁免公开的判定规则。

（杨恩泰　初审）

（张婉秋　校对）

保理中虚构应收账款的规范展开
——以《民法典》第763条为中心

张子帅*

摘　要:第三人的信赖保护应就权利变动的差异而循不同的规范逻辑。债权在交易外观上未有公示制度所赋予的普遍公信力,当考量真实权利人的可归责性,此乃第763条所显现的规范机理。在归责性判断上,过失主义无法评定双方均无过错的情形,且债务人的主观过错不属于信赖内容,因此与因主义及风险分配更具衡量意义,即债务人的主观状态不具有责任成立的要件意义,无论债务人是积极欺诈还是过失确认均得适用。弹性判断最终将落于"合理信赖"的认定上。"明知"发挥善意限定的功能,但我国法上并未严格区分善意与过失,因此当包含过失的价值判断而非纯粹的事实认定。在过失判断上取决于信赖外观的可信赖程度,应为"不知且非因过失的不知",一般负有形式审查义务。外观形式是书面还是口头业已纳入善意判断中,无须特别言明以避免降低制度适用的灵活性,因此本条不存在要件不足的法律漏洞。"不得对抗"系全有或全无的效果,债务人的主观过失可在顺位利益上进行评定。对让与通知脱离债的同一性结构所作的替代解释方案存有缺陷,侵权或可作为救济上的功能替代,但二者存有差异。

关键词:虚构应收账款　债权让与　信赖保护　信赖责任

* 张子帅,中南财经政法大学法学院2020级硕士研究生。

一、问题的提出

存在真实、有效的应收账款是保理人进行保理融资、债款催收、账户管理等信赖投资的重要依据。但应收账款(付款请求权)本质上属于债权,作为一种无形财产,交易上欠缺公示制度所赋予的普遍公信力,其权利表征较物权显有欠缺。同时,受让人非为基础交易的当事人,当难以完全审查债权转让标的的真实性和有效性。为达到现代交易之便利,自无必要苛求受让人承担严格的审查责任。因而,让与虚假的应收账款无法从制度上予以预先排除,便需对保理人的信赖利益予以衡平救济。对此,《民法典》第763条予以了回应——让与人与债务人虚构应收账款的,债务人不得以基础交易不真实对抗保理人。[1]

就本条的适用,在学理以及司法实务中仍存有分歧之处。

首先,规范设置的前置性问题在于,就第三人的信赖保护,《民法典》物权编尚存善意取得的规范路径,而在动产与权利担保统一登记的改革背景下,应收账款转让得准用应收账款质押登记,基于质押登记的设权效力。同时,根据最高人民法院《关于适用〈中华人民共和国民法典〉有关担保制度的解释》(以下简称《担保制度解释》)第66条的规定,[2]普通的债权让与亦得纳入第768条的竞存规则,登记优先是否认为债权的权利变动模式发生改变,而可适用善意取得的规定。如获肯定,那么第763条就属于不必要的规范创制。其次,该条的规范要件以及法律效果亦不明晰。在规范要件上,"让与人与债务人虚构"并未言明当事人之间的主观联结状态,该虚构事实是由双方通谋作成,还是包括了双方无意思联络而债务人过失确认的情形。另外,"明知"发挥受让人合理信赖的功能限定,从其文义来看,似乎只要受让人不知债权虚假的事实即受信赖责任的保护,而不论其对此不知是否存有交易上的过失。但将"应当知道"予以排除将背离比较法上通行的做法,亦有可能引发物权与债权在外观上可信赖程度的识别错位。另有争议的是,德国将债权让与的信赖保护限于债务人书面提示字据的情形,而第763条对此未作限定,对于本条是否存在要件缺失的法律漏洞,还是说德国

---

〔1〕 下文若无特殊交代,所有条款均指《民法典》之条款。

〔2〕 最高人民法院《关于适用〈中华人民共和国民法典〉有关担保制度的解释》(法释〔2020〕28号)第66条第1款规定:"同一应收账款同时存在保理、应收账款质押和债权转让,当事人主张参照民法典第七百六十八条的规定确定优先顺序的,人民法院应予支持。"正文均以《担保制度解释》作为该规范性文件的简称。

法上的这一限定只是出于证据保存的善意提示而不具有形式要件的规范意义则不无疑问。在责任效果上,本条显见的规范对象在于债务人的责任确立。虚构债权的让与人自应依保理合同向保理人承担权利瑕疵的担保责任,而债务人的责任承担则相对复杂。"不得对抗"之效果无法证成债务人责任承担的法理基础,对此司法实践存在不同的解释路径,进而影响责任承担的方式。虽然我国并非判例法国家,但裁判规则亦可借由立法工作而成为实在法,当不能以一种功能主义或者目的论的思想浪漫地进行司法裁判,仍需考虑规范解释的体系效应。同时,在债务人的责任分配上亦存在分歧。有的法院主张债务人与让与人承担"不真正连带责任";[3] 有的则认为需"综合考虑双方当事人的过错程度以及造成损失的原因力大小,按比例酌情确定各自承当的赔偿责任";[4] 还有的认为仅承担"补充赔偿责任"。[5] 由此可见,第 763 条的法律效果当不止于"不得对抗",而应落脚于各当事人的责任承担。最后,仍需确定的是,规范在体系适用上的射程范围,即第 763 条是否仅为保理合同中的特殊规定,亦或者能够类推成为债权让与的一般规范。

因此,笔者拟从司法实践中的分歧出发,结合民法的基本原理探讨第 763 条适用范围及其法律后果,并就保理人信赖保护的相关问题予以讨论,以求教于大家。

二、第 763 条设立的正当性证成

(一)基础交易对保理合同效力的影响

保理交易涉及三组关系,让与人与债务人之间的基础交易、让与人与保理人之间的保理合同关系(主要为债权让与)以及保理人与债务人基于债权让与产生的原债延续关系,其中又以保理合同的效力判断为关联中心,这也是第 763 条确立的前置性条件。

---

[3] 参见广东穗银商业保理有限公司诉深圳市索菱实业股份有限公司等合同纠纷案,深圳市前海合作区人民法院(2018)粤 0391 民初 5328 号民事判决书;上海德银商业保理有限公司诉磁县鑫盛煤化工有限公司等合同纠纷案,上海市高级人民法院(2020)沪民申 1457 号民事裁定书。

[4] 参见北京银行股份有限公司上海分行诉上海公路桥梁(集团)有限公司财产损害赔偿纠纷案,上海市第二中级人民法院(2015)沪二中民六(商)终字第 386 号民事判决书。

[5] 参见中国民生银行股份有限公司总行营业部诉包头市津粤煤炭有限公司等金融借款合同纠纷案,北京市第四中级人民法院(2015)四中民(商)初字第 113 号民事判决书。

若保理合同无效,保理人可能面临债务人对保理合同的效力抗辩,因而遭遇信赖保护制度的适用障碍。具言之,债权让与在保证财产处分自由的同时需保障债务人的负担不因此加重,实在法上为通知外观的效力对抗和债的延续性保护。一般而言,债务人的同一性抗辩不能及于债权让与合同。同时,根据第546条第2款表见让与的规定,[6]债务人收到有效让与通知后,即可达到信赖锁定的强保护,亦无须考察债权让与合同本身的效力。[7]但本条专为债务人的利益保护而设,此种利益及于债务履行中的便利(尤其是向债务人履行的实际成本低于向保理人履行的情形),当债务人明知债权让与行为存在效力瑕疵,仍可就该效力瑕疵予以抗辩。[8] 同时,有追索权保理在规范构造上属于债权让与担保,[9]其中的返还或回购条款实则发挥了担保功能。基于第388条"其他具有担保功能的合同"的规定,从而将非典型担保纳入担保物权的框架结构,因而保理合同中的担保性条款仍遵循从属性原则而准用该条第四分句,[10]若债权让与主合同条款无效,则返还或回购条款亦无效,进而将导致整个保理交易的挫败。另外,保理合同的效力亦为后续善意取得讨论的前提,《合同法》第51条被删除后,善意取得在解释上应被重新阐述为继受取得而复归债权形式主义变动的逻辑体系,让与合同有效自然为取得之前提。[11]

1. 司法裁判之分歧

上述问题在虚构应收账款的情境下具体为基础交易对保理合同效力的影响。同时,本条"不得对抗"的法律效果显系对第548条延续性抗辩的边界限制,即实质上并未切断原因行为对债权让与的影响,因此一般排除票据

[6] 参见徐涤宇:《〈合同法〉第80条债权让与通知评注》,载《法学家》2019年第1期。

[7] 参见李永锋、李昊:《债权让与中的优先规则与债务人保护》,载《法学研究》2007年第1期。

[8] 参见朱虎:《债权转让中对债务人的延续性保护》,载《中国法学》2020年第5期。

[9] 参见谢鸿飞、朱广新主编:《民法典评注　合同编——典型合同与准合同2》,中国法制出版社2020年版,第556页。

[10] 参见刘保玉:《民法典担保物权制度新规释评》,载《法商研究》2020年第5期。

[11] 参见彭诚信、李建华:《善意取得合同效力的立法解析和逻辑证成》,载《中国法学》2009年第4期。

交易关系。[12] 没有直接债权债务关系的持票人直接依据票据流通的无因性即可满足权益保护的需要,而不用转介第763条。

厘定问题域后,回观问题之所在,司法实践对此存有不同的论断。其一,无效认定。如将基础合同与保理合同的效力进行捆绑认定:保理合同的交易结构由“债权让与要素+其他选择性要素”组成,而基础合同的存在为其债权让与的前提,二者紧密联系且无法分割。由于延续抗辩的存在,基础交易关系自然被保理合同所吸收,而不能将其割裂为保理合同的基础法律关系,因此虚伪表示无效当导致保理合同整体无效(路径一)。[13] 或因不存在真实、有效的债权,债权让与无从发生而不具保理交易特征,因而保理合同无效而成立借款合同(路径二)。[14] 其二,有效认定,保理合同之效力独立于基础合同,即基础合同的效力瑕疵只会产生保理合同的履行障碍,而不可能构成保理合同的效力阻遏事由。[15] 由此可见,分歧主要表现为两个方面,一为基础交易合同的效力影响,二为债权让与标的不存在的处分权欠缺的影响。

2. 基础合同与保理合同不构成关联合同

第一个维度(路径一),可能是基于关联合同(合同联立)所显现的对合同相对性的突破,即让与人共同构成基础合同以及保理合同的当事人,且让与人订立保理合同以基础合同的存在为前提而成立连锁交易,因而构成经

〔12〕 相关规定可参见中国银行业监督管理委员会《商业银行保理业务管理暂行办法》(中国银监会令〔2014〕5号)第8条、天津市高级人民法院《关于审理保理合同纠纷案件若干问题的审判委员会纪要(一)》(津高法〔2014〕251号)第11条第8项、天津市地方金融监督管理局《天津市商业保理试点管理办法(试行)》(津金监规范〔2019〕1号)第2条第2款规定,应收账款是指企业因提供商品、服务或者出租资产而形成的金钱债权及其产生的收益,但不包括因票据或其他有价证券而产生的付款请求权。

〔13〕 参见中国工商银行股份有限公司乌鲁木齐钢城支行诉中铁物资集团新疆有限公司合同纠纷案,新疆维吾尔自治区高级人民法院(2013)新民二初字第32号民事判决书;新希望(天津)商业保理有限公司诉董会来合同纠纷案,天津市第三中级人民法院(2019)津03民申57号民事裁定书。

〔14〕 参见深圳神州华银租赁有限公司诉深圳市科聚新材料有限公司、徐贺永借款合同纠纷案,深圳市宝安区人民法院(2018)粤0306民初10447号民事判决书。

〔15〕 参见深圳市乐赚鑫商业保理有限公司诉融信租赁股份有限公司合同纠纷案,最高人民法院(2020)最高法民申5893号民事裁定书;蒋昌留诉湖南力达建设工程有限公司合同纠纷案,湖南省长沙市中级人民法院(2020)湘01民终9561号民事判决书;中信商业保理有限公司诉内蒙古伊泰煤炭股份有限公司等合同纠纷案,北京市第二中级人民法院(2021)京02民再9号民事判决书。

济上的整体,此时让与人可行使“抗辩直索”,〔16〕就基础合同的无效事由抗辩保理人。

关联合同之所以能成为合同相对性的例外,其正当性在于合同交合主体在交易中处于弱势地位。且关联合同互为目的,某一合同受挫都会导致其在另一合同中的目的落空,若仍强加合同约束,将对其产生无可复加的消费负担。〔17〕因此,虽在形式上存在两个以上的合同也应当视其只承受一个合同的约束。我国实在法上关联合同的规定见于商品房信贷买卖中。〔18〕

以保理交易进行比较即可发现基础合同与保理合同并不存在经济上的一体性。保理交易中的交合主体即为账款让与人,但在倾斜保护的地位判断上即遭受阻碍,让与人在交易关系中并非处于弱势地位。同时,虚构账款这一显见的可归责原因也将遭受例外保护的质疑。而上述裁判所说的“紧密联系无法分割”,则无意间切换了利益判断的基点,即以保理人的角度认定关联关系——保理人是以基础交易的存在而订立保理合同。但这只是保理合同的对价内容,而不能证成保理人在另一个合同中将负担何种义务,不符合关联关系认定的形式标准。否定关联关系的实质理由仍是不具有经济上的一体性,即两个合同并不具有典型的履行依赖。〔19〕让与人订立基础合同(以买卖合同为例),其作为卖方的主给付义务为移转标的物所有权,而其订立保理合同则是为获取保理融资,将其投入新的生产,而非保障基础合同给付义务的履行。况且,保理合同的选择性要素并不必然包括融资服务,其他保理服务更难谓给付义务的串联。综上,保理合同与基础合同属于两个独立的合同,但在交易结构上并不构成合同联立,不能产生抗辩延申的法律效果,基础合同无效不延及保理合同。

3.处分权欠缺不影响负担行为的效力

路径二对保理合同的效力否定是将处分行为的效果意思纳入负担行为

---

〔16〕参见刘怡:《论德国关联合同制度及其借鉴意义》,载《法律适用》2012年第9期。

〔17〕参见迟颖:《关联合同中产生于买卖合同的抗辩权对贷款合同的适用性问题——从一则案例看德国消费信贷法抗辩权延伸制度》,载《法学论坛》2007年第5期。

〔18〕最高人民法院《关于审理商品房买卖合同纠纷案件适用法律若干问题的解释》(法释〔2020〕17号)第19~21条。

〔19〕参见徐静:《对突破合同相对性原则的再认识——兼及对〈德国民法典〉第359条之借鉴》,载《法学论坛》2012年第1期。

中予以认定,处分之要素未予充足自然导致保理合同无效。在解释上显现的根本问题是相关法律体系是否区分了处分行为与负担行为。在前《民法典》时代,处分权限的欠缺在未受有权追认时属于效力待定的合同,拒绝追认则直接导致合同无效。[20] 其基础似在于《合同法》并未承认物权行为理论,因此合同表示不仅容纳了履行请求的债权债务意思,还一并吸纳了引发物权变动的意思表示,两组要素共同构成了买卖合同的效果意思。[21] 因此,原本属于处分行为的无效瑕疵也成为买卖合同本身的效力瑕疵。但这一论断的问题在于:一方面,多重让与情形下若未予追认将导致后位合同全部无效,无疑增加了合同交易的风险;另一方面,也与《物权法》的规定发生严重抵牾,物权变动系形式主义变动模式,亦明确处分行为与负担行为相区分的基本原则。对此,《民法典》合同编删除了《合同法》第 51 条的规定,吸收采纳了司法解释的立场,处分行为的效力瑕疵不再影响负担行为的效力。

(二)保理人"善意取得"债权?

如上所述,若保理人不以欺诈为由撤销保理合同,保理合同有效。由于并不存在真实有效的债权,债权让与无法实现,此时让与人应当向保理人承担权利瑕疵的担保责任。有所疑问的是债务人是否应当承担付款责任,即保理人能否取得虚假债权而向债务人主张清偿债务。

对于债务人而言,保理人构成基础交易外的第三人,对于第三人的信赖保护在物权领域存有善意取得路径。同时第 763 条"不得对抗"使得保理人取得了虚构债权的效果(相对于债务人而言),此效果亦可为善意取得所涵盖。在此之前,否定债权善意取得的核心理由在于,债权本身的无体性,因欠缺权利外观而丧失准用公示取得的正当性。[22] 而这一障碍似乎在动产与权利统一登记的背景下得以缓和。依照《应收账款质押登记办法》(2019年修订,已废止)第 34 条的规定,发挥融资担保功能的债权转让亦得在应收账款质押登记系统中予以登记,并参照适用质押登记的相关规则。借此准用,债权转让是否取得相应的权利外观,此时第 763 条的对抗规范与善意取得是否形成功能重叠?

---

〔20〕 参见《合同法》第 51 条规定:"无处分权的人处分他人财产,经权利人追认或者无处分权的人订立合同后取得处分权的,该合同有效。"

〔21〕 参见崔建远:《无权处分辨——合同法第 51 条规定的解释与适用》,载《法学研究》2003 年第 1 期。

〔22〕 参见王屹东:《同一债权双重让与不适用善意取得》,载《人民司法》2009 年第 10 期。

主张债权可以善意取得的核心在于,债权转让登记使其获得了一项权利外观,进而基于权利归属的积极推定,得以适用信赖保护中的取得规范(善意取得),从而实现积极的信赖保障。该论证得以成立需承认公示事实与权利外观属于同一概念。但达成共识的是,权利外观即权利归属外观,只有当某种可供了解的公示事实对于权利归属具有推定效力时,才能称作权利外观的存在。诚如,动产的占有与不动产登记,理由则在于此种公示事实同时构成了权利变动的客观要件。保理中的转让登记尚不足以产生此种推定效力。一来,债权变动仍遵循合意主义。《担保制度解释》第66条第1款将普通债权让与统入《民法典》第768条的竞存规范,似有取得规范与竞存规范相互杂糅之嫌。事实上,动产与权利担保统一登记的目的在于赋予一切具有担保功能的合同以登记能力,从而发挥交易上的确定性,以消灭隐形担保的存在。但这势必会出现一般债权变动与担保性债权让与之间的公示鸿沟,为避免普通受让人倒签合同侵害其他担保性债权让与的受让人,将其纳入公示竞存规范实乃体系必然。鉴于此,一些标的额较大,债务人信用优质的债权交易中,普通受让人为防止失权就必然予以登记(出让人予以多次融资的可能性高),但这并不意味着债权的设立和转让采登记生效主义。一些本身不具融资价值的债权让与不予登记的失权风险较低,登记自然也无必要。同时,也不得以登记作为设立要件破除债之相对性的本质。因此,《担保制度解释》第66条以及《民法典》第768条的适用扩张不足以证成债权采形式主义变动模式,此时登记就不具有权利归属的推定效力。二来,准用质押登记也不可能在技术层面实现权利归属的积极推定。应收账款质押采登记生效主义,此时应收账款登记簿具有设权意义,应当施行与不动产登记簿类似的文书登记制度。但应收账款的质押登记采取的是电子化的用户自主登记,登记内容无须涉及基础交易(一般性描述即可),登记平台也不负担实质审查义务,因而在规范构造上贴合了声明登记(或称通知登记)的本质。[23] 此种内部体系的不和谐缘于《民法典》应收账款质押设立与债权让与变动模式的严重抵牾,从而只得舍弃适用逻辑而服从合意变动的体系强制。规范目的仍为确定多项并存担保何者优先的问题,因此该登记仅具有对抗意义。作为竞存规范的登记事实,只是使特定第三人取得否定未予公

---

〔23〕 参见高圣平:《统一动产融资登记公示制度的建构》,载《环球法律评论》2017年第6期。

示之前手优先受偿的权利，而不能径行主张所有之权利已向自己发生变动。[24] 由此，即便保理得以进行转让登记，亦属于竞存规则项下登记事实，而不具有权利归属的推定效力，因而不能准用善意取得。

事实上，虚构应收账款的适用与权利外观无关，即此时保理人的信赖偏差并非指向权利归属的名实不符，而是为了切断债务人无效抗辩的延续性保护，属意思表示解释的规范内容（客观主义）。[25] 保理人与债务人并未对同一标的享有并存之权利，也不涉及所谓的竞权问题，此时保理人登不登记对于债务人而言并无任何提示意义。因此，第 763 条乃为补足内部意思表示与对外交易之间的规范冲突，应与善意取得以作区分。延续前述“对抗”之本意，在效果上保理人只享有否定债务人主张基础交易无效的权利，也未取得该项债权，因而无法再为有权处分，这一效果亦不同于善意取得人再为处分的性质界定。

三、第 763 条的规范适用

（一）第 763 条的体系定位

依第 763 条“账款让与人与债务人虚构……”的规范文义，典型情形即为基础交易双方通谋虚伪表示，在体系上当联结第 146 条的规范效力。在物债二分的权利变动模式下，对第三人的信赖保护存在规范适用的逻辑差异，立法自不得抛却自身体系的内在机理而任意作出规定。因此，位于总则部分的第 146 条删去“不得对抗善意第三人”并不构成一般性对抗规则欠缺的法律漏洞，属绝对无效。[26] 第 763 条即为物债二分下债权领域第三人信赖保护的特殊规定。与《德国民法典》第 405 条不同的是，此条仅位于保理合同项下而非债权让与的一般规则。但保理交易的核心要素即在于债权让与，第 763 条的规范目的也是基于延续抗辩对善意相对人的保护不足而作的补充规定。同时，第 769 条的参引性规范也直接架设了债权让与的一般规范与保理分则之间的连接线，即立法者亦认识到保理交易中债权让与的本质品格。依此规范脉络，本条本质上当属于债权让与的一般性规定，其他

---

〔24〕 参见郭志京：《也论中国物权法上的登记对抗主义》，载《比较法研究》2014 年第 3 期。

〔25〕 弗卢梅认为通谋虚伪表示对信赖该行为的第三人而言属于一项真意保留。参见［德］维尔纳·弗卢梅：《法律行为论》，迟颖译，法律出版社 2013 年版，第 488 页。

〔26〕 参见李宇：《民法总则要义：规范释论与判解集注》，法律出版社 2017 年版，第 532 页。

虚构债权的场合亦得类推适用。[27]

(二)债务人的责任成立

1.第763条的规范机理——信赖责任

从第763条的法律效果来看,“不得对抗”使保理人取得了依其信赖所应当处于的交易地位,在利益衡量上是以基础交易当事人之间的意思自治向权利变动产生的信赖利益相妥协,以达至维系交易安全和社会信用的规范目的。问题是保理人何以能够获得履行利益的强保护而非消极的信赖损失赔偿。

诚然,在民法领域极易出现名实不符的情形。一来,循意思自治的基本原则,民法规范以意思表示规则在当事人之间建立了内部交易秩序,而依人的主体地位,任何主体之间的相对请求也逐渐摆脱人身依附关系呈现非人格化特征,从而得统入财产权的范畴产生对外交易,[28]而意思表示依托于有限的利益衡量在面对复杂的对外关系时就会出现规范失灵(规范对规范)。二来,《民法典》建构了效力层级不同的权利体系,出于对当事人意思自治的尊重,交易主体自可循功能导向而设计众多交易结构,从而呈现功能上的名实不符(规范对事实)。在第一个层面上,就是静与动的利益博弈。静的状态构成交易活动的认知对象,用以确定交易相对方,而基于认知的局限性以及交易便利的要求,私法主体均以表象来认知并发生相应的法律关系,[29]当真实状态与表象不一致时,二者即存在利益冲突。为此学理上阐发了信赖责任作为利益衡平的工具。具体而言,当满足以下要件时真实权利人应就相应的信赖外观承担信赖责任:其一,存在信赖外观;其二,行为人对该外观的存在或维持提供了原因力,如行为人自己诱发了某种信赖外观,或者负有交易上涤除该信赖外观的义务而容忍其存在的;其三,受该行为利益的一方主观上存在值得保护的信赖状态,且就该表象积极行为。[30]因而,债务人所承担的乃是外观引起的信赖责任。

既然本条循信赖责任的规范逻辑,即应以之为基础对其予以解释。其

---

〔27〕 参见李宇:《保理合同立法论》,载《法学》2019年第12期。

〔28〕 参见[日]我妻荣:《债权在近代法中的优越地位》,王书江、张雷译,中国大百科全书出版社1999年版,第48~49页。

〔29〕 参见石一峰:《私法中善意认定的规则体系》,载《法学研究》2020年第4期。

〔30〕 参见[德]卡尔·拉伦茨:《德国民法通论》(下册),王晓晔等译,法律出版社2013年版,第886页。

一，债务人的可归责性为其承担信赖责任的正当性基础。此种可归责性并不限于债务人故意的场合，只要此种外观依其行为诱发或引致（惹起原则）即可。[31] 但并非一切与之有关的行为均可成立，尚需判断此种“引起”仍位于其风险控制的范围内，且预防之成本并非不合理。[32] 鉴于此，该条适用于虚构应收账款的外观系债务人之行为作成的情形，既包括债务人与让与人通谋虚伪表示的情形，也包括让与人单方欺诈而债务人因过失在应收账款转让通知书上签章的情形。作此解释并未背离规范文义，首先，“债务人与让与人虚构……”并未显明债务人的主观状态。其次，《民法典》第764条突破了债权让与通知的主体限制，除让与人外保理人亦得向债务人发出让与通知。于此情形下，债务人自不必然与让与人发生意思联络，保理人的信赖确证可能就直接来源于债务人在让与通知文件上的签章行为。因此，当不得在解释上将第二种情形予以排除而产生规范漏洞。其二，权利表象为外观责任的基础，自无须特别言明，但仍需回答此种外观须以何种形式呈现才足称合理，如《德国民法典》第405条以债务人作出的书面字据为限，对此该条似存有要件漏洞。但事实上这一要件并非必要，或可融入保理人善意这一要件中以作判断，否则将过分抽离善意要件的评价意义而成为一项主观状态的事实判断，因此本条的要件设置仍具合理性。其三，本条以“明知”作为保理人善意之要件。对此有学者将“明知”解作保理人主观上的事实状态，而不考虑其客观上对此不知是否存在行为过失，进而认定“明知”有赋予合同文书以普遍公信力的体系违反之嫌，而需另寻标准。[33] 前者显系立法论的立场，但《民法典》业已颁布施行，规范讨论自应围绕解释论展开。同时，其对于明知的认定前提亦存在讨论的空间，自不应轻易否定立法者依民主程序作出的规范表达。由于该问题显系重要，亦在司法实践中引发分歧，继而在下文予以详细论述。

---

〔31〕 关于真实权利人的归责原理，在理论上存在与因主义、过失主义以及风险主义（或危险主义），虽然三者在归责内容上存在差异，但在规范层面上其区分轮廓较为模糊，各个学说发展的过程中亦呈现出相互渗透的趋势。在利益衡量上，过失主义无法评定双方均无过错的情形，因此与因主义与风险分配更具有衡量意义。

〔32〕 参见孙鹏：《民法上信赖保护制度及其法的构成——在静的安全与交易安全之间》，载《西南民族大学学报（人文社科版）》2005年第7期。

〔33〕 参见李宇：《保理合同立法论》，载《法学》2019年第12期。

2."明知"的认定标准

"明知"是对保理人信赖程度合理性的功能限定,即在何种程度上保理人可视作值得保护的善意第三人。《民法典》对于第三人善意存在不同的规范表达,如在商人表见登记(第65条)、无权代理(第171条)、不动产动产善意取得(第311条)中直接以"善意"一词以作限定;在表见代理(第172条)中限定为"有理由相信";在无权代表(第504条)中则表述为"知道或者应当知道";以及本条中的"明知"。因同一功能限定而作不同的规范表达,只有在区别评价的意义上才能获得正当性,否则便不具有立基于规范文义而予以类型化研究的必要。显然,立法者并非是在区别评价的意义上使用不同的规范文义,否则无权代理和无权代表就不应作区分。[34] 因而,立法者只表明了对第三人信赖的合理程度应予限定的立场,即便有意识对认定标准予以区分,也未能显现规范脉络的一致性。因此,暂可脱离规范的文义差异,对善意的规范意义予以重新评估,从而界定本条"明知"的规范内涵。

一般而言,善意是指第三人对表象与事实不一致的不知,是一种主观认识,属于事实描述。但由于主观上的心理状态除了本人外他人无从知晓,且在程序上一般属于消极事实,须由主张其为恶意的当事人进行举证,因而善意就必须与其主体行为相联系以获规范评价的意义,而不至对举证主体施加不可实现的义务负担。因此,法律评价上的善意逐渐引入过失或注意义务的概念而予以客观化。[35] 例如,《德国民法典》第932条对动产受让人的善意界定为"非明知或非因重大过失而不知",在逻辑上将善意与过失相区分。其中,"明知"之事实认定因受让人作出的信赖投资而被法律推定其存在,自此评价重心就落于过失的认定上,因此可以认为大多数情形下善意认定就是过失认定。但立基于我国《民法典》的规范文义,并未区分善意与过失,那么在解释上善意就必须吸纳过失判断的含义,若将其限制为一种事实认定则必然遭受因举证不能而完全剥夺真实权利人程序救济的质疑,也难以发挥利益衡量的功能。自此,前述学者对"明知"所作的认定前提就不足为据,仍需判定保理人的不知是否存有过失。立法者之所以将本条之善意限定为"明知",是以账款债务人与让与人恶意串通作出虚伪表示以诈取保理融资作为预设前提。若仅因保理人存有审查过失就否定恶意债务人的责

[34] 参见夏昊晗:《无权代理中相对人善意的判断标准》,载《法学》2018年第6期。

[35] 参见吴国喆:《善意认定的属性及反推技术》,载《法学研究》2007年第6期。

任承担难免有失公平，从而为保障保理人的信赖而放低善意的认定标准。但此种不周延的规范预设必然导致适用的偏差。如前所述，本条不仅适用于双方通谋的场域，还适用于让与人单方欺诈而债务人因过失而在应收账款转让通知书上签章的情形，此时债务人的主观恶意业已显著降低，若仍对保理人的善意循同一标准，那对保理人来说将殊为不公。事实上，立法者选取的利益衡量基点也发生错位。利益衡量可以在责任成立以及责任范围两个层次进行。本条“不得对抗”的法律效果显然是指债务人的责任成立，那么在考量信赖责任成立的逻辑层面债务人的主观过错就不应具有要件意义，而应于一种事后的视角在责任大小的层面予以衡平。因为保理人所信赖的应当是客观存在的信赖外观，而债务人的主观认知是过失还是故意均不属于保理人信赖的范畴。[36]

由上可知，“明知”包括了“应知”的规范评价，须就保理人的行为过失予以判定，进而需要厘定的是何种程度的过失是信赖责任保护的最低限度。作为讨论的前提须言明过失类阶的规范含义。对于过失的规范层级，分为轻过失、一般过失以及重大过失。[37] 合同作为交易活动，相关当事人因缔约而进入磋商等特别结合关系，不自觉地开启了自身的权利领域，因而以自己事务之注意当不具合理性，因而本文仅在一般过失以及重大过失的程度上予以讨论。传统理论对于重大过失的界定过于抽象，何谓“一般人注意之起点”着实难以在实操中予以把握。此外，亦有学者将其界定为“严重疏忽人之注意”，[38] 但事实上并不存在一个显见的疏忽人群体，也不具有客观化的意义。显然，一人在有所提醒的情形下就能主动产生认知和注意。如果客观情势已经提示相关危险的发生具有高度盖然性，行为人应有所认识却未能采取行动就背离了所有人在此情形下均应存在的注意，即可视为轻率行为，也就存在重大过失。[39] 一般过失即指违反一般理性人的注意义务（依特定主体所属的群体特征确定）。

---

〔36〕 参见夏昊晗：《无权代理中相对人善意的判断标准》，载《法学》2018 年第 6 期。

〔37〕 传统理论上，轻过失（具体轻过失）是指未尽自己事务处理同一之注意，一般过失（抽象轻过失）是指善良管理人之注意，重大过失是指一般人所能注意之起点。参见曾世雄：《损害赔偿法原理》，中国政法大学出版社 2001 年版，第 82 页。

〔38〕 参见［意］彼得罗·彭梵得：《罗马法教科书》（2017 年校订版），黄风译，中国政法大学出版社 2018 年版，第 64 页。

〔39〕 参见叶名怡：《重大过失理论的构建》，载《法学研究》2009 年第 6 期。

以此为基点进一步讨论影响保理人过失认定的因素。由于保理人的积极行为依赖信赖外观,那善意的合理性程度便取决于该表象的可信赖程度,即表象和真实一致性。一致性程度越高,交易主体所负的注意义务就会越低,相应的过失标准也就降低。[40] 鉴于此,不动产与动产善意取得中第三人的善意就应予区分。不动产登记簿具有广泛公信力,因而只要第三人不知即可,而动产占有虽具有一定的推定意义,但一致性低于不动产登记簿,则要求第三人不知且无重大过失的不知。[41] 保理人所信赖的外观为基础交易合同以及其他书证,其一致性程度当低于登记和占有,自此第763条的"明知"就意味着保理人"不知且无过失的不知",即保理人负有审查义务,不能仅依赖于当事人所提供的基础合同和债务人的签章,仍需主动审查基础交易合同项下的商业票据、运输单据等内容,否则即视为存有过失,不得主张本条的对抗保护,但可向债务人主张侵权责任,各方依其过错承担责任。实务中的分歧在于,审查义务究竟为形式审查还是实质审查。[42] 本文认为应以形式审查为原则,实质审查为例外。首先,保理商对相关票据的真实性并不存在审查权限,如需审查必须向相关机关核实查证,且有些票据须现场核实,无疑增加了保理商的交易成本,影响交易效率,不利于保理交易的发展。其次,保理行业作出的业务审查规范不具有法律的强制效力,不能成为保理商的法定义务。且就审查的相关材料,立法对相关部门的审查要求仅限于形式审查,若要求保理商予以实质审查无异于对私法主体施加更为严苛的公法义务,自不具有正当性。因此,保理商只需作形式审查,只有在审查过程中发现其存有虚假交易的高度可能性时,才就相关材料予以实质审查,如债务人与让与人存在关联关系(母子公司、债务人同时为让与人的法定代表人等),或者增值税发票与基础合同中所对应的发票序号不一致

〔40〕 参见石一峰:《私法中善意认定的规则体系》,载《法学研究》2020年第4期。

〔41〕 参见程啸:《论不动产登记簿公信力与动产善意取得的区分》,载《中外法学》2010年第4期。

〔42〕 主张形式审查的判决:珠海华润银行股份有限公司诉广州大优煤炭销售有限公司等合同纠纷案,最高人民法院(2017)最高法民再164号民事判决书;中国建设银行股份有限公司上海杨浦支行诉中国江苏国际经济技术合作集团有限公司合同纠纷案,上海市高级人民法院(2017)沪民终362号民事判决书;上海德银商业保理有限公司诉磁县鑫盛煤化工有限公司等合同纠纷案,上海金融法院(2019)沪74民终948号民事判决书。主张实质审查的:北京银行股份有限公司上海分行诉上海公路桥梁(集团)有限公司财产赔偿纠纷案,上海市第二中级人民法院(2015)沪二中民六(商)终字第386号民事判决书;中国建设银行股份有限公司上海杨浦支行诉上海邦丰实业有限公司等合同纠纷案,上海市第二中级人民法院(2015)沪二中民六(商)初字第91号判决书。

等情形。

（三）债务人责任承担的方式

债务人的责任承担主要涉及与让与人之间的责任分担问题。二者承担债务的原因虽不相同，但所指向的经济内容具有一致性，此时构成多数人之债。既是同一债务，确有必要明晰债务的内容，这里表现为价额的确定。

在有追索权保理交易中，保理人应向债务人主张应收账款，而对让与人主张保理融资贷款本息和相关的管理费用，实践中二者的价额并不相同。但有追索权保理本质上属于债权让与担保，保理人的利益目标并非取得债权的所有权，而是收回保理融资款及其利息。如果以应收账款价额作为债务标的可能会违反第766条禁止流押的清算义务，此时让与人另以不当得利主张返还又难免增加不必要的讼累。因此，在有追索权的保理中，债务人与让与人应以保理融资本息和相关费用向保理人承担责任，但债务人的责任仍以其所确认的应收账款价值为限，超出部分由让与人单独承担。无追索权保理即为单纯的债权买卖，保理人以承担债务人的信用风险为代价来赚取保理融资款与应收账款之间的差额。若保理人不主张撤销保理合同，让与人应当向保理人承担履行利益的赔偿，具体表现为应收账款的价额而非保理融资无法取回的信赖损失，此时债务人与让与人所承担的债务内容在价额上具有一致性，因此无追索权保理中双方以应收账款价额向保理人共同承担责任。

如前所述，在信赖责任的规范逻辑中，债务人的主观过错并不具有责任成立的要件意义，但是却可在债务承担范围上予以衡量。例如，在无权代理中，《德国民法典》就代理人是否知道其欠缺代理权限来决定债务承担的范围。若代理人不知其欠缺代理权限，应当较之故意实施无权代理的情形予以减轻，否则可能激励代理人实施轻率的代理行为。但此种责任减轻当无法达到完全免除的程度，即便代理人穷尽注意仍无法避免时，仍应承担消极的信赖利益赔偿，因代理人比相对人更应承担这种无过错的风险。〔43〕但第763条的法律效果为全有或全无的方式，也未有类似于《德国民法典》第179条第2款明定的责任减免规定，因而无法在责任减免上予以衡平。与之不同的是，在责任主体上狭义的无权代理限于代理人，而虚构债权让与一般存在两

〔43〕 参见［德］卡尔·拉伦茨：《德国民法通论》（下册），王晓晔等译，法律出版社2013年版，第878页。

个(或以上)的责任主体而构成多数人之债,因而可在偿还顺位上进行评定。

在双方通谋虚伪表示的情形下,基于其内部的无效性似乎应由债务人与让与人承担不真正的连带责任,债务人享有追偿权。但由于债务人受让与通知,其明知该信赖外观虚假而容忍其存在或者积极确认,此时亦可认定双方就虚假债权让与构成恶意串通,因而类推第1168条共同侵权(狭义)承担连带责任,债务人不得向让与人追偿。但在让与人单方欺诈而债务人基于过失予以确认的情形下,债务人则承担补充责任。首先,在此情形下的债务人并未积极参与虚假外观的作成。债务人可能是因信赖合作而疏于审查或在空白让与通知上予以签章,无论基于何种理由其主观过失当显著低于让与人积极欺诈的故意,若让其承担连带责任,丧失向让与人追偿的权利,显然承受了比通谋情形下主观故意的债务人更为严重的责任(一般情形下的不真正连带)。让其承担不真正连带责任亦会导致某些潜在的利益无法获得追偿,如某些诉讼上的费用。[44] 同时,基于利益与负担相一致的基本原理,让与人通过积极欺诈在交易上取得了保理人所提供的保理融资款等合同利益,但是债务人并未因此受有任何法律上的利益,让其承担同等责任并不具有合理性。其次,债务人与让与人所承担的赔偿义务并不处于"同一责任级别"。成立连带债务不仅要求各债务人就同一债务对外具有整体的总括效力,还要求各债务人的给付义务处于"同级别"或者"同顺位"。[45] 这一条件主要是针对同一给付义务在法律上具有不同原因的情形,因不同的原因性质在同一归责要素上存在不同的判定标准,但却承担了同样的责任效果,此时顺位利益在此发挥衡平功能。不同原因一般分为积极侵权(非法行为)、合同,不当得利以及法律规定,且以侵权作为第一顺位。[46] 在虚构债权让与中,让与人的责任原因为保理合同,系以明确的合同约束提高了责任承担的可预见性。债务人的责任原因则是信赖责任,信赖责任既不属于侵权责任也不属于纯粹的合同责任,而是由法律明确规定由其承担的外观风险责任,责任承担的可预见性较合同责任较弱,因此在顺位上应劣后于合

---

〔44〕 参见李中原:《论民法上的补充债务》,载《法学》2010年第3期。

〔45〕 参见[德]迪特尔·梅迪库斯:《德国债法总论》,杜景林、卢谌译,法律出版社2004年版,第609页。

〔46〕 《瑞士债务法》第51条第2款规定:"对于前款损害赔偿,原则上,实施侵权行为导致损害的人为第一顺位责任人,无契约上义务且对于损害的发生并无过错,但依法律规定而应当承担责任的人为最后顺位的责任人。"

同责任。当然,上述责任原因的顺位认定仅在控制其他变量的基础上具有一般意义,当其他变量发生改变,法官也可基于个案情事予以调整。例如,积极故意的致害行为无论其是否存在合同等特定结合关系,都将高于非故意的行为,即在通谋的情形下,债务人不受信赖责任的一般顺位保护。综上所述,在让与人单方欺诈而债务人就外观存在仅具有过失的,由其承担补充责任较为合适。

四、其他信赖保护路径之评析

有学者认为,因第 146 条系绝对无效无法作为第三人信赖保护的一般规则,第 763 条便被视为其在债权领域的特殊规定,因而将其适用情形限定为双方通谋虚伪表示的场合,让与人单方欺诈不能直接予以适用。同时,司法实践对双方通谋之主观状态的认定也较为困难,因此催生了脱离第 763 条而选择其他路径确立债务人的责任基础。

(一)债务加入

保理交易中,债务人对债权让与通知的确认对保理人的信赖投资具有实质影响,因此,裁判的重心就落于债务人的签章行为,将其从债权让与交易关系中脱离出来予以单独认定。如有法院认为,债务人在还款承诺或让与确认协议上的签章行为体现出其愿意加入债权人与保理人之间的债务关系,共同向保理人承担还款责任,[47] 即将债务人的签章行为视作债务加入之意思表示。

虽然,债务加入与债权让与同样遵循债的同一性,但此时所指涉的原债内容并不一致。在债权让与中,原债是债务人与让与人之间的基础交易。“加入债权人与保理人之间的债务关系”是指保理合同中让与人对保理人负担的回购义务。而还款承诺以及确认协议的对象均为基础交易发生的应收账款,此种视角的转换在原债不一致的情形下完全拟制了当事人的意思表示。同时,债务加入即并存的债务承担,原债务人并不脱离债务关系,那么在无追索权保理中便不具有此种解释空间。即便认为,无追索权保理中的让与人并未终局地退出原债关系,保理人仍可就债务人信用风险以外的事

[47] 参见上海德银商业保理有限公司诉磁县鑫盛煤化工有限公司等合同纠纷案,上海市浦东新区人民法院(2018)沪 0115 民初 72838 号民事判决书。

由向让与人主张追索权,[48]但这一债务与债务加入所指涉的原债亦不具有同一性。显然,裁判是在追求连带赔偿责任的效果上对其责任基础予以倒推,当背离法律规范的适用逻辑,不具有正当性。

(二)不要因的债务承认

有法院指出,债务人在《应收账款转让通知书》上签章的行为,即是以契约之形式向保理人作出付款承诺,应当依其承诺向保理人承担给付义务。[49] 虽然该裁判中并未出现"不要因的债务承认",但"依其承诺承担给付义务"的意味已经呼之欲出。

所谓不要因的债务承认,是指债务人作出一项独立的允诺或者债务承认,且不言明该项给付在对价上的经济意义,因而又被称作无因的债务契约。[50] 其法律效果为,不考虑给予上的原因,债权人就能针对该项给付取得独立的诉权,以切断原因瑕疵对债权人造成的请求障碍。但这一效果也并不具有终局意义。不论是物权行为的无因性还是无因契约,得获立法承认均系一般性地继承罗马法上的非债清偿给付之诉(不当得利制度)以作修正,[51]而不至引发非法交易等危及交易安全与对价公平的情事。我国《民法典》第985条系不当得利的一般规定,"得利"当包括一切实现其财产增益的给予行为。因此,即便是承认债的无因性构造,也会因不当得利的适用而被重新拉回至原因判断的经济联系中。诚如有关学者所说,无因的债务契约只是使债权人获得了程序上的举证便利,与其说是独立的债权债务关系,不如认定为依当事人的约定发生举证责任倒置的法律效果。[52] 另外,依我国现行民法的规范体系,亦不存在无因性契约的解释空间。一方面,我国并不承认物权行为的无因性,即物权行为以有效之原因存在为其必要,若承认债权无因性则可能发生物债二分的体系抵牾。另一方面,我国虽承认票据等债务关系的无因性,但也并不完全。根据《票据法》第10、13条的规定,当票据当事人与直接债权债务关系当事人发生重合时,仍享有原因上的抗辩。

---

〔48〕参见冯宁:《保理合同纠纷案件相关法律问题分析》,载《人民司法》2015年第17期。

〔49〕参见国核商业保理股份有限公司诉上海际华物流有限公司合同纠纷案,上海市高级人民法院(2019)沪民终540号民事判决书。

〔50〕参见王泽鉴:《债法原理》(第2版),北京大学出版社2013年版,第153页。

〔51〕参见徐涤宇:《无因性原则之考古》,载《法律科学(西北政法学院学报)》2005年第3期。

〔52〕参见[德]迪特尔·梅迪库斯:《德国债法分论》,杜景林、卢谌译,法律出版社2007年版,第448页。

因此，我国立法仍以债的有因性为一般构造。

事实上，债权让与通知系观念通知之准法律行为，债务人对其通知予以签章的行为仅具有通知达到的规范意义，将其解作不要因的债务承认则是在债务人与保理人之间建立了独立的新的债权债务关系，破除了债权让与的同一性，显系对规范架构的重大破坏，亦不得作出此种解释。

（三）不保留异议的债务承诺

无因的债务承认对于原因抗辩的阻断效果并不彻底，但这一目标可借由债务人的处分意思而终局实现，即债务人向保理人作出一项放弃抗辩的债务承诺。实践中保理人为了确保自身利益，往往会在让与通知上附加“债务人承担无条件付款责任”或“不得以任何商业上的纠纷抗辩付款责任”等内容，法院据此认为债务人的签章行为即可视作一项不保留异议的债务承诺。[53]

我国现行法上并无不保留异议的债务承诺制度，在立法例上见之于《日本民法典》第468条第1款的规定。因《日本民法典》第467条以及第468条的规定，日本法上的债权让与既可因让与通知到达对债务人发生法律效力，也可在未受通知但知悉让与事实时由债务人主动发出一项债务承诺而产生对抗效力。[54] 同时，日本法就该项承诺区分了保留异议的承诺和不保留异议的债务承认两种类型。不保留异议的债务承认在发挥债权让与通知的效果时，还能够切断对债务人的抗辩保护。这一效果自是基于意思自治而产生，我国法上亦无理由否定债务人作出抗辩放弃的意思表示。但问题是，如果相关内容附于让与通知时，债务人的签章行为应当视作是对观念通知中的事实予以确认，还是包括了一项对自身抗辩的放弃。本文认为，当抗辩放弃条款混于让与通知书中，债务人的签章行为只能发生让与事实到达这一法律效果。一方面，让与通知属于观念通知，当不依当事人的表示内容发生法律效力。同时，让与通知在制度规范上以债务人的利益保护为基准，尤其是在表见让与中赋予了债务人超越一般信赖的保护强度，即不论债务

〔53〕 参见中国工商银行股份有限公司乌鲁木齐钢城支行诉中铁物资集团新疆有限公司合同纠纷案，最高人民法院(2014)民二终字第271号民事判决书；中国建设银行股份有限公司上海杨浦支行诉中国江苏国际经济技术合作集团有限公司合同纠纷案，上海市高级人民法院(2017)沪民终362号民事判决书。

〔54〕 参见潘运华、刘凯：《日本债权让与规定中债务人的承诺——兼论我国未来民事立法的取舍》，载《西南交通大学学报(社会科学版)》2019年第2期。

人是否知晓债权归属内容均受其信赖,进而在事实上债务人并不负担对让与通知真实性予以审查的义务,也就不关心让与通知的具体内容。另一方面,抗辩放弃改变了债权让与的同一性内容,是对债务人的重大不利益,只有在明确作出该项意思表示时才能作此解释,存有疑义时应予以限缩解释。对此,日本通说虽持有相反的观点,认为不保留异议并不需要积极表示,即债务承诺一般推定为放弃抗辩,[55]但这一推定是以债务承诺是由债务人主动发出为前提,即这一积极行为足以表明债务履行的意愿。相反,债务人在应收账款转让通知上的签章行为并不能视作积极行为。因此,不保留异议的债务承诺仅得在与让与通知可以明确分离且由债务人明确提出时才能适用,否则不生抗辩放弃的效果。

(四)侵权

由上所知,在合同领域,债务人责任承担的最佳解释路径仍为第763条提出的三要素协同判断模式,基于信赖责任的规范机理,债务人的主观过错并不具有责任成立的决定意义,难以查明债务人的主观状态不能成为规避该条适用的正当理由。当然,侵权无疑具有替代救济的功能,司法实践中也多有涉及。[56] 但是二者在不同情形下的解释力存有差异,债之体系也以原因发生作为规范路径,债因不同也决定了责任成立乃至范围的不同构造。

就适用范围而言,双方通谋的情形下,二者具有相同的解释力,债务人与债权人均需向保理人承担连带赔偿责任,这在侵权上即可视作共同加害行为。在无意思联络债务人过失签章的情形下,债务人的责任承担就可能面临阻碍。债务人过失签章无法与虚构债权人一同纳入数人侵权的规范体系。[57] 一是不具有意思联络的共同性;二是债务人的签章行为不足以判定为危险行为,因而与债权人的虚构行为不构成潜在的因果关系;三是债务人的签章行为与债权人的虚构行为不构成损害结果的同一性,因债权人的虚

---

〔55〕 参见[日]我妻荣:《我妻荣民法讲义-Ⅳ-新订债权总论》,王燚译,中国法制出版社2008年版,第475页。

〔56〕 参见北京银行股份有限公司天津和平支行诉中再资源再生开发有限公司侵权责任纠纷案,最高人民法院(2019)最高法民终1846号民事判决书。

〔57〕 数人侵权不同于数个侵权的竞合,数个侵权行为必须存在同一性,即共同加害行为体现的意思联络的同一性、共同危险行为体现的因果关系的同一性(加害人不明互相成立潜在的因果关系)以及无意思联络侵权中损害结果的同一性(要求不可区分)。参见程啸:《论无意思联络的数人侵权——以〈侵权责任法〉第11、12条为中心》,载《暨南学报(哲学社会科学版)》2011年第5期。

构行为足以实现全部损害后果。因此,在此情形下就得单独认定债务人的侵权责任。由于债务人的签章行为本身不具有违法性,也不指向保理人的固有利益,保理人所遭受的财产上的不利益实为纯粹经济损失。侵权法出于控制诉讼阀值、保护行为自由的基本考量,对纯粹经济损失以不赔偿为原则,只有在行为人故意的情形下具有可赔性。[58] 因此,债务人的过失抗辩将导致保理人在侵权之诉中难以获得救济。相对于侵权而言,纯粹经济损失在合同中更容易获得救济,因为当事人之间的特别结合关系提高了行为的可预见性,也就不存在对行为人经济自由的过分限制,并由信赖责任的发展进一步实现在契约领域的扩张,[59] 亦即第 763 条的价值所在。在责任成立与范围上,前述涉及的债务人的主观过错在侵权认定上就具有责任成立的要件意义,并且在责任范围仍得适用第 1173 条与有过失的责任减轻规则。在第 763 条项下,保理人的过失属于责任成立要件而不影响责任范围。同时,"不得对抗"显系全有或全无的责任效果亦不存在第 591 条的适用余地,此时并不存在所谓的违约情形。

五、结语

立法者基于物权债权的变动差异,将总则中第 146 条的不得对抗规则予以删除,因而无法成为第三人信赖保护的请求基础。为使虚假债权的受让方得获积极的信赖保护,立法者在保理合同中规定第 763 条以之作为债权领域第三人信赖保护的特别规定。在体例上当为债权让与的一般规范,于其他虚假债权让与的情形可类推适用。脱离双方虚伪表示的规范语境,适用范围得以扩大至债务人因其过失而确认债权的情形,符合了信赖责任的认定标准,即债务人的归责性不考虑主观上的过失程度。相反,保理人的信赖认定则具有要件意义。本条的"明知"发挥善意限定的功能,在我国的规范语境下,善意并非单纯的事实认定,应当吸纳过失判断,而过失的认定取决于信赖外观的可信赖程度,二者之间呈现动态影响。由于债权书证的一致性低于不动产登记和动产占有,因而保理人应当具有更高的注意义务,要求其信赖达到"不知且非因过失的不知"。"不得对抗"只表明了债务人

---

〔58〕 参见[奥]海尔穆特·库齐奥:《欧盟纯粹经济损失赔偿研究》,朱岩、张玉东译,载《北大法律评论》2009 年第 1 期。

〔59〕 参见王卫东、程乾平:《德国法上的纯粹经济损失分析》,载《德国研究》2006 年第 3 期。

与保理人之间的责任承担的关系,与让与人的同一给付关系而言,双方通谋虚假行为承担连带责任,而单方虚构债务人过失确认的承担补充责任。

就第三人的信赖保护,我国《民法典》第763条足以提供债务人责任确立的解决方案,寻求替代性解释时应避免改变债权让与的同一性架构,从而过分消解让与通知对债务人的信赖保护。侵权路径虽有差异,但仍具救济功能,如何选择属当事人之权利,司法裁判不得任意干涉。

(张亦衡　初审)

(邹雨桐　校对)

小额诉讼程序构建的必要性再省思与程序改进

杨　杰*

摘　要:小额诉讼程序低频适用的司法现状,反映了制度的缺陷与局限性,其构建的逻辑悖论与制度缺陷冲击着程序构建的合理性和必要性。而程序的制度价值与缺陷的可补正性,又在一定程度上缓解了程序构建上逻辑与现实的双重紧张,可以实现对于程序构建必要性的证成。针对程序缺陷,则可以通过扩张当事人的选择权和缩限法官的裁量权、限制小额诉讼程序的绝对适用范围并扩大小额诉讼程序的相对适用范围以及费用控制、强化救济等方式,消减部分缺乏效率的上诉行为、抑制滥用救济权的行为并促使那些本要上诉的案件一审终审,从而实现公正与效率的平衡,释放小额诉讼程序的活力。

关键词:小额诉讼程序　低频适用　简易程序　公正与效率的平衡　调解

小额诉讼程序入法前期,最高人民法院估计在小额诉讼程序构建后,小额诉讼案件将占到全国全部民事案件的30%左右,总数将超过120万件,对法院的民事审判工作格局产生重大影响。[1] 但根据反馈的实务数据,小额

* 杨杰,四川大学法学院 2018 级硕士研究生。

〔1〕 参见杜万华:《最高人民法院审委会专职委员杜万华法官 2012 年 9 月在宁夏调研时的讲话》,载中国法院网 2012 年 10 月 9 日,http://www.chinacourt.org/article/detail/2012/10/id/605319.shtml。

诉讼程序的运行情况远低于预期。[2] 尽管个别地区适用率相对较高,但往往也并非内生动力而引发。[3] 小额诉讼程序的低频适用导致"及时解决面广量大的民事纠纷"[4]"快速化解纠纷、及时保护当事人合法权益、降低当事人维权成本、提高审判效率、优化审判资源配置"[5]等预设目标的落空。

政绩立法[6]的导向以及制度创建主导者潜存的错误观念:只要在中国建构了类似于西方的法律制度体系就可以解决目前种种乱象症结,[7]致使程序移植时未充分论证、验证,而仓皇上马,为小额诉讼程序的运行埋下了诸多隐患。加之,除一审终审外,小额诉讼程序别无特色,难以有效将其与高达80%以上的适用简易程序的案件及其解纷程序相区分。[8] 而一审终审也并非小额诉讼程序首创,不禁令人对该程序创建的必要性产生怀疑。尽管程序低频适用的现实与期许脱轨,也暴露出了制度设计的缺陷,但其制度价值与缺陷的可补正性,在一定程度上缓解了程序构建上逻辑与现实的双重紧张,可实现程序构建必要性的证成。同时,最高人民法院的态度,更清晰地描绘了程序改进的路线。2019年印发的《人民法院第五个五年改革纲要(2019-2023)》提出"探索扩大小额诉讼程序适用范围"。周强院长于2019年年末在开展民事诉讼程序繁简分流改革试点工作的说明中提出要完善小额诉讼程序,"加强程序适用,适当提高案件标的额基准,明确适用程序的案件范围"。[9] 2020年则发布了《民事诉讼程序繁简分流改革试点实施

---

[2] 相关数据参见占善刚、王甜:《小额诉讼程序的运行效果之实证分析——以"中国裁判文书网"数据为基础》,载《河南财经政法大学学报》2018年第6期等。

[3] 参见李晓倩:《论小额诉讼制度适用的优化》,载《江汉论坛》2018年第6期。

[4] 王胜明:《关于〈中华人民共和国民事诉讼法修正案(草案)〉的说明》,载中国人大网2012年11月12日,https://www.baidu.com/link?url=OIQSpDHBLPvt6-Qp5dG-JzyvCKkX9DP27Mj34Nc1y_NaMEeqpOTc2NgVthDdNJs7mbBakA9kWvX9RoA4ba741FUIAilw1BGOpDHsy_x1Xyi&wd=&eqid=e529d399000a9f2c000000065e50d1f7。

[5] 杜万华:《最高人民法院审委会专职委员杜万华法官2012年9月在宁夏调研时的讲话》,载中国法院网2012年10月9日,http://www.chinacourt.org/article/detail/2012/10/id/605319.shtml。

[6] 参见安晨曦:《小额诉讼程序"低频适用"现象的制度史考察》,载《湖北社会科学》2020年第1期。

[7] 参见徐卉:《民事诉讼法学研究的知识转型》,载《法学研究》2012年第5期。

[8] 参见蔡彦敏:《以小见大:我国小额诉讼立法之透析》,载《法律科学(西北政法大学学报)》2013年第3期。

[9] 周强:《周强向全国人大常委会作关于开展民事诉讼程序繁简分流改革试点工作的说明》,载中华人民共和国最高人民法院网2019年12月23日,http://www.court.gov.cn/zixun-xiangqing-212051.html。

办法》。这为我们完善小额诉讼程序提供了有利契机。加之,小额诉讼已建立多年,司法实务中积累了许多经验,为改革奠定了基础。

一、辩证分析:小额诉讼程序面临的困境

小额诉讼程序的低频适用不禁让人对其构建的必要性产生疑惑,即程序构建的逻辑是否适恰、制度的缺陷是否昭示了程序的先天不足?因而,有必要对程序构建面临的问题进行反思,以期更充分地认识小额诉讼程序、明确其未来走向。

(一)小额诉讼程序构建的逻辑悖论

小额诉讼程序的正当性体现在对于公正与效率的平衡,公正体现在审判与救济,而效率则体现在强制适用、一审终审和适用小额诉讼程序的重要标准:标的额。但以标的额的大小作为适用小额诉讼程序的二元标准之一却存在逻辑上的悖论。

1. 低标准下的效益难题。小额诉讼程序的构建存在两难,就作为适用标准的标的额而言,若小额诉讼程序适用标的额过低,则其效益难以彰显。一则,缩限了案件的适用范围,降低了其使用率。缺少使用率,程序就缺乏生命。二则,低额度案件的当事人往往基于成本与收益的理性思考,一审之后通常不会再上诉,而且这类案件通常更简易也更易调解,真正进入审判程序的案件并不多。就算是裁判,其差错率也较低,往往也能使当事人充分感受到公平正义、服判息诉。因而,低额度下大大降低了程序构建的必要性。

若在标的额如此之低的案件中,当事人在一审后依然寻求救济,或许说明案件存有特殊性。如案件审理可能存在程序保障不周或者裁判明显不公等情形,抑或当事人仅仅是主观上的愤懑和对结果的不接受等复杂多样的情形,而此时保障其上诉权的必要性也因此而凸显,更不应该限制当事人的上诉权。因为此种情况下,通过诉讼来吸收当事人情绪的功能尤为突出,否则当事人愤懑难消甚至可能引发社会的不稳定,因小而失大。而且并非只有处理有重大影响的案件,才能树立司法权威,这种贴近于老百姓日常生活的小额案件更具有教育意义和普法效用,也更容易确立司法权威。加之,此类案件通常并不存在司法不公,就算赋予当事人上诉权且案件上诉的,通过维持原判,也可打消上诉人的疑窦,通过程序吸收当事人的不满,也通过诉讼成本的提高,对当事人进行了"惩戒"和教育,并且通过上级法院对下级法院裁判的肯定,重新树立、强化司法权威,降低了下级法院的社会压力。

尽管普遍认为小额诉讼一审终审的制度设计,是为了促进诉讼效率、避免当事人拖延履行裁判,但却难以证成。因为如此小额的案件,当事人依靠二审拖延履行的必要性实在不大,当然并不能完全排除这种可能性,但就经验而言是比较少的。而且当事人通过二审之所以能够达到诉讼拖延的目的,本身只能说制度设计存在不足,而非"一刀切"地将当事人锁定在一审。通过诸如加快诉讼进程、确立假执行制度或完善简易程序和先予执行等制度即可避免诉讼拖延,也能抑制当事人通过上诉的方式而实现不法目的。此外,当事人如果基于诉讼拖延的方式对小额案件提起上诉,或许正说明了这些钱对于当事人来说额度"很大"、具有重要意义,而这恰巧又反证了小额诉讼标准设计的不合理,即对部分人来说"过高"。此外,当事人提起上诉还可能为了"里子"和"面子"。

2. 高标准下的公正难题。若小额诉讼程序适用标准偏高,不仅会面临低标准下引发的诸多问题,而且还会面临其他问题。尽管高标的额下可以扩大程序的适用范围和适用率,[10]实现所谓的案件分流、以较低成本尽快化解纠纷,但在司法权威普遍不高的情况下,一审终审可能导致小额诉讼程序难以有效承载解纷的任务以及更多来自当事人和社会的压力。一则,高标的额既拓宽了案件的适用范围,也增加了案件类型的多样性、案情的复杂性以及案涉当事人态度、性格的极度差异性,法官因此会面临更多的挑战。二则,客观而言,随着案件标的额的扩大,案件审理结果的偏差往往也就越大,当事人基于效益与成本的理性分析,寻求上诉救济的动力也越大。此时绝对地剥夺当事人的上诉权,效率与公正将会严重失衡,难以确保裁判的公正性。

另外,由于程序适用的可裁量性、当事人程序选择权与上诉权的缺乏,易导致当事人对裁判公正的忧虑。因为在一审终审下,审级功能失灵、法官责任意识可能下降,导致调解的降低或强制调解的增加,影响裁判质量。加之,救济通道过窄、救济条件过于严苛,当事人诉讼权利和实体权利都难以得到有效保护。一审终审的制度设计可能加剧对于再审制度的冲击,引发当事人对于法律和司法的不信赖甚至是过激行为,同时,也提高了当事人的维权成本、诉讼成本以及裁判的稳定性和权威性。其结果可能是,一些当事

---

〔10〕 实际上,正是基于加强小额诉讼程序的适用为目的,2020年最高人民法院《民事诉讼程序繁简分流改革试点实施办法》中第5条大幅度增加了小额诉讼程序适用的标的额。

人会穷尽再审、上访甚至散布谣言、拒不履行判决等一切正当或不正当的手段，冲击社会诚信、影响社会和谐，阻碍小额诉讼简易、便民目标的达成。〔11〕从逻辑来看，通常的救济程序都不给，为何要给非通常的救济程序？〔12〕

（二）小额诉讼程序构建的制度缺陷

小额诉讼程序的低频适用反映了其局限性和缺陷，而小额诉讼的制度缺陷也在冲击着程序构建的必要性。程序的低频适用表面上是由于程序使用者即当事人与法官趋利避害的主观选择所致。就法官而言，其对于制度生疏、小额诉讼程序适用的标准把握不准、基于对"业绩"的主观追求、〔13〕对潜在风险的规避以及对减轻工作量〔14〕等趋利避害的现实考量，造成了其主观上适用程序的消极态度；就当事人而言，对于制度生疏、〔15〕不理解程序的立法价值以及基于权利保障、对裁判公正性的担忧等考虑，导致当事人主观上抗拒程序适用。此外，律师等主体由于小额诉讼程序对其代理费的影响，也会影响到程序的运用。〔16〕 制度使用者的态度决定了小额诉讼程序的使用，而制度本身则决定了制度使用者的态度。小额诉讼程序的低频适用和各方对程序的态度又是基于制度设计的内在缺陷所引发的必然结果，即归根结底乃是由于小额诉讼程序的制度缺陷所致。

1. 体例安排的失恰。依《民事诉讼法》规定，小额诉讼程序依附于简易程序，以"事实清楚、权利义务关系明确"和"诉讼标的额"作为小额诉讼程序适用的二元标准。〔17〕 一则，二元标准的确立意味着程序一开始被框定在一个有限的范围内，挤压了程序的适用空间、降低了适用率，致使制度优势难以彰显。二则，小额诉讼程序依附于简易程序，而非学者所设想的独立程序，这也导致简易程序的缺陷移转到小额诉讼程序之中，如简易程序的适用

---

〔11〕 参见朱金高：《小额诉讼制度有效运作之机理》，载《法学》2014 年第 6 期。

〔12〕 参见柳佳佳：《小额诉讼当事人程序选择权探析——基于强制适用的原则与一审终审的立法规定》，载《山东审判（山东法官培训学院学报）》2014 年第 2 期。

〔13〕 参见陆俊芳、牛佳雯、熊要先：《我国小额诉讼制度运行的困境与出路——以北京市基层法院的审判实践为蓝本》，载《法律适用》2016 年第 3 期。

〔14〕 参见李晓倩：《论小额诉讼制度适用的优化》，载《江汉论坛》2018 年第 6 期。

〔15〕 占善刚、王甜：《小额诉讼程序的运行效果之实证分析——以"中国裁判文书网"数据为基础》，载《河南财经政法大学学报》2018 年第 6 期。

〔16〕 参见刘加良：《小额诉讼程序适用的改进逻辑》，载《法学论坛》2020 年第 1 期。

〔17〕 小额诉讼一般有两种立法体例：一是英美法系体例，使之独立于普通程序或简易程序；二是大陆法系体例，使之依附于普通程序或简易程序，形成两种程序的简化，小额诉讼程序是简易程序的再简化。

标准和标准的判断主体方面的缺陷。鉴于案件简繁难以在案件受理时准确进行判断、是否属于简易案件的裁量空间较大,导致小额诉讼程序的启动,更多仅依标的额是否符合小额条件为判断标准。[18] 程序的适用因之遭到简易案件识别的掣肘。此外,程序被框定在简易程序之中,造成了程序的同质化以及程序的内部竞争,不利于程序社会知晓度与美誉度的提高。

2. 公平价值受损。标的额是决定小额诉讼程序适用的刻度,但以标的额的大小来决定是否剥夺当事人的上诉权,暗示着对小额案件的"歧视",对于贫困者来说不够公平。[19] 从法律规定来看,不仅无法使当事人、社会公众等多方主体从法律规范中切实感受到立法的人文关怀和对平等原则的遵循,而且反而可能引发立法"嫌贫爱富、为追求司法效率而牺牲小额当事人的诉讼权利与程序公正"之感。[20]

小额诉讼程序天然地偏向于原告。虽然纠纷的迅速解决能使两造当事人均感受到司法的效率与快捷,但考虑到当事人的立场不同,整体而言,效率基本是原告的必要诉求,而不一定是被告的必要诉求。正是由于程序一审终审提高了诉讼效率,导致了程序的滥用,使程序异化为公司企业等非自然人针对穷人、消费者等群体的讨债工具,导致司法为民的理念和效用未得到体现,甚至导致程序伤民。虽然诸如讨债者的权益也应得到保护,但这种保护却是建立在同讨债者一样多的、不确定的甚至更弱势的被告利益的基础上。

3. 审级制度失灵。司法实务中"一审终审"的实现是依靠两审终审保障而实现的。强制的一审终审,直接斩断了审级制度下上下级法院之间的监督制约关系,导致了对法官的松绑,强化了基层法官的权力,提高了案件不公正处理的风险。或许正是由于小额诉讼程序对法官约束力的弱化,才导致不反对乃至尤为赞成一审终审者,以基层法官居多。[21]

剥夺了当事人上诉权,也可能影响司法调解、委派调解的适用,因为几乎不受任何约束的法官可能不会考虑上级法院的裁判观点、不受审级制度

---

〔18〕 参见唐力、谷佳杰:《小额诉讼的实证分析》,载《国家检察官学院学报》2014 年第 2 期。

〔19〕 参见范愉:《小额诉讼程序研究》,载《中国社会科学》2001 年第 3 期。

〔20〕 参见蔡彦敏:《以小见大:我国小额诉讼立法之透析》,载《法律科学(西北政法大学学报)》2013 年第 3 期。

〔21〕 参见安晨曦:《小额诉讼程序"低频适用"现象的制度史考察》,载《湖北社会科学》2020 年第 1 期。

的约束,[22]也不用再多费精力来促进当事人和好。特别是在弱化调解率时,调解的比较优势迅速降低,致使调解率迅速走低,而且当调解失去了比较优势,大量小额简易案件必然流入法院,反而增加了司法压力,而这些案件本来是调解的优质案源。如此进一步阻碍了调解制度的发展、弱化了调解制度的优势、削弱了司法的人民性。

另外,可能会加剧强制调解。[23] 因为强制调解是依靠权力而强力生成的,而小额诉讼改革改造了权力架构,为强制调解提供了滋生的土壤。特别是在重视调解率的考核以及小额诉讼程序适用下发改率增高等影响考评的情况下加大调解力度。强制调解则可能强化当事人对调解的负面评价。此外,法官基于个人本位的利益考量,也有可能随意扩大小额程序的适用范围,借助程序一审终审的特点来规避上级法院的监督。[24]

4. 程序适用标准僵化。用标的额确定小额诉讼,面临着对于适用标准僵硬化的指责。如今的标准对于个别人来说可能过高,而对于其他人来说也有可能过低。如此规定也无法让省内不同地区的标准得到平衡。因为即便在同一省份,不同市区间的经济水平差异或也较大,甚至还存在极端差异现象。[25] 但若让各省法院结合本省情况确定使用标准,又可能造成滥用,导致经济发达、民事案件数量多的省市容易将小额案件适用金额定得过高,反之,则可能过低。而且各个法院都有扩大小额程序适用范围的倾向,因为这样既能减少上诉法院的负担,又能减少一审法院的错判率。[26] 再者,就算在额度上比例相同,同等比例的金额对于不同地区、不同的人看法依旧不同。

5. 救济手段缺失。小额诉讼程序剥夺了当事人的上诉权,尽管程序可能在整体上节约成本、提高解纷效率,但却是一种缺乏个体主义关怀的整体

---

〔22〕 参见《小额诉讼,好的起点能否达到好的终点》,载中工网 2011 年 11 月 8 日,http://right.workercn.cn/c/2011/11/08/111108104825014232454.html。

〔23〕 参见李浩:《论小额诉讼立法应当缓行——兼评〈民事诉讼法修正案(草案)〉第 35 条》,载《清华法学》2012 年第 2 期。

〔24〕 参见朱金高:《小额诉讼制度有效运作之机理》,载《法学》2014 年第 6 期。

〔25〕 参见占善刚、王甜:《小额诉讼程序的运行效果之实证分析——以"中国裁判文书网"数据为基础》,载《河南财经政法大学学报》2018 年第 6 期。

〔26〕 参见张晋红:《关于构建民事诉讼一审终审制的立法思考——从完善民事诉讼审级制度的视角》,载《河北法学》2005 年第 8 期。

主义制度设计,[27]缺乏对制度使用者的关怀、对个体差异的顾及和对于个体所具有冲击司法秩序能量的忽略。虽然小额程序以费用相当原则为制度构建基础,但是该理论并不是要求剥夺当事人的救济权。绝对化地剥夺当事人的上诉权不仅显得过于激进,而且实质上也与程序相适应理论相背离。

同时,法律未赋予当事人对于裁判的异议权或复议权,使一审终审成为了绝对的一审终审,易致法官的懈怠和恣意,从而影响到裁判的品质和对当事人的救济。规定为缺乏对判决异议权的绝对的一审终审,背离了国际立法惯例,也罔顾了我国小额诉讼积累的经验。[28]虽然当事人可通过再审获得救济,但启动再审程序非常困难,是一种成本高昂、背离制度价值的尴尬选择。尤其是向上级法院申请再审,由于小额程序标的额不大,就经验法则来说,小额诉讼案件往往影响也不大,这极其容易被法院所忽略、抑制再审程序的适用。而若要进入再审程序,那么在再审案件受理者眼里,此类案件的标准自然要更高、更严。再者,上级法院对于金额更不敏感的情况下,可能更会严格开启再审条件,[29]因而影响当事人接近正义和获得有效救济,难以吸收当事人不满、促进案结事了。最后应予明确的是,我们的目标应该是让那些"小额"案件一审终审且服判息诉,而非完全否定小额案件当事人的上诉权。

二、制度证成:小额诉讼程序构建的必要性再省思

小额诉讼程序构建的逻辑悖论、制度缺陷一定程度上冲击着程序构建的必要性,不禁引人思考,小额诉讼程序是否正如某些法官所言,适用小额诉讼和适用简易程序审理案件所要走的流程差不多,小额诉讼非但未减少法官工作量,反而增加了维稳压力,程序意义不大。[30]实际上其所具有的程序价值与缺陷的可补正性,缓解了程序构建上逻辑与现实的双重紧张,实现了对其构建的必要性证成。

---

〔27〕参见李晓倩:《论小额诉讼制度适用的优化》,载《江汉论坛》2018年第6期。

〔28〕参见朱金高:《小额诉讼制度有效运作之机理》,载《法学》2014年第6期。

〔29〕根据统计,从2013年到2018年6月30日,小额诉讼适用的案件申请再审的总数仅有750件,而裁定再审的案件仅有89件。可见,希望通过再审进行救济的可能性是极其渺茫的。参见占善刚、王甜:《小额诉讼程序的运行效果之实证分析——以"中国裁判文书网"数据为基础》,载《河南财经政法大学学报》2018年第6期。

〔30〕参见占善刚、施瑶:《关于小额诉讼制度的实证研究——以岳阳市部分基层法院为调研对象》,载《河南财经政法大学学报》2016年第3期。

(一)小额诉讼程序的现实意义

尽管程序的创建和制度安排受到了诸多批评,并且由于制度构建的不恰,而不受诉讼主体待见,但其作为一项制度创新,蕴含有独特的制度价值。

1. 提升诉讼效益。逻辑上看似乎并无建立小额程序的必要性,但是该程序的确能在一定程度上实现诉讼经济。一则,小额程序通过剥夺当事人的上诉权,能使部分本想通过上诉寻求救济的当事人出于对裁判的尊重、规则的遵守以及成本效益的理性考量等而放弃救济,从而促使纠纷尽快化解。特别是对于那些滥用诉权或处于犹豫状态的当事人而言,一审终审能成为其服判息诉的安定剂。当然,也有部分案件本可通过上诉予以化解,却涌入了再审的,但这类案件却极少。〔31〕 二则,由于机会只有一次,当事人对有关证据的提出更全面、辩论更充分,有利于法官发现案件事实、更好地适用法律,从此而言,一审终审还加快了诉讼进程,提高了庭审质效。此外,部分当事人习惯于找当地政府处理问题,究其原因就是找政府处理无须投入成本。〔32〕 引入小额诉讼程序后可将这部分案件引入诉讼的轨道,减轻政府的工作量。

2. 费用相当性原则的构建原理具有合理性。客观而言,标的额太小的案件的确没有必要上诉,否则诉讼收益将难以抵消诉讼成本。司法资源作为一种公共产品,滥行上诉权无疑影响了公共利益、妨碍了他人使用高效快捷的诉讼服务。而且即使该类案件有所不公,但基于公正与效率的衡量,也缺乏上诉的必要性。如果小额诉讼甚至说一毛钱诉讼,司法都予以无差别的保护,实质上是一种纵容,促使当事人形成不当的诉讼观,可能会变相激励当事人用上诉的方式来烦扰相对人、徒增其诉累。尽管小额诉讼程序削减了当事人上诉权加上二审终审的传统思维定向,自然难以得到当事人的普遍认同,但通过长期的实践可以使其合理化,促使人们形成良好的诉讼观念。

3. 促进诉讼程序的优化。小额诉讼程序具有标志性意义,反映了立法

---

〔31〕 有学者统计,从 2013 年到 2018 年 6 月 30 日,小额诉讼适用的案件申请再审的总数仅有 750 件。可见,该类案件的再审申请总数极少,因而可以推论本可通过上诉化解的纠纷最后进入了再审程序的案件也是极少的。

〔32〕 参见绵阳市中级法院小额诉讼调研课题组:《小额诉讼的运行现状及其完善——基于绵阳市小额诉讼的调研》,载《西部法学评论》2015 年第 4 期。

者的积极探索。填补了我国相关制度缺失的空白，是我国小额民事诉讼立法上的零的突破。[33] 详言之，小额程序的构建使诉讼程序更加多元化，有利于纠纷化解的多样化、促进案件分流、减轻简易及普通程序等程序的压力，从而在多元化的诉讼程序中实现程序公正和裁判公正。通过小额程序可以提升诉讼效率，提供一种及时的正义，使借助诉讼程序而实现的正义更完美，且效率这个变量越高，最终的正义的量也越大，[34] 从而实现诉讼的效益化。效率本身也是公正的一个面向。同时，一审终审既催生了效率，也滋长了风险，基于风险的规避，当事人也有可能积极参与调解。因而，小额诉讼也有助于多元化纠纷解决机制的完善。

4. 小额诉讼程序为司法改革提供了新的思路。小额诉讼的显著特点在于一审终审，虽然程序设计存在一些问题，但这种一审终审的程序规则利于实现中央提出的把矛盾纠纷化解在基层的要求。[35] 小额诉讼程序开创性地拓宽了一审终审适用的范围，也拓宽了我们的视野，为在诉讼爆炸的时代下化解人案矛盾提供了新的突破口，即通过合理限制当事人的上诉权，实现案件的一审终审，从而促进纠纷的尽早化解，减轻上级法院的受诉压力。同时，小额诉讼程序的构建也符合世界民事司法的发展潮流。

5. 符合以人民为中心的改革方向。一方面，我国构建小额诉讼的目的在于维护当事人的权益、降低当事人的维权成本，这有利于那些基于成本考虑而容忍侵权行为者接近司法，体现了以人为本的改革思路。对于受害者的保护也是对于社会诚信和公正的巩固。另一方面，也回应了人民对于一审终审的需求。例如，《民事诉讼法》（2017年）第157条赋予了当事人对于简易程序的选择权，而在案件标的额符合标准，虽案件的复杂程度不符合时，当事人可以通过选择适用简易程序自然地将案件推到一审终审的轨道。在实践中，虽然受诉标的额已经超过小额诉讼标准，但当事人通过约定适用小额诉讼程序，也充分反映了当事人对于小额诉讼程序的现实需求。[36] 此

---

〔33〕 参见蔡彦敏：《以小见大：我国小额诉讼立法之透析》，载《法律科学（西北政法大学学报）》2013年第3期。

〔34〕 参见许尚豪：《小额诉讼：制度与程序——以新修改的我国〈民事诉讼法〉为对象》，载《政治与法律》2013年第10期。

〔35〕 参见曹守晔：《诚实信用原则入法与小额诉讼机制创新》，载《人民司法》2012年第21期。

〔36〕 浙江省高级人民法院《关于适用小额诉讼程序审理民事案件相关问题的意见》第5条规定："对符合适用小额诉讼程序其他条件，但案件标的额在规定标准以上、10万元以下的案件，开庭审理前经双方当事人同意，可以适用小额诉讼程序审理。"

外，小额诉讼也有利于通过当庭宣判的方式提高诉讼效率和司法权威、体现了司法便利化的价值取向。

（二）制度缺陷的透析

尽管小额诉讼具有诸多缺陷，但在丰富的司法实践中，却通过多种多样的方式实现了对缺陷的补正，使程序运行中展现出的弊端又没有那么突出。

就小额诉讼适用下的审判公正而言，制度内救济渠道受限易使当事人寻求诸如闹访、上访、信访等法外救济途径，而此种救济却会倒逼小额诉讼的适用。[37] 也即在适用程序后，基层法院成为终审法院，整个法院面临的责任和风险更大，但抗压能力却较低，如此实则平衡了部分由于一审终审所导致的审级制约力度的削弱、促进了案件的公正处理。只是这种特殊救济，对于法律安定性的影响太大。另外，正因考虑到当事人上访、投诉等情况，法官对小额诉讼程序的适用极为谨慎。这排除了个别案件小额诉讼程序的适用，从源头上控制了小额案件流入再审程序，这可能也是实务中该类案件申请再审数量少的重要原因之一。这实际上也减少了程序的适用，从而也降低了其对当事人诉讼权利的不利影响。

就适用标准僵硬的判断而言，有失片面。因为对于高标的额的案件，当事人严格依据法律规定，无法选择适用小额诉讼，而对于较低额度的案件，当事人则可通过对“事实清楚、权利义务关系明确、争议不大”的标准进行争执、虚增诉讼请求数额的方式予以规避，[38] 也可根据司法解释通过申请增加或变更诉讼请求、提出反诉、追加当事人等方式，改变案件审理程序。当事人通过对于请求给付额度的人为操控等方式可以规避小额诉讼的适用，这也说明以具体额度为程序适用标准并非完全是僵化腐朽的，而是具有灵活性的。

标准设计本是一个永恒的难题，较之直接规定具体的数额，如今的规定更为科学合理，兼顾了各地经济社会发展的差异，可随社会发展而调整，避免了法律的反复修订。因而对于小额诉讼全然剥夺了当事人上诉权的指责并不能完全成立。只是普通当事人缺乏这方面的诉讼技巧，而无法规避程序适用。这又造成了一种新的不公平，即智识层面的不公平。虽然规避程

〔37〕 参见唐力、谷佳杰：《小额诉讼的实证分析》，载《国家检察官学院学报》2014 年第 2 期。

〔38〕 参见李晓倩：《论小额诉讼制度适用的优化》，载《江汉论坛》2018 年第 6 期。

序的手段很多,但高标的额的案件如何接近小额诉讼程序的方式却无明确的规定和规避的通道,[39]而且这种规避行为也是一种非正式的、耗费成本的操作,包括司法成本和当事人的诉讼成本,从此来说小额诉讼的福利性并没有得以体现。再者,当事人的规避行为实质上也是法律制度漏洞的呈现,不利于树立法律的权威。同时,各方虽可通过这种诉讼技巧规避程序适用,避免小额诉讼的部分弊端,但也因此降低了其适用率,而直接影响了程序效用的发挥。无论是当事人还是法官的规避行为,抑或一些法官基于各种目的而积极适用小额诉讼,虽然形式上缓解了法律规定的僵化,但在一定程度上偏离了法律的意旨,违背了同案同判的基本法治理念,[40]也是一种显性的不公。另外,小额诉讼并没有对于当事人的权利予以扩张,反而予以了强制性的限缩,致当事人与司法机关间的权力对比进一步失衡,并不符合时代发展潮流,有待改进。

由于小额诉讼扩张了法官的权力而缩限了当事人的权利,当事人又缺乏异议权和救济权,从而导致了权利/力的失衡。一则,法官对程序的适用具有很强的裁量权甚至决定权。[41]在司法实务中,法官常通过《民事诉讼法》(2017年)第133、157、162、163条以及最高人民法院《关于适用〈中华人民共和国民事诉讼法〉的解释》(2015年)第275、280、281条等条款的运用进行程序转化。[42]因而,法官的价值取向和判断,直接影响到了程序的适用率。二则,小额诉讼扩大了初审法官即终审法官的职权。但这种更多的

---

〔39〕《小额诉讼程序立法效果评价及前景分析》一文提到:“Z省有3个高级法院的指导意见对《民事诉讼法》第162条所确定的限额进行了突破。例如,规定案涉标的额在小额诉讼程序规定标准以上10万元以下的,可适用小额诉讼程序,但需经双方当事人同意。”虽然这种提高标准的方式利于提高小额诉讼程序的适用范围,但却突破了法律的规定,缺乏相应的合法性。此外,最高人民法院《关于进一步推进案件繁简分流优化司法资源配置的若干意见》《民事诉讼程序繁简分流改革试点实施办法》也承认了当事人合意选择小额诉讼程序。

〔40〕这种司法不统一在司法实践中尤为凸显,非均态运行的现象尤为突出。通过在中国裁判文书网检索发现,96份当事人不同意适用小额诉讼程序的案件中,有88份裁定源于安徽,而其中绝大多数裁定为转为简易程序或普通程序,而且往往以当事人不同意适用为裁定理由,这与法律规定的绝对适用相悖。

〔41〕《民事诉讼法》(2017年)第157条规定简易程序的适用范围为“事实清楚、权利义务关系明确、争议不大的简单的民事案件”,虽然司法解释对其进行了进一步明确,但作为程序进行的掌舵者和法律适用者,其裁量空间依旧很大,可以决定程序的整体走向。尽管法律规定的小额诉讼制度之适用是强制性,但是由于存在简易案件判断标准的自由裁量权,法官也存在规避小额诉讼制度适用的空间。

〔42〕甚至部分案件在转化时毫无法律依据,如(2015)博民一初字第00109号裁定。

权力在另一层面给他/她带来了更大的风险。[43] 实践中,法官询问当事人对程序适用的意见,则是对这种风险的规避,也反映了其对于一审终审的谨慎态度。因而这种失衡的权利/力状态,在司法权威尚待提高的阴影下,不为部分当事人所认同,影响了部分法官对程序适用的积极性和程序效益的发挥。

从宏观和微观的角度来看,一审裁判权威不足[44]和程序设计上的疏漏是导致程序适用困境的直接原因。尽管司法权威的强化并非一朝一夕,但程序疏漏却并非不可克服。如就程序的滥用而言,并非无法克服,无论是借鉴域外限制起诉次数的方式还是"双轨制"的方案[45]都可以避免程序异化成非自然人主体的讨债工具,甚至不用新增规则,在既有的法律规定上,通过援引诚实信用原则对利用小额诉讼程序过多的法人或非法人组织予以费用制裁[46]即可实现小额诉讼的有序适用。而且从务实来看,最新印发的改革纲要和试点方案等都预示了小额诉讼未来进行制度改进的发展路径。

三、对策分析:小额诉讼程序的扩张与限制

小额诉讼的适用标准导致了小额诉讼与简易程序的同质化、一审法官权力的膨胀、适用范围的宽窄不恰,而一审终审则导致了救济的缺乏、法官与当事人之间权利的进一步失衡。《民事诉讼程序繁简分流改革试点实施办法》对于程序适用范围、救济的缺失等缺憾依然未作出针对性的制度安排,亟待完善。在以人民为中心的改革方向下,[47] 凭借程序区分化、权利平衡化、范围的优化以及救济的强化四条进路,通过完善程序的适用范围、诉讼费用以及扩大当事人的程序选择权等方式,可实现程序的改进增益。

(一)程序完善的进路

程序区分化。将小额诉讼框定于简易程序之中,使两者间的区分模糊化、同质化。加之,司法解释规定小额诉讼适用规则未加以明确的,适用简

---

〔43〕 参见苏力:《送法下乡 中国基层司法制度研究》,北京大学出版社2011年版,第88页。

〔44〕 参见吴英姿:《民事诉讼轻视程序保障观念反思——由一审裁判权威问题展开》,载《河南财经政法大学学报》2017年第2期。

〔45〕 参见王福华:《小额诉讼与福利制度》,载《中外法学》2016年第1期。

〔46〕 参见刘加良:《小额诉讼程序适用的改进逻辑》,载《法学论坛》2020年第1期。

〔47〕 正如唐力、谷佳杰所言,"小额诉讼的设立建构,是为了将其程序之经济效率、简便迅速所得利益归属当事人,而赋予其有追求程序利益的机会,并非为减轻法院负担"。

易程序有关规定，二者的差异进一步缩小。此外，其与简易程序中案件以调解或撤诉方式结案时的处理程序设置相差不大，也无法凸显小额诉讼的简便高效。[48] 程序间的同质化，既缩限了程序的适用范围，也在一定程度上导致了程序竞争，往往致使法官缺乏适用小额诉讼的动力。“小额诉讼程序”事实上已成为多个司法解释和司法文件的规范用语，这也意味小额诉讼正在走向分化，有必要对之与简易程序进行区分化规定。

权利平衡化。判断简易程序的适用在法官的职权之内，当事人的意见无明确的拘束力，因而小额诉讼的适用条件实际上由法官掌握和控制。[49] 小额诉讼的走向包括程序适用和裁判几乎全权由法官决定，而当事人上诉权的缺失，又缩小了对法官的制约、弱化了当事人的诉讼权利。立法和司法解释规定了若干小额诉讼的适用规则，使法官、当事人乃至案外人都成为了决定案件适用程序的重要变量，而变量过多，导致程序适用的严重不确定性，影响程序的稳定性，其本身也暴露出了程序的缺陷。因而，必须要通过增加程序的刚性以缩限法官的裁量空间加固程序适用、扩大当事人的选择权以增加程序的正当性。

适用范围优化。小额诉讼的目的其实是要消耗那些本无必要的上诉案件，而以最快捷高效、省钱的方式化解，使那些本来期望寻求上诉救济的案件一审终审，但一刀切的方法显然不足。一则，司法实践中，一些当事人对于小额案件适用一审终审的不认同和积极寻求再审救济，反映了案件范围适用的“过宽”，需要适当缩小程序的适用范围。二则，程序的低频适用、人为地扩张程序的适用范围，暴露出了程序的适用“过窄”，需要通过扩张程序的适用范围，满足人民的现实需求、增加程序的收益。

救济措施的强化。在目前的法律规定之下，小额诉讼寻求救济的法律通道被限制在再审程序，但再审程序一方面难以被开启，而且成本高、影响程序的稳定性和法律的安定性；另一方面，只有再审一种单一的救济措施，致使当事人缺乏程序保障，无法有效维护当事人的合法权益和有效吸收当事人的不满情绪。再者，在诸多主客观因素影响下，难以避免错判的发

---

〔48〕 参见占善刚、王甜：《小额诉讼程序的运行效果之实证分析——以“中国裁判文书网”数据为基础》，载《河南财经政法大学学报》2018年第6期。

〔49〕 参见唐力、谷佳杰：《小额诉讼的实证分析》，载《国家检察官学院学报》2014年第2期。

生。[50] 因而,需要拓宽救济措施。救济的强化也有助于当事人树立对于程序的认同感,促进结案息诉。同时,救济的强化本身也是程序构建正当性的强化和司法监督的强化,有利于确保裁判质量。

(二)小额诉讼程序的改进

1. 小额诉讼适用的扩张与限缩。小额诉讼给了我们莫大的启示:怎样科学合理地扩大一审终审的适用范围,特别是让那些本来要进入二审甚至再审的案件实现一审终审。但就其适用范围而言,一则,不宜太宽也不宜太窄;二则,需要扩大程序的适用范围、缩小法官的裁量权、扩大当事人的程序选择权,而程序的适用又不能全盘由当事人共同选择,否则程序可能被闲置。因而,综合考虑,可将小额诉讼划分为绝对适用、默认适用以及合意选择适用。

(1)小额诉讼的绝对适用。通常,案件的重要性和对司法公正的期待与标的额的大小呈正相关关系。因此,可以规定一定额度的案件不分简易一律适用小额诉讼,即绝对适用。域外许多国家和地区都仅以标的额来确定程序的适用范围,而且仅以标的额为程序适用标准,单一明了,既扩宽了程序的适用范围,也有助于当事人对于程序的理解,使程序更加亲近当事人,可以减少法官的裁量空间、降低法官的压力、减少当事人与法官之间在适用小额诉讼程序上周旋所耗费的运行成本和对抗,有助于达到快速审理小额争议的目的。[51]

然而小额诉讼奠基于公正与效率的平衡,在试图平衡公正与效率之时,就已经预设了价值的对立与割裂,决定了程序对价值的取舍,而若还期冀将这种平衡状态达到最优化,那么立法的复杂性将超乎我们的想象,而且这种尝试也是难以实现的。事实上,绝对适用与一审终审也确实严重削减了当事人的诉讼权利,注定了程序的构建是一次不完美的尝试。但当把这种不完美的尝试限定在一定的范围之时,就可以扬长避短、充分发挥其积极效用。具体则可以减小程序适用的标的额,这样由于此类案件标的额相对较小,调解结案的概率很大,当事人起诉的也比较少,上诉的可能性也更低,因而,不存在程序保护不周的问题。这是公正与效率进行平衡的适当安排,否

---

〔50〕 参见廖中洪:《小额诉讼救济机制比较研究——兼评新修改的〈民事诉讼法〉有关小额诉讼一审终审制的规定》,载《现代法学》2012 年第 5 期。

〔51〕 参见张艳:《我国小额诉讼程序构建若干问题探讨》,载《法律适用》2012 年第 6 期。

则将导致个别正义损害整体效率和整体公正。虽然绝对适用的案件相对较少,似乎没有设立的必要性,但更大的意义在于表达一种价值取向,向人们宣示法律对诉讼成本的理性思考、立法对滥用诉权的否定以及对公共利益坚定维护的决心。

(2)小额诉讼的默认适用。默认适用仍然以案件标的额为适用标准,即一定额度内的案件,默认适用小额诉讼。具体可规定:当事人在答辩期间内未提出异议的,直接默认适用小额诉讼,从而兼顾效率与公正。如此也削减了法官的裁量权,同时,扩张了当事人的诉讼权利,也使程序的适用更具正当性。而且这类案件,诉讼标的额不像前者一样大都承认其数额小,对此区间额度的认识可能更加不一致,且随着标的额的增加,当事人更有可能采取规避行为,因而,划定恰当的空间直接赋予其异议权具有合理性,通过相对使用的方法也使之更加灵活。但为避免当事人滥用异议权必须要有所限制,如加大其诉讼成本。

当然,小额案件并不意味着低价值,如果案件对当事人、对发展法律等具有重要意义,那么该类案件已经不再是金钱意义上的小额案件,甚至是具有公共利益性质的重大案件。此时,当然不再适用小额诉讼。

(3)小额诉讼的选择适用。合意选择适用则是通过赋予当事人程序选择权,[52]强化当事人诉讼权利,促进程序适用的正当化。可规定:赋予高出最高标准而低于一定额度案件中的当事人自由选择的权利。当程序的适用是由当事人自愿选择而确定时,就算一审终审的程序规则对其不利、裁判结果不符合预期,其也无话可说,从而避免潜在的信访、申诉和申请再审等的发生。如此既增加了司法效率和效益,也凸显了当事人的诉讼主体地位,体现了司法为民的价值目标,实现了为法院分流减压的目标,符合国际立法惯例和趋势。当事人通过合意选择适用小额诉讼,有利于当事人充分举证、辩论,使案件的审理更顺畅、庭审质效更高。而且,允许当事人选择适用简易程序只是因为案件是否简易,当事人最有发言权,而是否属于小额案件亦

〔52〕 赋予当事人程序选择权应当是更为妥适的选择,即原告可以在起诉时选择适用小额诉讼程序,而如果被告对此提出异议,则法院应以未达成程序适用合意为由,转由简易程序来审理。我国台湾地区"民事诉讼法"第436条之八规定:"对于新台币十万元以下的请求金钱给付金钱、其他替代物或有价证券的诉讼,强制使用小额诉讼程序;对于标的金钱或价额在新台币五十万元之下、十万元之上的上述三种诉讼,当事人可以合意适用小额诉讼程序。"此外如日本等国家对于小额诉讼程序的适用也以当事人的选择为前提。

然，特别是确认之诉和形成之诉这类价值难以量化的案件。[53] 这样规定也避免了标准的僵硬性，增加了制度的灵活性。因为主体不同，相同金额对于当事人的意义也就不同，合意选择或已表明案件对当事人而言并不重要、愿意接受一审终审及其所带来的潜在的风险，属于其处分权的范围。同时，也回应了司法实践，[54] 扩大了程序的适用空间，实现了多元审级制度，有利于兼顾效率与公正、释放程序的潜力。

事实上，最高人民法院认同当事人在符合小额诉讼任何一条适用标准时，对于程序适用的选择权，即当事人可以约定适用小额诉讼。[55] 但这种约定有必要受到一定的限制。因为诉讼是以审级制约为公正裁判的担保，但一审终审下，审级制约功能极度萎缩，因而若要让一审终审案件取得仲裁般"一裁终裁"的效率与公正，必须要对选择适用小额诉讼以达到一审终审的约定有所限制，以避免裁判的不公。小额诉讼一审终审的合理性在于，适用标的额之小，标的额小尚不足以滋生贪腐，由此程序便可避免在此方面的不公。因而，可以通过设置恰当的最高限额，以避免法官因贪腐而滋生的司法不公。[56]

2. 小额诉讼的费用控制。适用小额诉讼案件的收费较为混乱，有些法院按每件 10 元收取诉讼费，有的减半收取，有的甚至免收诉讼费。[57] 但实际上，由于小额诉讼依附于简易程序，因而该类案件受理费也应依此减半。也有人基于激励当事人适用小额诉讼的目的，认为"案件受理费比照普通程序收费的一半收取，有条件的法院还可缓交、减交、免交受理费"。[58] 也有

---

〔53〕 最高人民法院《关于适用〈中华人民共和国民事诉讼法〉的解释》(2015 年)第 275 条规定了人身关系、财产确权纠纷以及需要评估、鉴定等案件不能适用小额诉讼程序，实际上是将确认之诉以及需要评估类会造成诉讼拖延等案件排除在了小额诉讼程序的适用范围外，如此无疑缩窄了其适用范围。

〔54〕 司法实务中实际存在虽然不符合小额诉讼程序的适用标准，但以当事人的合意来决定是否适用小额诉讼程序的案例，如(2015)吴江汾民初字第 00560 号判决、(2016)甘 0271 民初 1382 号判决、(2016)苏 0324 民初 2654 号判决。

〔55〕 最高人民法院《关于进一步推进案件繁简分流优化司法资源配置的若干意见》第 4 条规定，"对于标的额超过规定标准的简单民事案件，或者不属于民事诉讼法第一百五十七条第一款规定情形但标的额在规定标准以下的民事案件，当事人双方约定适用小额诉讼程序的，可以适用小额诉讼程序审理"。

〔56〕 可能正是如此，《民事诉讼程序繁简分流改革试点实施办法》规定了合意选择适用小额诉讼程序的限额。

〔57〕 参见王琦：《小额诉讼程序立法效果评价及前景分析》，载《法学杂志》2017 年第 12 期。

〔58〕 李宏伟：《论我国小额诉讼程序制度的完善》，载《河南财经政法大学学报》2014 年第 6 期。

学者认为,当然按照难易案件对应繁简程序和诉讼成本对应诉讼收益的原理不合法理,小额诉讼案件应"按简易程序案件受理费的一半交纳"。[59]

尽管从程序适用的效果来看,剥夺了当事人的上诉权,而且较简易程序而言,适用小额诉讼还要更简易一些,作为补偿似乎应降低诉讼费用,但若严格按照法律规定进行适用,实质上并没有进行激励的空间,因为当事人并没有对于程序适用的选择权,而且这类案件本就比较简易,尤其是案件标的额极小的案件,当事人还大动干戈,滥用诉权,动辄就诉至法院,增加司法资源的耗费,并无减免诉讼成本的合理性。小额诉讼如此短促的诉讼周期,必然减轻当事人对于诉讼过长而带来的顾虑,因而变得更加好讼,更不愿意退让和调解,导致纠纷的扩大,反而增加了法院的压力,也使调解等制度缺乏比较优势。如此多元解纷的社会机制难以得到建立。加之,诉讼费用本来就很低了再进行降低,无异于激励当事人争讼。[60] 诉讼费用的杠杆作用因而失灵。因此,对于这种动辄起诉、不接受调解的小额诉讼不仅不应该降低诉讼费用,反而要提高诉讼费用等诉讼成本,以抑制当事人滥行诉讼。[61]

详言之,在当事人起诉前已经人民调解的或司法调解、指派调解,但调解失败的,可以给予当事人诉讼费用的减免,而对于不接受调解的一方当事人则可以采用增收费用的方式予以惩戒;在赋予当事人程序选择权时,若当事人共同选择适用小额诉讼,那么给予当事人诉讼费用的减免。也就是说,通常情况下按照简易程序收费,当事人达成适用合意时,降低收费。此外,对于部分默认适用的案件,如果当事人提出异议,则对于提出异议的当事人增收相应的诉讼费用。增收的费用可以分别适用普通程序与小额诉讼所需缴纳诉讼费用间的差值为限。

3. 小额诉讼的救济。若认为案涉标的额大小与当事人对司法公正的期待成正相关的关系,若真如此,那么建立小额诉讼的必要性就不存在了。因为小额纠纷中的当事人自己就通过调解或者和解解决了,根本就不需要诉诸法院,就算诉诸法院当事人基于成本与收益的理性考虑也不会再行上诉

---

〔59〕 朱金高:《小额诉讼制度有效运作之机理》,载《法学》2014年第6期。

〔60〕 正如有学者所谓,"当诉讼变得更便宜和更快捷时,许多人会受到鼓舞而提起诉讼"。参见[英]A. A. 朱克曼:《英国民事诉讼的改革》,载梁慧星主编:《民商法论丛》(第6卷),法律出版社1999年版。

〔61〕 事实上,诸如德国、日本等都对个别类型的案件确立了调解前置的适用规则,较此而言,通过诉讼费用来引导当事人参与调解,其实更为柔和。

了。实际上，部分当事人对于案件处理的期待并非完全源于标的额的大小，对于审理过程的规范性等也具有一定的需求，如果没有感受到程序公正也易诱发当事人寻求救济。此时若无良好的救济措施，除了司法错误、信用不良本身所蕴含的风险以外，还可能将小额案件裁判的挑战由上诉法院转至其他党政部门。通过诉讼达成的结果不被社会接受，人们对法律的期待和信任即会受损。[62] 当事人的不满可能转为对于程序本身的攻击甚至是对于政治体制的攻击，动摇立法的根基：人民性。

从比较法来看，适用小额诉讼绝对排除当事人的上诉权的立法例殊为罕见。在美国，若充分保障了当事人程序选择权时，上诉往往不被允许；若只给了原告而未给被告选择权，可能承认被告单方上诉权；也有些州既赋予了当事人程序选择权，也给予了其提起上诉的机会；另外，不具有法律家资格等主体审理的小额诉讼案件中，一般也允许当事人向正规的法官提起上诉。在英国，适用小额诉讼程序作出的判决原则上不允许上诉，除非法官有违法行为或法律问题上有明显错误等情况。在德国，小额诉讼程序实际上不过是普通程序的简易形态而已。[63] 日本法虽剥夺了适用小额诉讼中当事人的上诉权，但赋予了当事人在两周的不变期间之内，向原审法院提出异议申请的权利。[64] 异议合法时，诉讼恢复到口头辩论终结前的程序，案件依通常程序进行审判。

由域外经验可知，小额案件通常有许可上诉[65]和申请异议两种救济模式，而后者更为合理。就上诉模式而言，尽管相较于再审模式，其对于裁判的稳定性和司法的权威造成的冲击更小，但其也含有固有的缺陷。根据我国法律规定，一审终审是小额诉讼的主要特色，两者相互捆绑。小额案件一审终审的规则之下，当事人并没有上诉权，如何能上诉？若能上诉，那案件还算适用小额诉讼程序吗？因而，在解释上难以证成。此外，若赋予当事人

[62] 参见和芫、马峰：《小额诉讼与社会环境的关系研究——基于上世纪中叶美国的小额诉讼》，载《时代法学》2019 年第 4 期。

[63] 参见王亚新：《对抗与判定——日本民事诉讼的基本结构》（第 2 版），清华大学出版社 2010 年版，第 298 页。

[64] 《日本民事诉讼法》第 378 条第 1 项规定，对于小额诉讼程序的终局判决，当事人可于判决书或第 254 条第 2 项（包括第 374 条第 2 项准用的情形）的笔录送达之日起 2 周不变期间内，向作出该判决的裁判所提出异议。即便该异议申请于该期间前提出，亦不妨碍其效力。

[65] 如我国香港特别行政区《小额钱债审裁处条例》第 9 条规定，当事人不服小额钱债审裁处的决定，可以向审裁处申请符合这项决定或向原讼法庭申请准予上诉。

上诉权,小额诉讼一审终审的制度规定恐将落空,从而失去其性格,甚至失去其“程序”地位,与简易程序相互混淆,而且若当事人上诉未被许可,依目前法律之规定,其还能申请再审,恐将消耗更多司法资源。再者,由于小额诉讼以费用相当原则为其建构原理,小额纠纷中当事人争执的经济利益不大,若设计与简易程序和普通程序一样的上诉程序又使其失去了程序本身的特点和经济上的合理性,程序价值亦无法凸显。

就我国现行的再审救济模式而言,再审救济既抹煞了小额诉讼程序简便、高效的预设功效,又扭曲了小额诉讼程序的基本原理,致使救济与制度功能不相契合,既不符合对应性原则的要求,更背离了比例原则的基本精神。〔66〕 再审救济对于司法秩序的损害极为严重,在“一审终审”裁判在审级制度框架内能获得必要救济的情形下,也不具备开放再审程序的必要性。〔67〕 故而基于公正与效率的平衡,程序的救济措施只能是一种低成本的、较为基础、简易的救济。异议制度,则可兼顾对当事人的救济且避免程序过分迟延,是小额案件救济的可行路径。

给予当事人充分的异议机会是发挥程序吸收不满的功能的主要渠道,而法院对案件的复查与纠正可能的瑕疵与错误,有助于增进当事人对司法的信任。〔68〕 当事人对于司法信任的提高,又能够反向促进程序的适用。赋予当事人向原审法院的异议权,也有助于将案件化解在基层,减轻当事人的负担。相较于由上一级法院进行异议审查或上诉也更为经济,能够维护程序简便、高效的预设功效。相对于特殊救济措施的再审也更为经济,对司法秩序的冲击更小,也有利于避免再审制度的运行。但对于适用小额案件的一审救济应规定较为严格的条件,否则,可能导致当事人滥用异议权,造成法律关系的长期不稳定,也会浪费司法资源、挫伤基层法院适用程序的积极性。规定严格的条件,既确保了当事人的诉讼权利和救济权,也减轻了基层法院的诉累和压力。对于该类案件的救济,具体可从不利金额与诉讼成本、救济事由三方面进行控制。

德国小额诉讼中当事人遭受不利金额即对一审判决不服的部分低于600欧元的实行许可控诉。以案件具有原则性意义,有助于法的发展或有利

---

〔66〕 参见潘剑锋:《论建构民事程序权利救济机制的基本原则》,载《中国法学》2015年第2期。

〔67〕 参见胡晓霞:《论中国民事审级制度面临的挑战及其完善》,载《政治与法律》2020年第4期。

〔68〕 参见吴英姿:《民事诉讼轻视程序保障观念反思——由一审裁判权威问题展开》,载《河南财经政法大学学报》2017年第2期。

于保障适用法律的统一为许可要件。[69] 由于小额案件本就是基于公正与效率的平衡,因而在受到的不利金额过低时,允许当事人提出上诉或申请复议的必要性就大为降低。可以借鉴德国对于不利金额未得到一定限度的实行许可上诉的规定,如以案涉金额一定比例或者不利金额500元以上为申请异议的要件,标准之下的当事人不得提出异议和再审。

通过提高当事人异议的成本抑制滥用异议权。一则,可规定当事人申请复议的必须缴纳诉讼费用。二则,除当事人申请再审时必须要聘请律师,以提高当事人成本、促进程序运行。三则,可以规定只能向原审法院申请再审。因为虽然根据《民事诉讼法》(2017年)第199条以及最高人民法院《关于适用〈中华人民共和国民事诉讼法〉的解释》(2015年)第426条之规定,当事人可以向基层与中级法院申请再审,但如此加大了对司法资源的投入,也可能架空异议制度,引发当事人对于再审不合理的期待。而且就算案件疑难,也可通过个案请示、管辖权的转移等方式,作出合理的裁判。此外,若异议成立的,适用普通程序进行审理,以表慎重、确保裁判质量,并按照普通程序重新缴纳诉讼费用,甚至可以规定"普通程序裁判结果维持小额裁判的,败诉方要承担胜诉方全部诉讼成本,包括诉讼费和律师费"。[70] 对于当事人双方都申请复议的应该予以准许,各自都需要缴纳诉讼费用。

复议事由应为适用法律错误、程序严重违法、案涉公共利益。[71] 在案涉公共利益时,则不受案件标的额的限制。此外,复议应以一次为限且不能上诉,超过复议期则丧失复议权。通常情况下,当事人未提出异议而直接申请再审的不予准许。

4. 其他制度安排。

(1)改进程序转换。我国《民事诉讼法》(2017年)第163条规定人民法院在审理过程中发现不适宜适用简易程序的,裁定转换为普通程序。该规定完全不顾当事人的意思,不仅降低简易程序的效用,也损害了当事人的程序主体地位,延长了纠纷的解决周期,不利于法律关系的快速稳定。小额诉讼作为一种特别的简易程序,也面临此类问题。应该规定法官有权根据具

---

〔69〕 参见《德意志联邦共和国民事诉讼法》,谢怀栻译,中国法制出版社2001年版,第126~127页。

〔70〕 傅郁林:《小额诉讼与程序分类》,载《清华法学》2011年第3期。

〔71〕 英国、美国加利福尼亚州以及中国台湾地区对于小额诉讼判决的特殊上诉,都是以违背法定程序规定或者裁判适用法律错误为条件。日本的裁判异议也以此为必要条件。

体情况和当事人的意见决定是否转为普通程序,除那些的确不适宜适用小额程序的以外,如涉及公共利益等类型的案件。

(2)加强检察监督。《民事诉讼法》(2017年)第14条确立了检察监督原则,第208条规定了检察监督的具体方式、要件等。检察监督当然涵盖了对小额诉讼裁判提出抗诉或对小额诉讼程序提出检察建议,这也可视为小额诉讼程序的配套规定。[72] 通过检察机关的介入,可在一定程度上减少当事人的不满,甚至可以专设相应的小额诉讼的监督渠道,将检察监督提到异议期间,以强化对于一审法官的监督、确保小额案件的审判质效。在最高人民法院效率导向下,对于小额诉讼适用范围的一味扩张和适用标的额不断扩大之下,检察监督的强化尤为必要。

(3)加强宣传。尽管小额诉讼因为适用上二元标准的限制,导致适用范围相对狭小,影响了程序的使用率,通过拓宽其适用范围能够促进程序的适用,但对法律新增的程序或制度,法院的宣传、告知等也会影响其适用率。[73] 因而,法院可通过"两微"、报纸、会议等方式进行宣传、告知,特别是向当事人阐释小额诉讼的价值意义,强化当事人对于程序的认知、认同,从而促进程序运用。同时,在案件审理过程中,当事人合意选择使用小额诉讼,法官应对程序的适用规则予以释明,以避免不必要的争端。

(4)鼓励程序适用。调解员或调审分离下的调解法官在对纠纷调解失败时,可以鼓励当事人约定选择适用小额诉讼。在普通程序或者简易程序的审理中,当事人合意要求转化为小额诉讼的,法官一般应该同意。当事人合意舍弃上诉权的,即要求继续适用普通程序或简易程序但适用一审终审的,法官更应该许可,因为当事人达成一审终审的重要原因之一就在于程序保障的周密性或者基于对审理程序和法官的信赖,如此有利于案件尽早化解,也有利于对法官形成正向激励,同时,也是对于当事人处分权、当事人主体地位的积极确认,既丰富了我们的诉讼体制,也增加了司法的人民性。

(5)挑选优秀的法官处理小额案件。适用小额程序的案件并非都"简易",就算是严格依据二元标准进行分流,案件的难易也会因多方主体价值的差异而导致认识的差异,法官裁量权的运用、当事人的容忍或当事人的处分行为都会导致复杂的案件流入小额程序,加之,小额诉讼程序对于效率的

---

〔72〕 参见朱金高:《小额诉讼制度有效运作之机理》,载《法学》2014年第6期。

〔73〕 参见王琦:《小额诉讼程序立法效果评价及前景分析》,载《法学杂志》2017年第12期。

偏重必然导致职权主义的强化，如为了加快诉讼进程，庭审中的释明等职权行为必定更加频繁，这都需要审理者具有较强的法律适用能力，拿捏好分寸。而且，一审终审的适用规则给了法官更大的权力与压力，需要法官具有较强的抗压力。同时，小额案件更适合调解，还需要法官具有较强的调解能力。

此外，还应建立科学的评估机制，通过异议审查、事后考评、当事人的信息反馈等方式予以监督，[74]以区别于普通程序的考核方式来化解法官适用小额诉讼的压力，从而提高小额案件的审理质效和适用率。

结　语

司法改革者对于扩大小额程序适用范围的不懈追求，或许表明改革者对于小额诉讼过高的期待。解决法院长期以来案多人少的矛盾和诉讼拥堵的司法困境，不能单纯寄望于增设小额诉讼这一单一的机制来予以化解，必须以区分和多元为思路与视角。通过多元化纠纷解决机制的相互协调配合，构建良好的诉讼环境，如此虽无一审终审之形，但却能结出高效、便民、公正的一审终审之果，才能真正地实现多元化解纠纷以及司法为民、司法公正的终极目标。

（吕　川　初审）

（邹雨桐　校对）

---

〔74〕 参见段思明、胡立峰：《新民事诉讼法小额诉讼程序规定对民事司法的影响》，载《民事程序法研究》2014 年第 1 期。

译 文

自发演进的商人法*

[美]布鲁斯·本森** 著
刘振轩*** 译

一、引言

杰里米·边沁(Jeremy Bentham)主张,财产和国家法"是一同出生,也一定是同时死亡的。在(国家)法律产生之前是没有财产的:夺去法律,财产也会随即消逝"。[1] 众多经济学家将该观点奉为金科玉律。显然,市场体系的发展需要一套定义、保护和执行财产权的制度(财产法)和交易规则(契约法)。但是,国家有必要制定和执行财产法和契约法吗?本文论述的目的之一是论证,商业市场完全有能力建立和执行属于自己的法律体系。

第二个目的是解释,尽管政府试图接替制定和实施该法的条款,但事实

* 本译文系国家社会科学基金项目"我国合同法中民商合一的规范技术研究"(17BFX007)的阶段性成果。本文首次发表于美国《南方经济杂志》第55卷(1989年1月)第644~661页[Bruce L. Benson, *The Spontaneous Evolution of Commercial Law*, 55 Southern Economic Journal 644,644-661(1989)]。本文荣获南方经济杂志社颁发的罗根奖(The Georgescu-Roegen Prize),该奖项为表彰每年度杂志中最好的学术文章。经作者及《南方经济杂志》同意,译者首次将该文译成中文。译者感谢作者及《南方经济杂志》的授权。

** 布鲁斯·本森(Bruce L. Benson),美国法学家和经济学家、美国独立研究所高级研究员、美国经济研究所客座研究员、佛罗里达州立大学(Florida State University)经济系主任、德沃尔·摩根(DeVoe L. Moore)讲座教授。

*** 刘振轩,河南财经政法大学民商经济法学院2019级硕士研究生。

[1] Jeremy Bentham, *Works of Jeremy Bentham*, ed. by John Browning, William Tait, 1859, p. 309.

上,现代商人法(modern commercial law)是商人团体制定的。商业是一个相互作用和互惠式的演进过程,它由一个演进的商人法(commercial law)[2]体系推动,同时又引导商人法的发展。卡尔·门格尔(Carl Menger)提出,包括法律在内的所有社会制度的起源、形成和最终过程,在本质上与亚当·斯密描述市场所用的"自发秩序"是相同的。[3] 市场在亚当·斯密(Adam Smith)的"看不见的手"引导下协调自身秩序,习惯法也是如此。这些制度的发展也许是通过一个试错的过程,观察得出,商人们调整的目标行为在一种制度安排或程序下比另一种更为有效时,更有效的制度和惯例会取而代之。

在商事习惯法中,商事传统和惯例逐渐演变,产生可观测自发秩序。然而,正如哈耶克(Friedrich Hayek)的解释,尽管斯密和门格尔的理论在经济学中被牢牢确立,法学研究却几乎全然没有受到他们观点的影响。[4] 当然,原因之一是,在价格体系作用下,用"看不见的手"理论来解释市场秩序的出现颇为合理。价格体系的实质在于相互关联商品价格是分散商品价值的表现形态,该机制为市场调节提供了必要的手段。但是,法律秩序的演化机制就没有如此明显。因此,法律实证主义认为法律是精心设计的产物,得到经济学家强烈认同。所以,讨论商人法的第三个主要目的是证明,大多数经济学家和法学家眼中必须被"强制执行",且为市场经济基本规则的财产和契约规则,实则是在没有任何权力机关专门制定下形成的。商业实践和商人法的发展是在没有民族国家强制力作为后盾的情况下同时进行的,而且,基于潜在机制的运行,它们常常排除强制力的干涉。商人法的功能和机理近似于价格体系,可以促进相互影响、提高交易效率。随着商事习惯和惯例的演进,商人法直接从市场交易过程中发展起来。

为了论证这些看似过于激进的观点,下文的论述将依据上述论点分为七个部分。首先,在第二章中将简要探讨法律权威性的来源,并介绍其产生

---

〔2〕 商人法(commercial law)有两层含义:(1)在传统意义上,指形成于中世纪欧洲商业习惯的"商人法"(law merchant);(2)在现代意义上,指商人法的许多原则融入普通法后,具有成文法形式的"商法"(mercantile law)。下文中,会根据具体情形作出相对应的翻译。——译者注

〔3〕 See Carl Menger, *Problems of Economics and Sociology*, trans. by Francis J. Nook, ed. by Louis Schneider, University of Illinois Press, 1963, p. 38.

〔4〕 See F. A. Hayek, *Studies in Philosophy, Politics and Economics*, University of Chicago Press, 1973, p. 101.

的机理。其次,第三章从法律及其自第二章的产生后演进机制的角度,对中世纪“商人法”进行考察。商人团体在10、11和12世纪希望发展国际贸易,但他们被困于高度本土化法律制度的囚笼。为此,国际商业团体打破了地方政治局限性的樊篱,发展了国际商人法体系。他们在自己设立的法庭上解决纠纷,并以被整个商人共同体排斥之威胁来保证对自己的法律所作裁判之服从。再次,第四章考察了普通法对商人法的吸收,然而,第五章探寻了商人法的再次勃兴,尤以美国普通法法院为代表。第六章讨论现今的民间商事裁判与商人法的关系。第七章会研究自我生成的商人法发展进路,国际商人法是本章阐述的重点。最后,第八章将会得出本文的结论。

二、法律的权威性

朗·富勒(Lon Fuller)认为:“法律是使人类的行为服从于规则之治的事业。”[5]因为法律显然需要一个执行机构,所以富勒的定义远不止在“社会习惯”(social mores)的层面来定义行为规则。法律事业会产生承认和执行、法律变革以及纠纷解决机制。这些机制可能会采用常见的形式,即我们现在所称的政体。但是,民族国家绝不是法律的先决条件。我们会发现,商人团体的“事业”完成了对商业行为之治,从而控制了自我生成的承认、裁判和改变机制。[6]

在此,需要论及法律事业的一个特殊方面。法律实证主义者通常认为,要使法律得到承认,就必须有某种绝对权力机构的认可,即使当权力被滥用,也不得撤销。该观点明显地暗示了国家强制力。然而,虽然现实中权力可能看起来属于个人(领导者)或者机构(立法机关、法院),但这一表象就是法律权威实际渊源的真实表现。正如哈耶克的解释,表象中拥有权力去裁决法律纠纷的人,实际上并不需要去决定当下的行为是否违反了国家意志,但是需要决定“他们的行为是否符合其他契约当事人的合理期待,因为其他契约当事人的行为符合团体成员依据经年累月实践形成的习惯”。[7]惯例和实践产生的期望又反之指导人们的行为,所以人们所依赖的那些习

---

[5] Lon L. Fuller, *The Morality of Law*, Yale University Press, 1964, p. 106.

[6] 该术语与哈特的初级规则和次级规则的概念相对应,但解释略有不同。See H. L. A. Hart, *The Concept of Law*, Clarendon Press, 1961; Bruce L. Benson, *Liberty and Justice: Alternatives to Government Production of Law and Order*, Pacific Research Institute, forthcoming1989.

[7] F. A. Hayek, *Law, Legislation and Liberty*, University of Chicago Press, 1973, p. 97.

惯通常被认为是法律。法律体系的权威(或对法律系统的支持)根本上源于一种认为它是“正确”(right)的心态,因为它符合人们的预期。[8]

根据这个关于法律权威的观点,互惠协定显然是承认遵守法律义务的根本来源[9](以及在没有国家强制力的情况下执行法律的根本动力)。富勒提出了法律(或者道德)义务具有明确性和易接受性的三个条件:

首先,互惠关系中产生出来的义务必然导源于直接受影响的当事人之间的自愿协议,他们自己“创造了”这种义务。其次,当事人之间的互惠式履行必须在某种意义上具有同等的价值,否则,就失去了交换价值的基础……我们在这里谈论的并不是一个确切的同一性,因为像用一本书或者一种思想来交换完全相同的书或者思想,这样的交换是毫无意义的。互惠关系纽带将人们绑在一起,不是简单地忽视了他们之间的差异,而正是因为人们之间的不同。因此,当我们在互惠关系中寻求平等的时候,我们需要的是某种可以用于衡量性质不同事物的价值尺度。最后,社会中的关系必须具备充分的流动性,以至于今天你对我负有某种义务,明天我对你负有某种义务——换句话说,义务关系必须在理论和实践中是可逆的(reversible)……

这些就是义务观念之最佳实现的三个条件,这些条件使得一项义务最容易为承担该义务的人们所理解和接受。[10]

法律的权威性最根本源于法律承认并且支持每个人实现互惠利益。正如富勒的观点,“习惯法”之最佳描述是一种“互动的语言”(language of interaction)。[11] 现在,我们转向中世纪商人法的发展以说明,源自承认财产和契约规则后的互惠收益充分地激励了商人建立自己的无属国性的企业法。

三、中世纪商人法:基于商业革命自我衍生的法律

随着罗马帝国的式微,相较之前与此后的时间,欧洲的商业活动在此时几乎是不存在的。在11世纪和12世纪,情况开始发生变化。农业生产力的迅速发展意味着需要更少的劳动力来生产满足人们生活所需的粮食和衣

[8] See Lon L. Fuller, *The Morality of Law*, Yale University Press, 1964, p. 138.

[9] See Harold J. Berman, *Law and Revolution: The Formation of Western Legal Tradition*, Harvard University Press, 1983, p. 123.

[10] See Lon L. Fuller, *The Morality of Law*, Yale University Press, 1964, p. 23 – 24.

[11] See Lon L. Fuller, *The Principles of Social Order*, Duke University Press, 1981, p. 213.

服。农业商品生产水平的提高在一定程度上刺激了更大规模的贸易，大量的人口流入城镇，其中许多的城镇迅速发展成为大型城市。[12]

农业生产率的提高和随之而来的城市化进程产生的一个结果（同时也是一个推动力）是职业商人阶层的出现。但是，在能够发展大量的地区间和国家间贸易之前，有重大的障碍需要克服。商人们说着不同的语言，也有着不同的文化背景。除此之外，地理上的距离常常妨碍直接的沟通交流，更不用说建立牢固的人际关系来培养彼此之间的信任。交易中常常需要大量的中间代理人，包括买方、卖方和船运的代理人。当商人们面对大量相矛盾的本土法律和商业惯例时，这些因素就会激起他们对外国商业惯例的敌意，从而导致商业冲突。[13] 此时，我们急切需要法律作为"互动的语言"。

正是在这个时期，因为需要统一的商业法律来促进国际贸易，"……所以现代西方商业法律的基本概念和制度——商人法（拉丁语：*lex mercatora* 英文对应：The Law Merchant）[14]——已经形成。更重要的是，在此之后，西方商人法开始被视为一个完整的、不断发展的法律体系"。[15] 11 世纪以后，在整个欧洲（甚至欧洲以外的地区）几乎所有的商业交易都是在这一法律体系的"规范"（governed）下进行的。事实上，11 ~ 15 世纪的商业革命最终推动了文艺复兴和工业革命。如果没有这一套法律体系的迅速发展，这一切是不可能发生的。这一法律体系是在自愿的基础上制定、适用和执行的。事实上，它也必须如此，其没有包括国家强制力在内的其他潜在渊源。[16]

（一）承认

回顾富勒提出互惠原则上"义务概念最佳功效"的三个条件。富勒还指出，最可能满足这些条件的社会类型"结果让人十分意外：这种社会是一个由经贸人士组成的社会"。[17] 从其定义上看，交易者之间确立自愿交换的

---

〔12〕 See Harold J. Berman, *Law and Revolution: The Formation of Western Legal Tradition*, Harvard University Press, 1983, p. 333 – 335.

〔13〕 See Leon E. Trakman, *The Law Merchant: The Evolution of Commercial Law*, Fred B. Rothman and Co., 1983, p. 11.

〔14〕 国内的一些公开出版物上对此有不同的译法，如商业习惯法、商人习惯法，或商人法等。——译者注

〔15〕 Harold J. Berman, *Law and Revolution: The Formation of Western Legal Tradition*, Harvard University Press, 1983, p. 333.

〔16〕 See Leon E. Trakman, *The Law Merchant: The Evolution of Commercial Law*, Fred B. Rothman and Co., 1983, p. 13.

〔17〕 Lon L. Fuller, *The Morality of Law*, Yale University Press, 1964, p. 24.

关系。市场决定了不同商品的价值,以致“平等”交易是具有可能性的。当然,如果商品价格不是由市场决定的,价值平等的概念就没有实质意义。此外,商人经常变换角色,时而买进,时而卖出,因此导致他们之间交换关系的义务是可逆的。诚然,这种分析思路让富勒得出结论,只有在资本主义制度下,法律义务的观念才能得到充分发展。[18]

商人法并不是凭空而来的,其中有相当一部分内容可追溯于罗马商人法。[19] 尽管如此,历经几个世纪流传下来的罗马法并不能充分地解决早期商业革命中出现的问题。[20] 此外,在这个时代已经存在的或者正在制定的其他法律体系中,也没有一部法律可以充分满足商人阶层的需要。[21] 商人法的发展基本完全仰赖商人们自身。这意味着商人法就是习惯法,同时“商人法的习惯属性是其发展的根本决定性因素:它显然使商人法成为了一部适应商业实践需要的习惯法”。当新的商业活动形式出现时,不断发展的商业实践就会催生出新的法律。商业社会的出现是自发的,并且没有经过任何的设计。市场交换机制和商人法在相辅相成地自发演进中推动商业实践上升到国际领域,发展出国际贸易。

当商人阶层开始在各地区如雨后春笋,纷纷出现,本土化的商业惯例(习惯)也随之应运而生。开展国际贸易需要消除各地区习惯之间存在的主要冲突。国际商人法的发展正如哈耶克阐述的习惯法的总体发展趋势,“行为规则的传播路径在于从个体向个体,而所谓的规则的自然选择的判断标准是该规则指导下团体生成秩序效率的高低”。[22] 当商人们开始跨越政治、文化和地理的界限经营业务时,他们就会把自己的交易惯例带到国外市场。商人们发现有些规则其实是各地所通用的,于是会将这些先前的本土习惯发展成为国际商人法的一部分。此外,每当商人们遇有冲突,解决过程

---

〔18〕 See Lon L. Fuller, *The Morality of Law*, Yale University Press, 1964, p. 24.

〔19〕 See Harold J. Berman, *Law and Revolution*: *The Formation of Western Legal Tradition*, Harvard University Press, 1983, p. 339.

〔20〕 罗马商人法不是国家创制的。实际上,习惯法是贸易和商业规则的历史渊源。See Bruno Leoni, *Freedom and the Law*, Nash Publishing, 1961, p. 83; Leon E. Trakman, *The Law Merchant*: *The Evolution of Commercial Law*, Fred B. Rothman and Co, 1983, p. 7 – 8.

〔21〕 一些法律体系在此时正在形成,包括许多国家的皇室法律(如普通法)。See Harold J. Berman, *Law and Revolution*: *The Formation of Western Legal Tradition*, Harvard University Press, 1983, p. 340.

〔22〕 F. A. Hayek, *Studies in Philosophy*, *Politics and Economics*, University of Chicago Press, 1973, p. 67.

证明出能促进商业交往更高效的惯例会取代效力较弱的。[23] 随着国际贸易的发展，统一的规则和适用所带来的公益取代了歧视性规则和可能只利于少数本地人裁决所产生的私益。到了12世纪，商人法已经可以达到，在与本地商人的纠纷中，对外国商人实质性地保护，而"……有悖于变幻莫测的本土法律和习惯"。[24]

商人法的统一适用不单是商业革命的结果，也是贸易迅速发展的前提条件。如果没有清晰易懂的法律，外国商人就不可能积极地开展贸易，从而在11世纪、12世纪以及此后的几个世纪中，贸易水平不会达到如此繁盛的程度。商人们需要可以使自己免遭潜在的本土法律歧视和可能出现的国家权力滥用所生控制的保护，与此同时，国家权力正在加快本土立法和扩张执法权。[25]

兰德斯（William M. Landes）和波斯纳（Richard A. Posner）写道：

……财富最大化是判断法律正当与否的标准，这种标准就类似于我们给电器插座和铁路仪表提供的标准尺寸。虽然有许多行业在没有垄断的情况下实现了标准化，但不清楚的是，在法律渊源不存在单一性的情况下，也就是没有垄断的存在，如何在法律领域实现必要的社会标准化……[26]

很多人据此得出结论，国家必须是法律渊源的唯一表现形式。然而，事实显然非此。[27] 其实，这样的经济标准化存在于商人法之中，它使意思共生下制定和适用的商人法打破了政治界限和地方保护主义的桎梏。

---

〔23〕 See Leon E. Trakman, *The Law Merchant: The Evolution of Commercial Law*, Fred B. Rothman and Co., 1983, p. 11.

〔24〕 不同地区之间仍然存有一些差异，但是这并不意味着法律体系效率低下或者反映出当地歧视性惯例。事实上，现有的多样化折射出商人群体对商业制度和惯例存有相对较小的差异的偏好。他们往往去不同的城市市场和集镇，从而增强了对正在发展的商人法的承认。See Leon E. Trakman, *The Law Merchant: The Evolution of Commercial Law*, Fred B. Rothman and Co., 1983, p. 20 – 21.

〔25〕 See Harold J. Berman, *Law and Revolution: The Formation of Western Legal Tradition*, Harvard University Press, 1983, p. 343.

〔26〕 See William M. Landes & Richard A. Posner, *Adjudication as a Private Good*, 8 Journal of Legal Studies 235, 239 (1979).

〔27〕 没有理由可以相信，任何特定的国家政府是能够充分发挥法律标准的经济效益优势的理想形式。事实上，财富最大化标准证明了自我衍生法律的合理性，自我衍生法律是为了摆脱人为政治因素的低效率限制。See Bruce L. Benson, *Liberty and Justice: Alternatives to Government Production of Law and Order*, Pacific Research Institute, forthcoming1989.

(二)义务规则

可以成为国际商人法的规则是那些强化而非废除商业习惯的规则:商人法是规定商人做他们已经同意做的事情。[28] 此外,这些法律通常并不含有关于商业的复杂性和强行性法律规范。商人法显然倾向于是一种互动的语言,它避免了可能妨碍交流的复杂因素抑制贸易发展。

商人法可被视为商人之间自利行为和彼此知识结构、了解信任有限的人们之间交易行为的协调工具,此时,对互动语言的需求就更加凸显。当然,中世纪正在兴起的商业内,人们之间的了解程度和知识结构有限是显而易见的。成千上万的交易者远赴欧洲各地的集镇和城市市场进行商品贸易,这种贸易的交易双方往往并不认识彼此和足够了解所交易的商品。交易本身允许每个商事主体利用不同生产者的专业知识优势。市场在不断协调传播着知识,[29] 但是传播知识必然代表着一些人不懂其他人所握有的知识。为了能让商事交易尽可能的简单,商人法随着中世纪商业发展而不断演变。在这一过程中,从1000年到1200年,商人之间交易所产生的权利和义务变得更加客观和明确,不再那么恣意武断。[30]

此外,随着商人法规范变得愈加具体明确,它们越来越多地以文字形式被记录下来。即使如下所述,许多政府最终确实在其商事立法中采纳了商人法,这些被记录下来的规范也并非成文法。恰恰相反,它们应该是书面的商业制度和契约。[31] 这一逻辑之下,应该说"契约法"是关于惯例的"法律",这些惯例体现在交易实践中交易双方达成的契约协议,而不是专门制定的契约法,或关于契约的法律。因此,习惯法与契约法息息相关。[32] 随着契约形式在交易中的普遍使用,它实际上已经成为商人法的一部分。

当商人们意识到,在一种惯例发展成为习惯用法(common usage)之前,

---

〔28〕 See Leon E. Trakman, *The Law Merchant*: *The Evolution of Commercial Law*, Fred B. Rothman and Co., 1983, p. 10.

〔29〕 See F. A. Hayek, *Law*, *Legislation and Liberty*, University of Chicago Press, 1973, p. 13.

〔30〕 See Harold J. Berman, *Law and Revolution*: *The Formation of Western Legal Tradition*, Harvard University Press, 1983, p. 341.

〔31〕 See Harold J. Berman, *Law and Revolution*: *The Formation of Western Legal Tradition*, Harvard University Press, 1983, p. 439.

〔32〕 习惯法和契约法之间典型的不同比我们在此处论述的要更加明显。然而,富勒肯定地认为,这种显著的区别是不应该存在的。See Lon L. Fuller, *The Principles of Social Order*, Duke University Press, 1981, p. 176.

商人们必须自觉地遵循这项惯例(或使之成为契约的一部分),这就解释了要求商人法必须是客观和互惠的原因。互惠(reciprocity),在某种意义上可以说是成本和获利相对等,这是交易的本质所在。然而,从 11 世纪末 12 世纪初兴起后至今,人们所理解的权利对等的法律原则所涉及的不仅是互换交易(mutual exchange),它更包括交易公平的要素。因此,商人法(merchant law)要求"公平"必须贯穿交易的整个过程。[33] 交易中任何一方的欺诈、胁迫和显失公平的行为都会使商事法院判决认定交易行为无效。然而,除此之外,"实际上,即使是基于完全自愿和自我认知的交易,也不能使任何一方所获利益显失公平,或者有损第三人和社会的利益"。[34] 当然,正是因为商人法的权威自生于商人法对互惠利益的承认,所以公平是商人法所要求的特征。没有人会自愿地承认一个不会得到公平对待的法律体系。商人法的客观性和中立性体现在它对公平的强调,更是在裁决的公正性中得到加强,这种公正的裁决体现在不断兴起的具有较强参与性的商事法院中。

(三)裁判

商人法不需要通过国家强制力对人们的行为进行"规范"。商人们建立了自己的法庭,依据自己形成的法律来裁判纠纷。因为裁判结果的执行力来自被整个商人团体所排斥的威胁——一种采取抵制的强有力制裁措施,所以胜诉和败诉方都易于接受商事法院的裁判结果。一个违背协议或者拒绝接受法庭的裁决结果的商人将会很难继续经商,原因在于他的商人同行们基本上控制了他的货物交易能力。对声誉和对未来所有交易的潜在抵制之威胁"证明存在比物理上强制力更有效的措施"。[35]

商人建立自己的法庭是出于如下四种原因:国家法不同于商人法,此其一。譬如,在那时,皇室法庭对于在其他国家签订的契约所产生的纠纷普遍地不予裁判。同时,政府法院会拒绝执行任何含有利息约定的契约协议,任何利息都会被认为是高利贷。普通法院并不认可账簿(book of accounts)的证据效力,即使交易实践中商人对此种凭证高度认可。为了执行商事实践衍生的法律,商人们需要自己的法院。

商业纠纷的解决往往必须在考虑了具有高度技术性的问题之后才能够

---

〔33〕 See W. Mitchell, *Essay on the Early History of the Law Merchant*, Burt Franklin, 1904, p. 16.

〔34〕 Harold J. Berman, *Law and Revolution: The Formation of Western Legal Tradition*, Harvard University Press, 1983, p. 343.

〔35〕 William C. Wooldridge, *Uncle Sam, the Monopoly Man*, Arlington House, 1970, p. 96.

实现,此其二。在该类案件中,不同于皇室法庭的法官可以裁判任何他们不熟悉领域的纠纷,商事法院任用的法官都是案件所涉及领域的专家。商事法庭的法官通常是从相关的商人团体(集镇或者城市市场)中挑选出来的商人。商人们普遍认为,出于多种原因,律师不适合担任商业案件的法官。[36]譬如,律师缺乏有关商业习惯和惯例的知识。此外,他们倾向于将案件的焦点集中在审理关于程序的严格规则,而这些程序往往阻碍贸易发展。但于商人而言,贸易和商人法的简明性是至上的。

商事法庭最为广泛提及的特征是迅捷(speed)和去程式化(informality),[37]这些特征可以满足商人需求,此其三。当时的商人在一个城市市场或集镇上完成交易后,必须迅速地去下一个交易地。这要求交易中产生的纠纷必须迅速得到解决,以减少对商业交易的干扰。如果任用的法官对商业纠纷和争议涉及领域没有相当的了解,并且其判决没有得到商人团体的尊重,那么这种迅捷和去程式化的特征不可能得到平等实现。因此,参与性裁判或者社区裁判(participatory or communal adjudication)是商人法的一个必要特征。商事法院通过裁判程序、制度建构和实体法律规则等方面体现出对促进商业交往活力迸发的充分关切。

基于相同考量,证据和程序规则保持着简明性(simple)和去程式化。对法庭的裁判结果是禁止提出上诉的,因为法庭意图通过杜绝不必要的诉讼和审理期限延长,维护高效的商业秩序。同样,其他规则也体现着上述特征,包括省略冗长的证人宣誓;协议的证据基础通常不需要公证证明;债务可以通过非正式的"书面记录债务"自由转移,这是商人们为简化债务转移流程自主制定的程序;代理人行为有效不需要正式的授权委托文件;以及所有权可以在没有现实交付的情况下进行转移。[38] 尽管这些行为在国家法院中往往被认定为无效,但商事法院承认了以上所有法律创新的效力。这些创新都是可取的,因为它们不仅提高了商业活动的效率和简捷程度,而且降低了交易成本。事实上,这就引出了具有高度参与性的商事法院不断发

---

〔36〕 See Leon E. Trakman, *The Law Merchant: The Evolution of Commercial Law*, Fred B. Rothman and Co., 1983, p. 15.

〔37〕 See Harold J. Berman, *Law and Revolution: The Formation of Western Legal Tradition*, Harvard University Press, 1983, p. 347.

〔38〕 See Leon E. Trakman, *The Law Merchant: The Evolution of Commercial Law*, Fred B. Rothman and Co., 1983, p. 14.

皇室法院和商事法院之间的竞争关系在1606年发生了很大的改变，皇室法庭获得了更大的优势。在英国法中，法院对仲裁的敌视源自爱德华·科克勋爵（Lord Edward Coke）。他在审查先前一件由个人仲裁裁决的案件时，陈述了如下法律格言："虽然当事人或许应该遵从仲裁裁决的结果，但是他仍然有权利申请变更仲裁员……私主体不能通过个人的行为使这种授权行为赋予的权力（an authority power）或者授权书不可撤或变更，该授权行为形成的权力和授权书根据法律规定和其本身的性质是可以撤销或变更的。"[52] 这项规则意味着，商事法庭的裁决可以被皇室法庭改判，因为根据科克的论述，仲裁员的目标是寻求"妥协"，法官才会基于是非曲直作出裁判。从本质上讲，科克的判决规则断言，商人法不是一个可被识别的独立法律体系，而是"国家法的一部分"。反之，表明商人们应该服从普通法法院的管辖，并遵守其程序规定。这实质上撤销了《贸易中心城镇法》对商事纠纷会根据商人法而非皇室法进行裁判的保证。17世纪以后，英国几乎不再使用民间商事法庭。现在文章将考察这次吸收对商人法适用和发展的影响。

（二）退居其次的商人法

商人法并没有死亡。它在17世纪发生了变化，在国家的影响下商人法的统一性有所减弱，变得更加本土化；它开始体现皇室的政策、利益和程序。在欧洲，商业习惯仍然是许多国家商法的基本渊源，但是各个国家的吸收程度又各有不同，英国法相比之下习惯成分较少。"各个国家不可避免地要求在商业法规中直接体现本国的政策和关切，因此，国内法色彩愈加明显的商人法体系演变成为国内和国际商事交易的官方监管工具。"[53]

这些变化在英国最为显著，在科克1606年的裁决之后，法院摒弃了商人法许多基础理论。[54] 由于商人们自己建立起来的裁决高效、程序简捷的法律制度消失了超过两个世纪，他们在普通法体系下受到越来越多的束缚。此外，英国普通法法院要么拒绝承认习惯为法律，要么要求习惯必须通过繁琐的可采用性测试。通常，一种商业惯例的起源必须被证明是真正"古老

---

〔52〕 Steven Lazarus et al., *Resolving Business Disputes: The Potential of Commercial Arbitration*, American Management Association, 1965, p. 18.

〔53〕 Leon E. Trakman, *The Law Merchant: The Evolution of Commercial Law*, Fred B. Rothman and Co., 1983, p. 24.

〔54〕 See Leon E. Trakman, *The Law Merchant: The Evolution of Commercial Law*, Fred B. Rothman and Co., 1983, p. 26 – 27.

的”,而且这种惯例必须在很长一段时间内被广泛适用,满足这些条件才能被承认为法律——这完全忽视了日新月异的商业环境。如此,英国普通法限制了商业惯例的演进以及将其作为商人法法源的适用。“这样,随着中世纪后的英国法官开始将商人法并入以普通法为中心的既有制度范围,商人法变得僵化。”[55] 到19世纪,在英国,商人法诸多理想的特征都已经丢失,包括其普遍性特征、灵活性和动态演进能力、去程式化和迅捷以及对商业习惯和惯例的依赖。

尽管如此,商人法不能以一个很好的理由被完全排除适用。习惯盛行于国际贸易,且英国是一个贸易大国。英国的法官必须要同其他国家的法院一起竞争,来吸引国际商事纠纷案件。因此,他们如果希望审理更多的国际商事纠纷案件,就必须承认国际贸易中适用的商业习惯。在这种竞争的背景下,承认商人法一个重要原因是,欧洲国家的民法吸收商人法的内容远多于英国的普通法。[56] 欧洲各国的商人法虽然在形式上存在一些分立,但实质内容基本相同。

五、普通法中商人法的再次勃兴

一些法律史学家称曼斯菲尔德勋爵(Lord Mansfield)为英国的“商人法的创始人”,但事实是,曼斯菲尔德仅仅是把国际商人法再次移植入英国法。[57] 曼斯菲尔德极力主张,英国的商法必须同商业实践发展步调一致,且必须承认商业习惯和惯例。然而,此时再次承认商人法的主要动力可能是源于普通法法院对商人法的控制再次面临各方竞争的重大威胁。争夺商人们诉讼青睐的国际竞争在各国法院间愈演愈烈。[58] 随着英国在世界贸易中的地位开始相对下降,普通法法院开始流出国际商事纠纷案件到其他国家的法院。此外,还形成了一个新的竞争来源。

现代商事仲裁的复兴可以追溯到美国内战时期。美国南部的战时海上

---

〔55〕 Leon E. Trakman, *The Law Merchant: The Evolution of Commercial Law*, Fred B. Rothman and Co., 1983, p. 27.

〔56〕 See Leon E. Trakman, *The Law Merchant: The Evolution of Commercial Law*, Fred B. Rothman and Co., 1983, p. 24.

〔57〕 See Leon E. Trakman, *The Law Merchant: The Evolution of Commercial Law*, Fred B. Rothman and Co., 1983, p. 27.

〔58〕 See Leon E. Trakman, *The Law Merchant: The Evolution of Commercial Law*, Fred B. Rothman and Co., 1983, p. 27.

择。这些法律起到的效果同皇室法院几世纪前创设的上诉途径——它们动摇了商人团体自己法院的权威。

由于这些法律，律师们开始积极地参与商事仲裁。例如，在纽约州的法律议案通过后，商人们开始尝试确定法院会将仲裁的哪些特征视为“合法”，故而，法院的立案数量骤增。案件涉及仲裁员的选任方式、律师是否出庭、是否需要速记员做庭审记录等类似问题。商人们因为要被迫去关注司法复审的可能性，所以不得不使仲裁程序符合制定法和判例法(precedent law)中有关普通法(common law)程序方面的先例。1920年之后的一位观察家指出，“为避免诉讼而以仲裁作为防范措施的人，其命运极具讽刺意味的是，作为刳精呕血的回报，他会顿悟自己置身于法庭之争，但不是为案件本身的争议焦点而战，而是为仲裁的合法与否而战……永不落幕的悲喜剧展示了政府法律程序在抑制试图以适法行为逃避法律自身复杂程序方面的成功”。[74]

自20世纪20年代以来，商事仲裁一直面临着法律制度的攻击，但是在绝大多数的商业纠纷解决中，耗时长、成本高的公共法院已不再具有同商事法院竞争的实力。尽管仲裁的特点很大程度上受到政府采取的各种削弱其权威和减少其吸引力措施的影响，但其优势仍然引人注目。以上优势也可以用来解释最近出现的私人营利性纠纷解决服务。

(二)聘请法官审判制度[75]

加利福尼亚州1872年的一项成文法规定，争议当事人有权在他们选择的任何裁判者面前，获得充分的法庭听审。在1980年，加利福尼亚州的公共法院积压了70000件审前平均迟延超过50个月的案件。因此，希望快速解决一起复杂商事纠纷案件的两位律师“重新发现”这一法律条文，也在情理之中；他们找到一位在该纠纷领域具有专长的退休法官，按代理人费率向其支付报酬，为他们的当事人节省了大量时间和费用。

虽然没有统计过聘请法官审判制度从1980年形成以来审理的案件数

〔74〕 Nathan Isaacs, *Review of Wesley Stugess*, *Treatise on Commercial Arbitration and Awards*, 40 Yale Law Review 149(1930).

〔75〕 聘请法官审判制度(rent - a - judge Justice)，也被表述为“私人法官审判制度”(private judging)，这是旨在避除政府提供服务的高成本和低效率而提出的“私法化”(privatization)理念表现在国家法院体统的产物——译者注。See Anne S. Kim, *Rent - a - Judges and the Cost of Selling Justice*, 44 Duke Law Journal 166(1994).

量,但据洛杉矶县高等法院[76]民事庭的协调人估计,该制度在该县适用的前五年内,解决了数百起纠纷。大多数涉及复杂商事纠纷的私人案件中,诉讼当事人都"感到公共法院不能迅捷并适当地"审理自己的案件。[77] 私人法官审判制度(private judging)如今正是一个不断成长的行业,它遍布整个国家。确实,在过去的几年中,数家私人营利性纠纷解决服务公司进入了好几个州的司法市场。尽管加利福尼亚州的成文法以及其他州的几部相类似的法律,将私人法官的裁决视为仲裁裁决,但这一正发展的制度与仲裁之间还是存在一些细微的差别。第一,一些州的个人和服务公司现如今正在积极地为法官寻求案源以获取利润;第二,先前在契约中约定的仲裁条款不是关于通过私人法庭解决纠纷的约定。[78]

七、现代商人法之"立法":习惯与契约

商业市场继续发展着日益扩大的习惯法基础,譬如,订单明显依据双方的契约安排产生。因此,基于当事人充分协商后自愿签订的契约提供了一种私人造法的形式。如果契约是一份符合长期交易传统的标准契约,那么它仅反映了现存的商事习惯法;如果当面临新的交易情形,一份契约发展出一种可有效适用的新商业惯例,那么它可能增入习惯法。由于商业在一个不断变化的动态环境中运作,新的契约安排总是处于斡旋之中——这也是创造新法的过程。

仲裁也可以并且经常通过创设能够成为习惯法内容的先例来创造法律。这与兰德斯和波斯纳为代表的观点相矛盾,他们认为,商业仲裁并不能

[76] 洛杉矶县高等法院(Los Angeles County Superior Court):在美国,县级相当于郡级。众多的城市聚集在一起隶属县级(郡级)。例如,洛杉矶市(City of Los Angeles)是隶属洛杉矶县的一个城市。在美国,高等法院(Superior Court)通常充当州审判法院,实质是州法院系统中初审法院和最高法院的衔接。根据立法规定,它是下级法院案件上诉的第一站,往往也是最后一站,如果对高等法院的判决不服,可以上诉至州最高法院,州最高法院可以考虑是否接受上诉。——译者注

[77] See Gary Pruitt, *California's Rent - a - Judge Justice*, 51 Journal of Contemporary Studies 49 (1982).

[78] 兰德斯和波斯纳认为,倘若事前在契约中没有仲裁条款,则私人裁判就不是一项可行的选择。司法市场的出现引发了对此的质疑。See William M. Landes & Richard A. Posner, *Adjudication as a Private Good*, 8 Journal of Legal Studies 235, 237 (1979).

书　评

态”。[5] 然而,即便它使制度性事实得以可能,但我们千万不要由此忘记“言语行为”这一基础,没有它制度性事实是决然不可能成立的,而且构成性规则本身就是言语行为理论的一个表征。在奥斯汀(J. L. Austin)“说话就是做事”的三分理论基础之上,[6] 塞尔(J. R. Searle)明确地将言语行为分为五种类型,[7] 而其中的“宣告式言语行为”则是理解制度性事实的核心;按照塞尔自己的说法,“所有的制度性事实……是借由我在1975年命名为‘宣告式’的那类言语行为而被创立起来的”。[8]

之所以强调制度性事实的言语行为理论维度,其原因在于,它不仅是被《法概念研究》以及当前制度法研究忽略了的内容,更还在于它直接影响我们对麦考密克制度法理论之性质、发展可能性的把握。在麦考密克对制度性事实进行法理重释的过程中,有两方面内容值得予以特别强调:[9] 其一是在不同阶段对“制度”的不同维度理解;其二是经由“非正式言语行为”(informal speech act)所开放出来的习惯观念。前者与法律知识问题相关,后者与法律的规范性基础相关。就前者而言,麦考密克在引入并运用“制度性事实”概念时的确作了诸多修改和限定,这尤其表现在他对“制度”概念的使用上。按照托雷的总结,他至少在四种意义上使用“制度”概念,分别

---

〔5〕 [美]约翰·R. 塞尔:《意向性:论心灵哲学》,刘叶涛等译,上海人民出版社2019年版,第1页。

〔6〕 即“以言表意行为”(locutionary act)、“以言行事行为”(illocutionary act)以及“以言取效行为”(perlocutionary act)。其中,以言表意行为即通常意义上的“说些什么”,相当于说出某个具有意义(包括含义和所指的语句)的语言(其公式为:saying something);以言行事行为是在说话过程中实施“言外之事”,即说出的话语具有某种力量从而完成一定的行为,如许下承诺(其公式为:In saying X,I was doing Y);以言取效行为则是经由说些什么之后对说话者或听众或其他人所产生的影响,如通过说出一个论证理由而使你信服(其公式为:by saying X,I did Y)。相关内容,可以参见[英]J. L. 奥斯汀、J. O. 厄姆森、[意]玛丽娜·斯比萨编:《如何以言行事》,杨玉成、赵京超译,商务印书馆2013年版,第90~102页;杨玉成:《奥斯汀:语言现象学与哲学》,商务印书馆2002年版,第80~93页。

〔7〕 五种言语行为分别为(翻译略有改动):“断言式言语行为”(assertives)、“指令式言语行为”(directives)、“承诺式言语行为”(commissives)、“表达式言语行为”(expressives)以及“宣告式言语行为”(declarations)。具体内容,可以参见[美]约翰·R. 塞尔:《表达与意义》,王加为、赵明珠译,商务印书馆2017年版,第24~32页。

〔8〕 [美]约翰·塞尔:《人类文明的结构:社会世界的构造》,文学平、盈俐译,中国人民大学出版社2014年版,第9页。

〔9〕 需要指出的是,此处的“两方面内容值得特别关注”是在肯定《法概念研究》已经涉及的内容这一前提下讲的,因而是“补充意义上的”。

为:制度性事实;复杂法律资料的表征机制;社会实体;制度化或组织化。[10]“制度性事实”主要集中在其早期理论论述中,而在后期的制度性规范秩序理论中“制度”一词则被更多地赋予了“制度化或组织化”的含义;在这个意义上我们可以认同乌拉的判断,即麦考密克前期的理论资源在其后期理论中已经所剩无几。[11] 而在以“制度性事实”为核心的前期制度法理论中,通过引入制度性事实,制度法理论不只解决了哈特社会规则的“性质”问题,其首要的理论目的在于解决“法律知识何以可能”,[12]制度以及制度性事实等概念都意在于此。正是由于制度性事实自身所具有的“本体论上的主观性但却是认识论上的客观性”(塞尔语)特性使得法律知识得以可能,但麦考密克同时却认为塞尔通过构成性规则来解释制度性事实会混淆“法律制度自身”和“规则”两个范畴;因为在他看来,制度是由“创制性规则、效果性规则、终止性规则”所构成的一个规则体系,而且,也正是通过三类规则的运作,人们在实践中所面对的复杂法律内容得以被重构为魏因伯格所说的“实践信息”(practical information)[13] 抑或麦考密克所说的“法律知识”(legal knowledge)。创制性规则和终止性规则使制度能够在时间之流上有“始”有“终”,而在其存续过程中则赋予对象以权利义务为主要内容的效果性规则,从而为“当前”的法律实践提供行动的依据;通过“历时”与“实践”两个层面的说明,人们的生活便获得了“稳定的预期”,从而才有“秩序”可言。实际上,在“稳定的预期”和“秩序”背后,我们可以发现麦考密克后期制度法理论中所说的“文明性”(civility)的影子,而且,由于“作为制度事实的规则并非法律的全部”,[14]这实际上也为麦考密克的后实证主义转向开了一个“原

---

〔10〕 See Massimo La Torre, *Reform and Tradition: Changes and Continuities in Neil MacCormick's Concept of Law*, in Agustíin José Menéndez and John Erik Fossum, eds., Law and Democracy in Neil MacCormick's Legal and Political Theory, Springer, 2011, p. 65.《法概念研究》认为麦考密克在五种意义上使用“制度”概念(第123～128页),但笔者认为它与Massimo La Torre的主张之间并无根本不同。

〔11〕 See Vittorio Villa, *Neil MacCormick's Legal Positivism*, in Maksymilian Del Mar and Zenon Bankowski, eds., Law as Institutional Normative Order, Ashgate Publishing Limited, 2009, p. 55.

〔12〕 Neil MacCormick & Ota Weinberger, *An Institutional Theory of Law: New Approaches to Legal Positivism*, D. Reidel Publishing Company, 1986, p. 27.

〔13〕 See Ota Weinberger, *Institutional Theory of Action and Its Significance for Jurisprudence*, Ratio Juris, Vol. 6:2 (1993).

〔14〕 Neil MacCormick & Ota Weinberger, *An Institutional Theory of Law: New Approaches to Legal Positivism*, D. Reidel Publishing Company, 1986, p. 74.

则”的口子,它为诸如价值、道德等因素进入法律从而告别实证主义的原初立场提供了契机。在自上而下的意义上,法律知识为人们的行动提供了理性指引;在自下而上的意义上,人们实际的规范秩序则为法律知识的解释和重构提供了素材来源。

当然,由于20世纪80年代至90年代对于麦考密克而言是一个理论的过渡时期,上述诸内容所释放出的信号其实仍不甚明确;但相较于《法律推理与法律理论》中的坚定维护哈特实证主义立场这一时期而言,关于“习惯”的论述却已在此时逐步获得较为明确的地位,习惯地位的凸显也是经由“制度性事实”的“言语行为理论”开放出来的。麦考密克将塞尔的言语行为理论称作“正式言语行为理论”(formal speech act),并相应地提出了“非正式言语行为”的理论。[15] 他认为,“很明显的是,法律中所有的施事话语或行为(performative utterance or act)都预设了一些在先的规则,在这些规则之下,人们才能创设与该规则相关的新的法律事务。因此可以说,至少一些规范性规则必定在逻辑层面先于任何的施事话语或行为。此外,又因为法律规则是最为重要的‘规范’类型,因此我们必定可以推出,并不是所有的规范都得通过法律中的言语行动或行为的途径来进行说明”。[16] 从生物学自然主义的立场出发,塞尔的确可以凭借语言的构成性规则解释社会实在的建构,但麦考密克则将其中的“基础”归结到作为非正式规则的习惯层面,这不仅呼应了哈特的惯习转向而且也为后期“关于规则的习惯”奠定了一般哲学层面的基础。在他看来,“很清楚的是,不管是在语用学层面还是语义学层面,惯例性(习惯性)规范或规则对言语行为的可能性都是非常关键的”。正是惯例和言语共同体的惯例(usage of speech - communities)使我们能够理解其他所有人的话语表达;同样地,也正是它们使某些表达变得可理解,比如说承诺,而且(或许)也正是它们使我们能够辨识出某人作出何者应当遵守的承诺。很明显,语言的习惯性规范——语言惯例(linguistic

〔15〕 “正式言语行为”(formal speech act)与“非正式言语行为”(informal speech act)的区分与蕾·兰顿(Rae Langton)所说的“言语行为”(speech acts)与“非说出的行为”(unspeakable acts)的区分极为类似。详细论述,可以参见 Rae Langton, *Speech Acts and Unspeakable Acts*, Philosophy & Public Affairs, Vol. 22, No. 4, 1993。

〔16〕 Neil Maccormick and Zenon Bankowski, *Speech Acts*, *Legal Institutions and Real Laws*, in Neil MacCormick and Peter Birks, eds., The Legal Mind: Essays for Tonny Honoré, Clarendon Press, p. 123.

conventions)——就是我们语言行为背后的原因所在”。[17] 由此,麦考密克开放出了一个与“法律中的行为”(acts - in - the - law)相对应且为前者之基础的“习惯中的行为”。[18]《法概念研究》根据麦考密克后期理论的“制度化”思路得出了相似的结论,但经由对制度性事实的考察可以发现,“法律作为一种制度性事实”这一关于法律的理论解说似乎一开始就包含了“走向习惯”的潜在可能性,而这一点却丝毫未曾涉及。

三、法律知识、诠释学方法与伦理实证主义

如前所述,奠基于制度性事实的前期制度法理论旨在提供一种法律知识论。在图尔的影响下,[19] 麦考密克认为法理学的首要任务在于提供一种“法律认识论”,即一种关于法律知识何以可能的理论;该看法助力麦考密克走向对实践理性的关注从而逐步走向后实证主义意义上的制度法理论。[20] 具体而言,通过“制度性事实”肯认“法律知识”的存在既能为凯尔森的纯粹规范主义认知提供一个社会学基础,同时也能为法律现实主义式的认知提供一个本体论基础,但由于法律知识作为一种经由“重构”而来的对象,还面临着是否必然以绝对价值为基础的质疑。理论重构的基础在于“诠释”,“诠释学方法”(hermeneutic method)由此走向制度法理论的前台。

在对奥斯汀服从习惯的批判基础上,哈特指出,单纯外在的规律性行为无法保证社会规则的存在;除了外在面向外,社会规则还有其“内在面向”,即对特定行为模式持有一种“批判反思的态度”(critical reflective attitude),

---

〔17〕 Neil MacCormick and Zenon Bankowski, *Speech Acts, Legal Institutions and Real Laws*, in Neil MacCormick and Peter Birks, eds., The Legal Mind: Essays for Tonny Honoré, Clarendon Press, p. 124. 与此相关的论述还有很多,比如说“真实情况是,即便的确存在创设规范(norm - creating)的言语行为,但由此类程式(如立法、命令、意志、公司法)所创设的规范却全都是派生性的规范。言语行为自身便预设了‘更高级’的规范的存在。而且,并不是所有这些高级规范都能拥有派生性规范的地位。其中一些必定是非派生性的。因此,一种令人满意的规范理论是先于法律中关于的言语行为或行动的任何恰当阐述的”(第 124 页)。

〔18〕 Acts - in - the - law 这一概念来自哈特理论,而且这一概念也与奥斯汀的言语行为理论有关。具体内容,可以参见 H. L. A. Hart, *Essays in Jurisprudence and Philosophy*, Clarendon Press, 1983, p. 4。

〔19〕 See R. H. S. Tur, *What is Jurisprudence?*, Philosophical Quarterly, Vol. 28: 111, p. 149 - 161 (1978).

〔20〕 See Neil MacCormick, *Contemporary Legal Philosophy: The Rediscovery of Practical Reason*, Journal of Law and Society, Vol: 1 (1983).

它们通过诸如应当、必须等规范性术语予以表达;[21] 相应地,法体系的存在便依系于官员所持有的这种“内在观点”,但对法律进行辨识的承认规则却是一个可以从外在观点进行考察的社会事实。而在麦考密克看来,法体系以及法律知识的存在并非如哈特所言只能由外在观点才能掌握,因为内在观点并非建立在哈特所说的“尊奉态度”上而是建在不同的“理解层次”上,即他所说的“认知性”和“意愿性”。“认知性”层面的理解是诠释者必需具备的,否则法律对象就会变得完全无法理解,但这并不意味着我们需要对此类对象表达出偏好等“意愿性”面向,即便它关涉的是一个道德或价值问题也可以如此。基于此,夏皮罗对内在观点的解读可能就是存在问题的,[22] 因为“接受”本身可能就已经将“意愿性”因素包含其中了,这使我们仍然无法把握内在观点的细致内容。而秉持诠释学观点/方法则可以从“认知”上的参与者但却是“意愿”上的局外人的立场进行观察,诠释者理解但却可以不偏好其中所涉的道德或价值;因此,诠释学方法则成为分析法律的首选。《法概念研究》抓住了麦考密克对哈特内/外在观点的修正并由此开放出对制度法理论的规范性基础的解读(第 79 页),但它所具有的理论还不止于此,比如说,它和后期制度法理论中“人是规范的使用者”以及法律的规范性还具有内在的关联(详后)。

虽然“诠释学方法”在哈特“后记”中得到了肯认,但制度法理论在此似乎与凯尔森意欲建立“法律科学”的纯粹法理论更为接近,而不是哈特理论。[23] 要注意的是,对诠释学方法本身也不应过于强调,尽管麦考密克认为诠释学方法具有重大的理论层面的意义,但当视野转向法律的社会实践时,诠释学方法是否仍能保持这种意愿上的“中立”仍是存疑的。尤其是考虑到“实践理性”在麦考密克转向后实证主义中所扮演的重要角色,这种中立性就显得更为可疑。实际上,这已触及法律实证主义的“分离命题”,即法律与道德不存在概念上的必然关系。虽然分离命题存在“内容”和“效力”两个维度的内容,但当前主流观点认为分离命题主要是“效力”层面的,即法律存在的效力并不以道德为标准。的确,麦考密克始终坚持法律与道德之

---

〔21〕 See H. L. A. Hart, *The Concept of Law*, Clarendon Press, 1994, p. 57.

〔22〕 See Scott Shapiro, *What Is the Internal Point of View*, Fordham Law Review, Vol. 75:3, p. 1161 – 1163(2006).

〔23〕 See Neil MacCormick & Ota Weinberger, *An Institutional Theory of Law: New Approaches to Legal Positivism*, D. Reidel Publishing Company, 1986, p. 97.

间存在“概念上的”区别,即法律具有制度性,而道德则是争辩性的、个人性的;法律具有权威性且由权威行动来处理纠纷,而道德则是分散性的、从而可能存在进一步的争论;法律具有他律性从而约束个人并排除个人深思,而道德则是自主的从而受到个人意志之约束。[24] 但这并不妨碍他基于实践或道德上的理由对法律与道德之关系进行质疑从而也就是对“描述性法理论”的质疑。这种实践或道德角度的理由既是他对哈特法律实证主义予以支持的基础,[25]也是他冲击法律实证主义的动力来源。据此,麦考密克的制度法理论逐步远离哈特“描述性社会学”意义上的法律实证主义而更多地具有了“伦理性法律实证主义”的色彩。

相较于“伦理性法律实证主义”,“规范性法律实证主义”概念或许会得到学界的更多认可。[26] 麦考密克对伦理性法律实证主义的坚信继而进一步转向后实证主义的理论发展过程典型地体现在两篇文献中。在《去道德之法律的道德辩护》(*A Moralistic Case for A – Moralistic Law*?)一文中,麦考密克虽然仍旧坚持在制度法理论视野下“法律规则就其本性而言并不必然是道德性的”,[27]但他却同时认为,“就我自身而言,我不相信任何充分的论证在至少不包括这些道德和实践基础时能够被做出,这些概念层面的论述加强了道德良心的至上性”。[28] 而且,“实践概念之使用的最终正当化根据必定其自身部分地是实践的,绝然不会是纯粹的认识论性质的”。[29] 法律是对人们真实生活(其中无疑就包含着道德要素)的表征,法理论不可能只是纯粹的理论思辨,法理论命题因而就必然要涉及实践或道德论证,因而诠释学方法本身就是在为道德伦理论证作嫁衣。这即是说,支持法律和道德

---

〔24〕 See Neil MacCormick, *The Concept of Law and "the Concept of Law"*, Oxford Journal of LegalStudies, Vol. 14:1, p. 7(1994).

〔25〕 在麦考密克看来,哈特对法律实证主义的支持,其理由实际上是来自实践或道德层面上的考量。如果我们进一步考察哈特对刑法的道德强制以及性行为的法律制裁等论题的看法,麦考密克的这一说法所具有的说服力或许会得到进一步的强化。

〔26〕 参见[美]安德瑞·马默:《法哲学》,孙海波、王进译,北京大学出版社2014年版,第115~120页。

〔27〕 Neil MacCormick, *A Moralistic Case for A – Moralistic Law*?, Valparaiso University Law Review, Vol. 20:1, p. 8(1985).

〔28〕 Neil MacCormick, *A Moralistic Case for A – Moralistic Law*?, Valparaiso University Law Review, Vol. 20:1, p. 11(1985).

〔29〕 Neil MacCormick, *A Moralistic Case for A – Moralistic Law*?, Valparaiso University Law Review, Vol. 20:1, p. 30(1985).

之分离的理由必定是一个道德理由，就像支持政教分离的理由是一个道德理由一样。其中，非常重要的实践或道德论证是基于密尔“伤害原则”对个人道德自主性的保护。他将这种修正的非道德论总结如下：“法效力或许可以恰当地通过纯粹的形式基础而确立，法律也不应当假定根据其形式上的效力而认为它具有道德上的正当性或道德上的约束力。法律的道德内容也应有所限制。”[30]这种对法律之道德性予以强调的倾向促使麦考密克认为，法律实证主义与自然法理论之间的对立逐渐不再具有中心的意义，制度法理论的关注重心也由此发生转变。

这一观点在《自然法和法律同道德的分离》（*Natural Law and the Separation of Law and Morals*）一文得到了强化，麦考密克在此更进一步地表现出对菲尼斯（John Finnis）以及富勒（Lon Fuller）等人的自然法理论的接纳，从而与法律实证主义几近告别。如前所述，法律与道德之间的确需要通过某种标准进行区分，但这些标准“不可能是道德无涉的”（value - free），[31]从而也就意味着，法律并非可以具有任何内容，内容上的分离命题在此被放弃。此外，后期的制度法理论认为，法律是制度化的规范性制度，它与道德之间的差异就在于法律是“制度化的”，麦考密克据此为法律设定了一个外在的限制，即“道德”，从而“未经参酌任何任何合理道德论证的法律条款，就不应当被视作是有效的法律”。[32]效力上的分离命题也几近放弃。合理道德论证的核心则在于对道德主体之自主性的保护和张扬。在此意义上，道德主体的“道德自主”就成为理解“后实证主义”之中的“后”的一个突破口。

但不得不说，麦考密克对自然法理论的接纳是有限度的，主要集中在菲尼斯的“价值多元”和“共同善”这两个概念以及富勒的法治原则等内容层面；他并不认为善是不证自明的，而是选择了由哈贝马斯（Jürgen Habermas）和阿列克西（Robert Alexy）所提供的理性证立的思路，而对富勒法治原则的接纳则表明法律之存在本身就包含了一个实质价值，而不是像哈特所认为

[30] Neil MacCormick, *A Moralistic Case for A - Moralistic Law*?, Valparaiso University Law Review, Vol. 20:1, p. 37 (1985).

[31] Neil MacCormick, *Natural Law and the Separation of Law and Morals*, in Robert P. George, eds., Natural Law Theory: Contemporary Essays, Clarendon Press, 1992, p. 111.

[32] Neil MacCormick, *Institutions of Law: An Essays in Legal Theory*, Oxford University Press, 2007, p. 242.

的那样只是形式层面上的程序性规则。

四、实践理性转向与法律的规范性基础

在告别法律实证主义之后,至此的论述都迫使麦考密克对他所说的繁杂内容做一个中心式的统合,这便是“实践理性”。实际上,当麦考密克认为自然法和法律实证主义之间的争论不再具有中心意义时继而强调道德主体的“道德自主”时,他所关注的重心就已悄然转至“实践理性”层面。至此,麦考密克抛弃了早期制度法理论中源于休谟的非唯知论(non - congnitivism);相对地,他不仅认为理性可以实践,而且认为法律和道德都属于实践理性的范畴,更重要的是作为道德主体的每一个人其本身便是“规范的使用者”。当人们对特定行为进行“对或错”的评价时就已然预设人置身于某种规范秩序之中,因此规范使用者先于规范命令发布者而存在。在这种规范秩序之中,每个人都拥有斯密所说的“同情共感”的能力,因而能够从道德个体的能力发展出带有普遍性的规范内容。

通过融合斯密和康德的理论,麦考密克提出了“斯密式定言命令”(Smithian Categorical Imperative),即“意欲致力于保持互信以便于在彼此之间建立起一个支持或反对的共同标准,则尽你所能地充分感受每个直接参与或受事件或关系之影响的人的感受,并公正地形成一个判断何谓正确且能为所有人都接受的准则”。根据这一命令,又可推导出另一个从属性命令,即“如此地行为,与对特定事件或关系的公正判断相一致”。〔33〕 经由考虑当事人的情感、客观公正地形成判断以及将该判断普遍化等阶段,道德主体的自主性与实践理性的普遍性要求之间达致相互协调的状态,道德主体“如何行为”由此也拥有了理性而客观的根据。

实际上,当哈特将法律功能定位于“以各种各样的方式,导引、计划和控制人们的生活”〔34〕时,“实践理性”已经呼之欲出,但哈特的论述似乎也仅止

---

〔33〕 Neil MacCormick, *Practical Reason in Law and Morality*, Oxford University Press, 2008, p. 178. 原文如下:“Enter as fully as you can into the feelings of everyone directly involved in or affected by an incident or relationship, and impartially form a maxim of judgement about what is right that all could accept if they were committed to maintaining mutual beliefs setting a common standard of approval and disapproval among themselves.” 与 “Act in accordance with that impartial judgement of what it is right to do in respect of the given incident or relationship.”

〔34〕 H. L. A. Hart, *The Concept of Law*, Clarendon Press, 1994, p. 40.

步于此。麦考密克则在此时的制度法理论中，通过“斯密式定言命令”的“弱解读”，[35]实践中的道德主体不仅不用完全受限于他人的意志，而且还能够对自身行为进行批判性的审视。麦考密克“人是规范的使用者”以及“斯密式定言命令”带有哈特内在观点的深刻影子，而且，也正是得益于道德主体的这种理性能力，人们能够在实际社会中建构起一张“共同的信念和预期之网”（a network of mutual beliefs and expectations）。[36] 它为法律的民主论证与主体间性意义上的合理性提供了基础，同时也构成了制度性的规范性秩序的基础和前提，这便是《法概念研究》反复强调的“非正式规范性秩序的潜在理念”（第170页）。

麦考密克对“实践理性”以及对“斯密式定言命令”的论述都旨在为法律提供一个后设伦理学层面的理论基础；基于这一基础，他得以对“后实证主义”语境下的法概念展开论述，即法律是一种“制度性规范秩序”。道德主体层面的规范秩序与法律主体层面的制度性规范秩序之间的差别在于是否“制度化”。但按照马克西米廉的研究结论，制度化并不简单地指“非正式”到“制度化”的过程，而是多阶段的，既有自然法阶段乂是规范秩序阶段，而且“制度化”的过程本身又包含着五个阶段。[37] 在这种不断叠加的理论结构中，法律的规范性基础则有了“习惯”或“关于规则的习惯”这一坚实的基础，而这一基础本身又具有一般哲学层面的论证和说明。基于此，我们可以说，麦考密克的“后实证主义”语境下的制度法理论不仅是可能的而且是充分的。

对于“习惯”或“法律的规范性基础”，我们还不能如此简单的处理，因为探究法概念论无非是“以法律的规范性做为核心研究主题的法哲学理论”。[38] 在“制度性事实”和诠释学方法部分我们便已经触及将习惯作为法律规范性之基础的理论思路，而在后实证主义的制度法理论中，麦考密克则明确地将法律的规范性基础定位于习惯之上，而且论述思路也完全是后实证主义式的。在麦考密克看来，习惯并非如哈特所说的那样只具有外在面

---

〔35〕 Maksymilian Del Mar, *The Smithian Categorical Imperative*, Archivfuer Recht – und Soziaphilosphie, Vol. 98:2 (2012).

〔36〕 Neil MacCormick, *H. L. A. Hart*, Stanford University Press, 2008, p. 47.

〔37〕 See MaksymilianDel Mar, *Legality as Relative Institutionalism: MacCormick's Diffusionism and Transnational Legal Theory*, Transnational Legal Theory, Vol. 5:2 (2014).

〔38〕 庄世同：《法律的规范性与法律的接受》，载《政治与社会哲学评论》2002年第1期。

向。通过诉诸哈特理论本身的不足,同时还将可供寻求的理论资源库从古希腊亚里士多德对习惯的论述一直延续到当代认知科学和心理学对习惯的最新成果,麦考密克旨在说明,习惯不仅具有哈特所说的"内在方面",而且在某种意义上习惯的内在方面比规则更重要、更持久。"习惯像规则一样身处同种话语领域之中。每一种习惯都能对我们将做什么作出说明,虽然这些说明确实不相一致,但却只是'内在观点'内部的差异。"[39] 在证成习惯的基础上,麦考密克进一步将习惯视作非正式规范性秩序的典型(并通过一个"排队"的例子来进行说明),而法律制度则是一种制度性的规范秩序;前者是后者之规范性基础和根据,即任何制度性秩序之下都必定潜存一种惯常做法或习俗,它们可以被表述为如下的规则,即宪法以及处于宪法之下的法律应该被尊重;习惯性或习俗性的基本规范就成为整个机构必需的规范性基础。[40] 由于制度性规范秩序的规范性力量奠基于非正式规范秩序之上,因而制度以及作为制度性事实的法律的规范性基础也就来自"习惯"这一具有权威性的社会实践。

在当代理论研究中,"理由"进路引领着法律规范性研究的发展方向,[41] 而麦考密克则为这种"理由"贡献了"习惯"面向的理论成果,从而为法律的规范性提供了独特的解决思路。但如若仔细考察麦考密克的论述,我们仍会发现,他在关于习惯的说明中更多地是在"引证"而非"论证";实际上,麦考密克完全可以坚持"非正式言语行为"的思路来对习惯问题作进一步的一般哲学层面的论证和说明,因而"关于规则的习惯"应当有更多的内容可以进行挖掘和展开。

五、"后实证主义"的性质与法理论

至此,我们已完全进入到后实证主义的制度法理论之中。在前述内容中,我们不仅从"法律与道德"之间的关系角度来理解后实证主义之"后",而且还试图提供另一种更具有针对性的理解思路,即"道德自主性"。实际

〔39〕 Neil MacCormick, *Institutions of Law: An Essays in Legal Theory*, Oxford University Press, 2007, p. 63.

〔40〕 See Neil MacCormick, *Institutions of Law: An Essays in Legal Theory*, Oxford University Press, 2007, p. 49 – 68.

〔41〕 参见谢世民、吴瑞媛主编:《理由转向:规范性之哲学研究》,台北,"台大出版中心"2015年版。

上，在笔者看来，由于麦考密克认为自然法与法律实证主义之间“二分”及其争论的意义极为有限，所以后一思路对理解后实证主义或许会更有意义，而且他自己也明确说到，“在我看来，从道德自主性着手论证，这一基本前提具有首要性”。[42] 在后实证主义语境下，法律秩序只不过是规范秩序中的一种，即“制度性的规范秩序”；规范性秩序之目的旨在“调整人之行及其相关事务”，[43] 在这种秩序中，道德主体依靠自律自主而过活；其中所涉的诸种价值由于处在相互论辩的状态，这使得规范秩序有必要走向制度化的规范秩序，它要在一定程度上牺牲自主性而为道德主体施加一层“他律”的外在限制。在制度性规范秩序的框架结构下，国家法秩序是尤应给予关注的典型。国家与法律虽不完全重合，但根本性的宪法却为国家秩序提供了必要的保障，“对宪法的尊重”也逐渐成为麦考密克式的“基础规范”。

在这种理论结构中，麦考密克彻底接纳了拉德布鲁赫公式和阿列克西的“正确性命题”，即“极端不正义即非法律”（extreme injustice is not law）；“联结命题”而非“分离命题”由此成为麦考密克后实证主义制度法理论的又一标志。在后实证主义的法理论中，“法律的效力或法律的正确性和道德性与道德正确性之间具有必然联结”，[44] 而宣称法律效力的正确性和道德性则是道德自主性必不可少的一个条件。由此，后实证主义的法律理论便能够成为一种旨在表达如何更好地在现实社会中切实可行地保障道德自主性的法治理论，虽然它是以如何安置道德的话语展开的。在这种法治状态或法治国状态下，道德自主与社会秩序之间便能达致最大程度的融洽。道德主体之所以仍能保持相当程度的自主性，是因为作为制度性规范秩序之法律的基础在于人们“关于规则的习惯”和“共同的信念和预期之网”，[45] 法律对联结命题的否定是对正义的践踏从而是对道德主体的覆灭。社会秩序之所以具有文明性，则是因为道德主体“对宪法法律的尊重”，并同时在制度化的规范性秩序中发挥自主性和主体性，而与之相关的则是诸如权利、最低

---

〔42〕 Neil MacCormick, *Institutions of Law: An Essays in Legal Theory*, Oxford University Press, 2007, p. 303.

〔43〕 Neil MacCormick, *Institutions of Law: An Essays in Legal Theory*, Oxford University Press, 2007, p. 75.

〔44〕 [德]罗伯特·阿列克西：《法概念与法效力》，王鹏翔译，商务印书馆2015年版，第157页。

〔45〕 关于“预期”的相关讨论，参见王荣余：《论法律预期及其结构：哈耶克与卢曼》，载《荆楚学刊》2019年第1期。

限度的人格等内容的必不可少。不管是非制度化的道德秩序还是制度化的宪法法律秩序,它们无论如何都无法脱离“人”而存在,“规范性秩序不可能离开人而存在,缘在于,其调整的是人的行为”。[46] 而这种调整人之行为的制度性规范秩序不仅在于“牺牲”,更在于“给予”,给予人比起在非制度化规范秩序中更多的可能性,而这正是“人作为人”的内在要求,同时也是“斯密式定言命令”的题中之意。

通过将后实证主义的制度法理论解读为一种旨在保障道德主体之自主性的相对他律的法治理论,法律作为一种“制度性规范秩序”的“解释性定义”就不再仅仅是一个“法概念”问题,而更多成为“法理论”(legal theory)问题。诚如作者所言,“法律是什么”的确是法理学领域的“一个恼人不朽而又始终无法回避的核心问题”(第3页)。在《法律的概念》开篇处,哈特便指出,“在有关人类社会的诸问题中,极少有像‘法律是什么?’(what is law?)这一问题那样被经久不衰地追问,同时还由严肃的思想家以各式各样的、奇异的乃至是相互矛盾的方式作出解答”。[47] 实际上,一切“关于”法律的问题似乎都可以被视作是对“法律是什么”的追问。然而,也正是哈特自己指出,基本法律概念根本无法定义而只能被描述,[48] 从而他对“法律是什么”的回答也就通过分析法律与命令、法律义务与道德义务以及法律与规则这三个议题来展开。即便麦考密克通过其分析综合的方法将“制度性事实”和“制度性规范秩序”限定在“解释性定义”层面,但它所显示出的似乎已不再是一个“法律是什么”的法概念问题,而更多地像是一个“关于‘法律是什么’”的法理论问题;解释性定义关键不在于如何定义,而在于如何解释。这种从“法概念”到“法概念”的法理学研究转向在德沃金的批判语境下或许会变得更为明显。[49] 虽然笔者并不认同德沃金对法律实证主义的“显明事实”(plain fact)等内容的批判——对于麦考密克的理论而言这一批判更不适合,但他所说的关于法律问题的争议并不是事实或经验争议亦非政治道

---

[46] Neil MacCormick, *Institutions of Law: An Essays in Legal Theory*, Oxford University Press, 2007, p. 77.

[47] H. L. A. Hart, *The Concept of Law*, Clarendon Press, 1994, p. 1.

[48] See H. L. A. Hart, *Essays in Jurisprudence and Philosophy*, Clarendon Press, 1983, p. 47.

[49] 参见庄世同:《从“法概念”到“法理学”:德沃金〈法律帝国〉导读》,载《法哲学与法社会学论丛》2012年第1期。

德或服从的争议，而是一个关于法律之根据的“理论争议”〔50〕的观点却有着重要的理论意义。当然，这不等于说法概念或解释性定义是不重要的。

结语：在新的起点处再出发

尽管存在“法概念”的主题限定，《法概念研究》却最大限度地展现了制度法理论的基本脉络和核心要义。在这个意义上，它为国内关于麦考密克制度法理论的研究提供了一个新的起点，而本文则在这一起点上作了进一步的、但却不一定完全正确的解读。实际上，在此起点上，我们需要处理的理论课题会变得更多而不是更少；比如说，制度法理论纵向脉络的系谱考察，制度法理论的横向差异亦即麦考密克与魏因伯格在制度法理论上的异同，〔51〕以及制度法理论的纵深发展问题。〔52〕 笔者坚信“制度”话语并非只是一种“老生常谈”（commonplace），〔53〕其重要性还有待于进一步挖掘和提升，这促使我们在这个起点处再出发，继而培育出具有中国特色的制度法理论。

（李诗语　初审）
（焦祎晨　校对）

---

〔50〕 Ronald Dworkin, *Law's Empire*, The Belknap Press of Harvard University Press, 1986, p. 3 – 6.

〔51〕 此方面的相关研究，可以参见王荣余：《重访法律制度主义：新旧之别与异同之辨》，载《学术月刊》2020 年第 9 期。

〔52〕 在制度法的理论史考察中，Massimo 做了许多开创性的工作，参见 MassimoLa Torre, *Institutionalism Old and New*, Ratio Juris, Vol. 6:2 (1993)。不仅如此，在新旧制度法理论以及更为具体的魏因伯格和麦考密克制度法理论的基础上，Massimo 发展出一种新的制度法理论，它既能够容纳新旧制度法理论的合理因素，但又不至于走得像麦考密克那么远；相关内容，可以参见 Massimo La Torre, *Law As Institution*, Springer, 2010。

〔53〕 See Brian Tamanaha, *A General Jurisprudence of Law and Society*, Oxford University Press, 2001, p. 136 – 146.

会通中西:再论近代法制改革思想的源流
——《中国法律的传统与近代转型》读后

佘文博*

摘　要:晚清法制改革思想的源流乃是由"中体西用"到"西体西用",再由"中西合一"而"参考古今,博稽中外"延展的。迨北洋政府后期、南京国民政府时期,西方"社会本位"的法律思潮与中国固有礼教传统在形式上发生偶合;在更宏观的文化层面,《欧游心影录》《东西文化及其哲学》《中国本位的文化建设宣言》的观点逐渐成为如何对待中西文化的主流认知。张晋藩先生关于"中国法律近代转型的历史价值及经验借鉴"的立论对近代法制改革思想既有因袭,也有超越。《中国法律的传统与近代转型》已然成为20世纪90年代以降中国法律史学界努力尝试沟通中华法系的传统与现代、传承与转型的一个不容忽视的坐标。

关键词:中国法律的传统与近代转型　近代法制改革思想　会通中西

中国法律,衍自唐虞;虽历代因革,但一直与自然经济、家族社会、君主政体相表里,"诸法合体""以刑为主""法自君出"。海通以还,西方法律制度、思想、文化东渐我国;自清末修律始,中国法律步入崎岖坎坷的现代化之路。百年来,在礼与法、中与西、人治与法治等一系列纠葛中,我国法律在原则、理论、制度、思维等方面变迁甚巨。揆之政学界对中国法律现代化路径

* 佘文博,中国法学会法治研究所工作人员,法学博士。

热络不绝的探讨,除却“全盘西化”派,中国法律传统与现代西方法治之间的接榫问题一向为时人关注的焦点。其间,作为调和传统与现代的“会通中西”观应运而生,逐渐成为指引近代中国百年法制转型的轨辙。

一、缘起

《中国法律的传统与近代转型》(以下简称《传统与转型》)是我国著名法律史学家张晋藩先生的主要代表作,自1997年初版[1]问世已先后三次再版。就内容而言,《传统与转型》(第2版)[2]较之《传统与转型》(第1版)在“传统”部分增加了两个重要问题,在“转型”部分增加了较大篇幅。作者继而在《传统与转型》(第3版)[3]的“前言”重点论述了中国法律的转型问题。以此为基础,《传统与转型》(第4版)[4]增加了三个中国法律的“传统”,并对“转型”部分作了必要的修改。该书所获的殊荣早已为各界人士共知,且学界从研究目的、方法、意义与问题选择、概念构设、材料利用等方面对该书撰写的评论[5]可谓面面俱到,本不待笔者赘述。但从前述《传统与转型》四个版本的内容变化来看,由于作者对中国近代知识阶层的法制改革思想的研究逐渐深入,以至“近代转型”的部分渐次充实。在该书第4版中,张先生基于翔实的文献,透过对洋务派、维新派、立宪派、革命派等政治力量的法制改革思想加以爬梳,为读者呈现了1840年以降中国政学界关于传统文化如何在“西学东渐”大潮中与泰西学说进行调适、融合之问题的争鸣与探索。

“要使西方思想符合中国之用,必须在吸收之后加以消化,使它能成为中国式的东西,需将西方文化与中国传统相糅合;盲目吸收,反而有害。”[6]历史昭示我们,当域外文化与本土文化相遇后,唯有经过跨文化的调和与会通,方能浸润人心,风教流行。同时,传统文化唯有在异质文化的参与下,经过创造性转化与发展,方能日新又新,成为增强民族自信力的源泉。质言

〔1〕 参见张晋藩:《中国法律的传统与近代转型》,法律出版社1997年版。
〔2〕 参见张晋藩:《中国法律的传统与近代转型》(第2版),法律出版社2005年版。
〔3〕 参见张晋藩:《中国法律的传统与近代转型》(第3版),法律出版社2009年版。
〔4〕 参见张晋藩:《中国法律的传统与近代转型》(第4版),法律出版社2019年版。
〔5〕 参见明辉:《评〈中国法律的传统与近代转型〉》,载《中国史研究动态》2007年第3期。
〔6〕 林毓生:《中国传统的创造性转化》(增订本),生活·读书·新知三联书店2011年版,第265页。

之,中国法律的现代化并非是与固有法律文化相决裂,它在实质上是中国固有法律制度和观念对现代社会变化需要所做的功能上的适应。[7] 在由衷叹服那一代法政耆宿的责任心与使命感的同时,张先生逻辑清晰的论述和典雅工整的文字启发了笔者对近代法制改革思想源流问题的再思考,而其中的些许观点或与作者不尽相同。末学不才,刍荛之见当然可以商榷、指摘,惟命笔在兹,尚祈大雅君子匡我不逮、幸垂教焉。

二、洋务派"中西合一"的法制改革思想与沈家本"参考古今,博稽中外"的修律思维

(一)洋务派(1900年后)法制改革思想的发轫

在《传统与转型》(第4版)"第二部分"之第三节("转型过程中的法制改革思想与实践"),张先生分别论述了"洋务派的稍变成法,引进西法""维新派改良政体与法律的主张""晚清修律与法律的近代化"三个板块。其中,作者围绕林则徐、魏源、冯桂芬、薛福成、郑观应、张之洞、李鸿章等政治人物,梳理了洋务派"中体西用"的法制改革思想;围绕康有为、梁启超、严复、谭嗣同等思想家,介绍了维新派"必变""全变""变本"(笔者姑称之为"西体西用")的变法理论;立宪派的"参考古今,博稽中外"的修律思想则围绕"修律大臣"沈家本展开论述。或许,读者会从张先生的文字中得出如下结论:晚清官方法制变革力量是由"洋务派"而"立宪派"呈线性递嬗的,其改革思想之所以由先前有条件地学习西方技艺到后期积极主动地拥抱"西法",是因为在此过程中受到在野的"维新派"的影响。此观点乍看非常符合"正—反—合"的经典定律,颇具合理性。但如果加以深究,我们会发现其有意无意地模糊了几个重要的历史问题:(1)立宪派走上历史舞台是1905年清廷简派五大臣出洋考察宪政之后的事。那么在1900年至1905年,又是哪个政治派别影响清廷推出了蕴含"参酌中西政要""严禁新旧之名,浑融中外之迹"[8] 等表述,并要求新法制应"切实平允,中外通行"[9] 的一系列体现会通中西色彩的"新政"方针?(2)维新派自1898年戊戌变法失败后,其思想主张多已被清廷视为异端,极尽剿杀之能事。康、梁虽亡命海外,

[7] 参见张生:《从沈家本到孙中山——中国法律的现代化变革》,载《中国社会科学院研究生院学报》2002年第1期。

[8] 《清实录第58册德宗实录7》,中华书局1987年版,第274页。

[9] 《清实录第58册德宗实录7》,中华书局1987年版,第536~537页。

继续著书立说,但其在国内的影响力已然减弱,特别是在高层士大夫群体。因此,影响清廷"新政"方针的一定是当时在朝而非在野的政治派别。(3)这个在朝的政治派别所秉持的法制改革思想是什么?显然不可能是先前洋务派的"中体西用",因为这与清廷会通中西的"新政"方针不符。(4)此一派别能影响清廷的"新政"方针,也必然会深刻影响清廷随后展开的修律、立宪活动,而立宪派的法制改革思想一定与此派别的主张一脉相承。

带着上述疑惑,笔者在查阅典籍时,偶然间翻阅了夏东元教授的著作——《洋务运动史》。在此书第十九章之第四部分(对"中体西用"洋务理论的突破倾向——论张之洞《劝学篇》和"江楚会奏变法三折"),作者的相关研究为笔者指点了迷津。其指出,戊戌变法失败后,维新派"西体西用"的企图被官方扼杀。"洋务派官僚们在洋务复兴潮流中,一方面意识到要振兴中华维护清朝统治必须对'中体西用'进行改进,另一方面,也逐步意识到康有为一套变法主张与洋务变法相左,必须有一种思想与之相对抗。"于是,一种既非"西体西用",亦与"中体西用"不同的法制改革思想——"中西合一"观应运而生。此一思想"以 1898 年 4 月张之洞抛出的《劝学篇》为雏形,以 1901 年 10 月 2 日刘坤一、张之洞的'江楚会奏变法三折'为成型。它们基本上是 20 世纪初叶慈禧太后为首实行的'新政'的蓝本"。〔10〕 准此以观,影响清廷推出深具会通中西色彩的"新政"方针的政治派别,正是当时多由"封疆大吏"组成的洋务派(1900 年后)。彼宗标举"中西合一"的法制改革思想,引导了清廷随后展开的修律、立宪活动的价值取向。在此时空背景中,奉旨使中国法律"中外通行,有裨治理"〔11〕的沈家本认为,"大抵中说多出于经验,西学多本于学理。不明学理,则经验者无以会其通,不习经验,则学理亦无从证其是,经验与学理,正两相需也",〔12〕继而提出了"参考古今,博稽中外"〔13〕的法律转型方针。

---

〔10〕 夏东元:《洋务运动史》,华东师范大学出版社 1992 年版,第 478 ~ 479 页。"中西合一"思想在这两种文献中的具体体现,请参阅夏著,此不作引述。

〔11〕 上海商务印书馆编译所编:《大清新法令(1901 - 1911)点校本》第 1 卷,商务印书馆 2010 年版,第 16 页。

〔12〕 沈家本:《历代刑法考:附寄移文存》(第四册),中华书局 1985 年版,第 2217 页。

〔13〕 "……参考古今,博稽中外。既广译东西各国法律之书,复甄录我国旧文……寻绎乎变通趣时之义,而无惑乎偏重之说……"参见沈家本:《历代刑法考:附寄移文存》(第四册),中华书局 1985 年版,第 2210 ~ 2211 页。

(二)沈家本修律思维考论

1."参考古今"——返本开新的修律思维

近代以来,特别是甲午战败后,中国知识阶层对于固有文化,由自大而自卑;极其所至,乃以"整理国故"的名义将中华文化的遗产弃之如敝履,以求透过自遣,"启蒙"国人全盘接纳西洋学说。身处此一时空背景,奉旨使中国法律"中外通行,有裨治理"〔14〕的沈家本认为,倘"不深究夫中律之本原而考其得失,而遽以西法杂糅之,正如枘凿之不相入"。〔15〕由此,他选择了另一条修律的进路——"参考古今",旨在推动法律现代化时回归传统,充分发掘本国固有的制度、思想、文化资源,因势利导,在一定程度上推动旧有法制的自我更新。要言之,沈家本在"返本开新"过程中体现的推动法律现代化的具体思维方式,计有四端:(1)以"仁政"为理念,以本国古训、遗制为依据,将旧律所涉及的问题加以删改。(2)删改不合理规定时,先承认其历史上的合理性,而如今之所以要修订,是因为客观情势发生了变化。(3)以中国古昔与西方近世的情形为理由,删改不合理规定。(4)直接援引中国古制与史实,以说明建立新制度的合理性。

针对沈氏的路径选择,有观点认为现代性的中国法律乃立足于公民社会,是民主政治的产物,是权利本位的;这与千百年来体现专制君主意志的"秦制"截然不同。故在社会结构、性质发生变化的情况下,沈家本企图用过时的法律概念、陈旧的法言法语为在很大程度上体现西方法治文明的新法制装点门面,可谓非驴非马,毫无意义。然而,倘若我们秉持价值无涉的立场,不难发现:举凡历史悠久、文明深厚的国家在推进社会变革时都会选择回首过往,在自身历史中寻觅革新的合法性,这是一种普遍性思维,绝非中土所独有。而"回到更早时代的神话事实上是所有欧洲革命的特点"。〔16〕譬如,泰西诸国在中古时期以《圣经》为依据,托希伯来文明的"古",以完善封建社会的政教设施;迨启蒙时代,又以古希腊、古罗马诸家学说为凭藉,托古代社会的"古",以缔造其所谓的"理性王国"。此诚如马克思所言,人们

---

〔14〕 上海商务印书馆编译所编:《大清新法令(1901－1911)点校本》第1卷,商务印书馆2010年版,第16页。

〔15〕 沈家本:《寄簃文存卷六·大清律例讲义序》,载沈家本:《历代刑法考:附寄移文存》(第四册),中华书局1985年版,第2233页。

〔16〕 [美]哈罗德·J. 伯尔曼:《法律与革命——西方法律传统的形成》,贺卫方等译,中国大百科全书出版社1993年版,第18页。

对历史的创造"是在直接碰到的、既定的、从过去继承下来的条件下"创造的。"一切已死的先辈们的传统,像梦魔一样纠缠着活人的头脑。当人们好像只是在忙于改造自己和周围的事物并创造前所未闻的事物时,恰好在这种革命危机时代,他们战战兢兢地请出亡灵来给他们以帮助,借用它们的名字、战斗口号和衣服,以便穿着这种久受崇敬的服装,用这种借来的语言,演出世界历史的新局面。"〔17〕要之,中国古代法制文明只是沈氏修律的材料,而推动法律现代化才是其真实目的。

"新旧只是生命之一串,古今只是历史之一环,毁灭旧文化,即是窒息新生命。"〔18〕通过"参考古今",法律的稳定性与国人几千年来形成的敬畏"治法"的集体意识相互配合,并未因清季与嗣后民国的法制变革而断裂。同时,从固有文化中汲取养分,"不忘本来",亦是对历史的"温情与敬意"。

2."博稽中外"——借鉴融汇的修律思维

近世以降,中国知识阶层受"西学东渐"思潮的影响,担负"救亡图存"的历史使命,多主张用西方的理论、制度剪裁中国社会的现实。然而,沈家本作为"博通中西的法学家",〔19〕自不与时论同流,其认为"大抵中说多出于经验,西学多本于学理。不明学理,则经验者无以会其通,不习经验,则学理亦无从证其是,经验与学理,正两相需也"。〔20〕申言之,沈氏在借鉴西方法制文明时,并非全盘照搬,而是"博稽中外",将西方用以保护公民权利、自由的法制作为实施"仁政"的手段;用经过改造的"仁学体系"包容西洋法律精神;用固有的民主性的法律文化吸收西方国家先进的法律文化。〔21〕唯沈家本在"借鉴融汇"过程中体现的推动法律现代化的具体思维方式主要表现为以下方面:(1)欲采行"西法",则先从历史维度贬抑之,再肯定其近世的改良成果,尔后将"西法"与"中法"的问题相联结,以谋求"自强"为理由删改"中法"的流弊。(2)欲采行"西法",先说明现在"中法"的弊政不合中国古制,而近世"西法"的相关规定与古制暗合,故应借鉴。(3)以中释西,使国

〔17〕[德]马克思、恩格斯:《马克思恩格斯选集》第8卷,中共中央马克思恩格斯列宁斯大林著作编译局编译,人民出版社1961年版,第121页。

〔18〕钱穆:《政学私言》,九州出版社2010年版,第211页。

〔19〕郑定、杨昂:《还原沈家本:略论沈家本与晚清司法场域之变迁(1901-1911年)》,载《政法论坛》2004年第1期。

〔20〕沈家本:《寄簃文存卷六·王穆伯佑新注无冤录序》,载沈家本:《历代刑法考:附寄移文存》(第四册),中华书局1985年版,第2217页。

〔21〕参见江必新:《沈家本法制改革述论》,载《比较法研究》1988年第2期。

人对“西法”易于理解。(4)“西法”虽不合中国古制,但基于现实之急迫,径行订定,反对泥古。

约言之,人群心理的弱点——喜突出不喜平正,在对待外来文化与本土文化的关系问题上表现得尤为明显。有学者即对沈家本这种将“中学”与“西学”“互相发明”的理论持批评态度。然平情论之,与“西化派”之全盘接纳、“本土派”之固守传统相较,“会通中西”观所要求的借鉴融汇在操作中更加复杂:其不能将外来的或本土的制度、思想、文化作简单的肯定或否定,而是应当对“西法”先有深切的体认,同时对“中法”“加以缜密的分析选择,针对我们现实的需要,就其最接近之处,予以阐发”。[22] 我们知道,沈家本荣膺“修律大臣”时已年逾花甲。斯时“日处阽险,忧患近迫”;[23]沈氏大可以年岁之高、时局艰危为理由,径行采纳“西法”而不考虑与“中法”融汇的问题;[24]同样,作为饱读诗书的清廷旧官僚,沈氏完全可以跟“礼教派”诸公同声相应,严守“纲常名教”之防,反对任何实质性的法制变革。但是,他却坚守了“保守经常,革除弊俗,旧不俱废,新亦当参,但期推行尽利”,不持门户之见[25]的理念,顶住了来自两方面的压力,不“讨喜”地采行了借鉴融汇的中间路线。明乎此,便不难烛察:将沈家本这种“知难而进”的修律态度贴上“天真”“守旧”的标签,实在是有失公允。可见,沈氏在“参考古今”的基础上,复以“博稽中外”的思维解决中国旧律问题,斯乃“保其所有而益其所

---

〔22〕 王伯琦:《近代法律思潮与中国固有文化》,清华大学出版社2005年版,第62~63页。对沈家本而言,“中法”与“西法”的“最接近之处”在于“法理”(“情理”)。沈氏“融会贯通中外法学,就是要取中外法律中合于‘情理’者,而舍其悖于‘情理’者。合于‘情理’者为善法、良法,悖于‘情理’者为恶法、非法之法”。参见李贵连:《沈家本评传》(增补版),中国民主法制出版社2016年版,第141、143页。

〔23〕 故宫博物院明清档案部编:《清末筹备立宪档案史料》,中华书局1979年版,第43页。

〔24〕 针对1906年朝中大员对《刑事民事诉讼法》草案的争议,清廷于1907年将修律的指导思想确定为“参考各国成法,体察中国礼教民情,会通参酌,妥善修订”。此与沈家本借鉴融汇的修律思维颇为契合。但沈氏1902年甫上任时,清廷对修律的预期效果是“切实平允,中外通行”,并不涉及“西法”与“中法”融汇的问题。参见李贵连:《沈家本与中国法律现代化》,光明日报出版社1989年版,第85~87页。可见,沈家本“博稽中外”的修律方针并非基于官方的要求,而是其受自身的学养、使命感与当时社会思潮的影响,主动对朝廷“中外通行”的修律要求的进一步深化。

〔25〕 参见沈家本:《寄簃文存卷六·法学名著序》,载沈家本:《历代刑法考:附寄移文存》(第四册),中华书局1985年版,第2240页。

无"[26]的理性选择,绝非一种所谓"空想"。

"道理自在天壤,说到真确处,古今中外归一致,不必为左右袒也。"[27]沈家本在"博稽中外"的同时,不忘将西方法律制度、思想、文化与中国固有之政教传统进行融汇,以期使西欧诸国的异质文明在古老的中华大地生根。同时,经此"采撷精华"[28]而产生的适应"法治时代"的健全的中国法学,[29]更是走向未来法治澄清、政治修明的现代中国之始基。

由此,中国法律的发展走上了一条独特的会通中西的近代转型之路:以本国的社会情状为前提,以返本开新、借鉴融汇的修律思维为统领,"因民以为治",[30]不因循泥古,不削足适履,而将域内、域外、同质、异质的各种资源冶于一炉,为我所用,创造中国化的现代法律制度、思想、文化。

三、《传统与转型》对近代法制改革思想的因袭与超越

一言以蔽之,晚清法制改革思想的源流乃是由"中体西用"("师夷长技以制夷")到"西体西用",再由"中西合一"而"参考古今,博稽中外"延展的。迨民国时期,在会通中西的法制转型轨辙继续引领下,"中国近代的法律得以跻身于世界法律之林"。[31] 张先生在《传统与转型》(第4版)"第二部分"之第四节("民国初建时期法律近代化的继续推进")围绕孙中山、章太炎、伍廷芳等人物梳理了以民主、共和、法治、人权为核心的继续推进法制近代化的思想基础。然或囿于篇幅(免于"意缔牢结"之牵缠),张先生并未着墨北洋政府后期、南京国民政府时期的法制改革思想。

19世纪以降,"世界开化,人智益蒸,物质发舒,百年锐于千载,经济问

---

〔26〕 沈家本:《寄簃文存卷六·王穆伯佑新注无冤录序》,载沈家本:《历代刑法考:附寄移文存》(第四册),中华书局1985年版,第2217页。

〔27〕 沈家本:《寄簃文存卷六·王穆伯佑新注无冤录序》,载沈家本:《历代刑法考:附寄移文存》(第四册),中华书局1985年版,第2217页。

〔28〕 沈家本:《寄簃文存卷六·政法类典序》,载沈家本:《历代刑法考:附寄移文存》(第四册),中华书局1985年版,第2242页。

〔29〕 参见沈家本:《寄簃文存卷六·读例存疑序》,载沈家本:《历代刑法考:附寄移文存》(第四册),中华书局1985年版,第2223页。

〔30〕 沈家本:《历代刑法考:附寄移文存》(第四册),中华书局1985年版,第2236页。

〔31〕 张晋藩:《中国法律的传统与近代转型》(第4版),法律出版社2019年版,第498页。

题继政治问题之后,则民生主义跃跃然动"。[32] 在广大劳工争取经济平等的过程中,20世纪初的西方法律出现了"社会化"的趋势:追求社会利益,为个人自由设定边界。这与中国固有礼教传统在形式上发生偶合,以至当时有学者感慨道:"俗言说得好,无巧不成事,刚好泰西最新法律思想和立法趋势,和中国原有的民族心理适相吻合,简直是天衣无缝!"[33] 但是,西洋"社会本位"法律之鹄的"虽转向增进社会大众的生活,但其着手处,仍在保护个人权利"。[34] 而中国法律传统又恰恰缺少"独立人格"的元素,[35] "中西观念由于其出发点之不同,在其交错点上虽形吻合,但一引申,就南辕北辙了"。[36] 嗣国府肇兴,紧跟世界最新法学思潮的"三民主义立法"与"前现代"中国社会的种种脱节的解决之道,在透过"训政"促使"权利观念或个人观念抬些头"。[37] 然实效如何,另当别论。同时,在更宏观的文化层面,在如何对待中西文化的关系问题上,梁任公《欧游心影录》之"诚意""真相""新文化系统""往外扩充"的四步骤[38]发轫于前;梁漱溟《东西文化及其哲学》之"全盘承受,而根本改过",再批评地"重新拿出来"的结论[39]接踵于后;嗣经1920~1930年代初期与"全盘西化派""复古派"之争鸣,[40]《中国本位的文化建设宣言》应运而生,其所主张的"不守旧;不盲从;根据中国本位,采取批评态度,应用科学方法来检讨过去,把握现在,创造未来"[41]逐渐

---

〔32〕 孙中山:《〈民报〉发刊词》,载广东省社会科学院历史研究室、中国社会科学院近代史研究所中华民国史研究室、中山大学历史系孙中山研究室编:《孙中山全集》(第1卷),中华书局2011年版,第288页。

〔33〕 吴经熊:《法律哲学研究》,清华大学出版社2005年版,第173页。

〔34〕 王伯琦:《近代法律思潮与中国固有文化》,清华大学出版社2005年版,第65页。

〔35〕 参见王伯琦:《近代法律思潮与中国固有文化》,清华大学出版社2005年版,第7页。

〔36〕 王伯琦:《近代法律思潮与中国固有文化》,清华大学出版社2005年版,第53页。

〔37〕 王伯琦:《近代法律思潮与中国固有文化》,清华大学出版社2005年版,第76页。

〔38〕 参见梁启超:《欧游心影录》,商务印书馆2014年版,第51页。

〔39〕 参见梁漱溟:《东西文化及其哲学》,上海人民出版社2015年版,第202页。

〔40〕 百年间,"全盘西化"论比"复古"论更受中国知识界欢迎。此一思潮在20世纪20年代和20世纪80年代达到顶峰,而20世纪50年代全面师法苏俄亦可视为其变体与实践。彼宗认为,西方文化具有进步性与世界性,因此,"落后""蒙昧"的中国需"全盘"接受。纵然,文化是"人类适应环境的出产品",但其一经创造,便与思想、观念一样,具有相对稳定性,不会因客观环境的变迁而丕变。是故身处本土文化中的群体因其固有的文化烙印,在接受世界进步潮流的过程中不会罔顾文化移植的适应性。由此,"现代化"思潮在具体国家的风靡不可能与固有文化传统"全盘"割裂,而往往会呈现出一定程度的本土色彩。学界有关"全盘西化"论的经典论述,参见陈序经:《中国文化的出路》,岳麓书社2010年版。

〔41〕《中国本位的文化建设宣言》,载《文化建设》1935年第1期第4卷。

成为文化建设的主流认知,其持论之精彩,足可鉴往知来。

"我们要拿事实做材料,才能够定出方法。"[42]法律制度、条文是一个时代法律思想、文化的表征,故法律现代化的背后不啻法观念的转型。我们既有的法观念乃脱胎于几千年来深受以儒家思想为底色的传统文化浸染,迭经百余年"欧风美雨"之熏染,继而经受马克思主义洗礼的社会。[43] 如果说,近代会通中西的法制改革思想是所谓"半殖民地半封建社会"的产物,那么,张先生关于"中国法律近代转型的历史价值及经验借鉴"的立论[44]则是在社会主义社会的历史条件下对"传统与创新、历史与现实、中国与世界"问题的思考。这些卓见对近代法制改革思想既有因袭,也有超越:就前者而言,张先生着眼于中国法律传统与近代法制的接榫问题,认为中国法律的近代转型必须处理好"法律移植"与"法律本土化"之间的关系,要想使法律移植完全发挥作用,"最为关键的就是如何将引进的法律制度、原则与本国现有的制度和原则相融合,以共同发挥整体效应"。而具有先进性的法律在移植过程中表现出的与本国国情、民情的适应性,即法律的本土化。它更主要的作用是将引进的法律"改造成适合中国现实社会需要的形式,以获得最大限度地社会调整效能,并在此基础上生长出新的制度和原则……尽可能地将传统法律中的民主性因素[45]纳入新建立的法律体系之中,为先进性的法律制度提供深厚的社会土壤和文化支持"。至于后者,张先生乃基于中国立

[42] 孙中山:《三民主义》,载广东省社会科学院历史研究室、中国社会科学院近代史研究所中华民国史研究室、中山大学历史系孙中山研究室编:《孙中山全集》(第9卷),中华书局2011年版,第381页。

[43] 改革开放后,虽然中华文化和西方文化有复兴和繁荣的态势,但国家的主流意识形态并未改变。

[44] 参见张晋藩:《中国法律的传统与近代转型》(第4版),法律出版社2019年版,"前言"、第497~509页。

[45] 张先生认为,"人本主义的法律倾斜、法致中平的价值取向、天人合一的和谐诉求、德礼为本的道德支撑、援法断罪的司法责任、法为治具的政治方略"等皆是中国法律传统的"民主性因素"。

场,旨在引入“西法”迈出“西法”。他并不认同所谓“冲击—回应”模式,[46]而是主张由于晚清政治体制的激变、商品经济的发展,“在鸦片战争前,要求法律改革的呼声已经嚣然兴起,即使没有鸦片战争,中国法律也会缓慢的进步,鸦片战争只是给它制造触媒和特殊的动因”。中国法制现代化虽然是“外源”的,但总的趋势是外源性趋于减弱,内源性逐步显现。在近代“西学东渐”“救亡图存”的时空背景中,对“中法”和“西法”的理性对待、分析多所欠缺,“以致中国法律虽然走向了近代化,却丧失了中华法系的自主性与创新性”,而只有超脱中国法律近代转型进程中的西方化的樊篱,才能实现更加宏伟的、深刻的法制近代化的建设目标。[47]

四、结论

一段时期以来,理论界、实务界形成了只注重分配与积累,而忽略发掘、利用与创造的惯性认知。“中国法律的近代转型需要处理好法律移植与法律本土化之间的关系”作为《传统与转型》(第4版)结尾明示的“历史借鉴”之一,在一定程度上导正了此种褊狭的人群心理。“开放的社会环境”“政治体制的改革”“注意新理论的先导”“发挥掌握新思想的人的作用”作为其他四点值得借鉴的规律,亦是张先生自1993年夏北京“雁栖湖会议”迄今系

---

〔46〕“冲击—回应”模式流行于20世纪50、60年代的西方学界,费正清集此种观点之大成。彼宗认为,“中国传统的意识形态和政治体制使中国社会长期保持高度稳定,而西方的挑战对中国是一种刺激,为中国提供了一种进步的机遇”。参见[美]费正清、邓嗣禹:《冲击与回应》,陈少卿译,民主与建设出版社2019年版。但结合张先生的学思际遇,其对所谓“西方的影响”(“西方中心主义”)的拒斥或源于官方的相关权威政治论述,而非受西方学界20世纪70年代以降对费正清理论反思的影响。譬如,毛泽东在《唯心史观的破产》一文中反驳了“西方的新观念输入了中国,引起了革命”的观点,认为“西方的影响”是“西方资产阶级按照自己的面貌用恐怖的方法去改造世界”。其主张“到辛亥为止的近代中国史”“不是什么西方思想的输入引起了‘骚动和不安’,而是帝国主义的侵略引起了反抗”。参见《毛泽东选集》第4卷,人民出版社1960年版,第1516~1517页。

〔47〕这个目标就是“力求在复兴中华民族的伟大事业中创造出反映新时代特色的中华法系”。张先生致力中华法系问题的研究已三十余年,成就斐然。惟近年来主张中华法系并未消亡,其自清末修律获得新生,现在正是重塑之时。申言之,中华法系的重构绝不意味着复古——简单地传承古代的某些法律思想、制度与条文,而是立足于中华文化的优秀传统,创造出适应时代需求,体现民族精神的理性的法律文化。重构中华法系的进路,在于提炼出超越时空的法律思维、理论,立法、司法的原则以及制度、经验与教训,科学地总结中华法系发生、发展的规律性,并且找到它与当代法治的契合点,使其有机融入现实的法制建设。参见张晋藩:《重构新的中华法系》,载《中国法律评论》2019年第5期。

统研究中国法律近代化问题的经验之谈。[48] 二十余年来,作者对此问题的思考"一直没有中断",[49] 相应地,此书经三次修订,增补损益,已然成为20世纪90年代以降中国法律史学界努力尝试沟通中华法系的传统与现代、传承与转型的一个不容忽视的坐标。

梁启超说:"我们既敬重那人,要学那人,第一件便须学他用思想的方法。他必是将自己的思想脱掉了古代思想和旧时思想的束缚,独立自由研究,才能立出一家学说,不然,这学说可不算他的了。"[50] 孜孜以求,树立中华法系的标杆;爬梳宪典,提炼中华民族的智慧。将传统与现代融汇而发扬光大,是张晋藩先生矢志不渝的学术追求。后辈学子歆慕踵武,将在《中国法律的传统与近代转型》(第4版)的研究方法、写作手法、思想观点的启发下,将这个一百多年来历久弥新的宏大课题精细化地深耕下去,薪火相传,笃定前行。

(张昊鹏　初审)

(张婉秋　校对)

---

〔48〕 参见张晋藩:《但开风气不为先:我的学术自述》,中国民主法制出版社2015年版,第307页。

〔49〕 张晋藩:《但开风气不为先:我的学术自述》,中国民主法制出版社2015年版,第310页。

〔50〕 梁启超:《欧游心影录》,商务印书馆2014年版,第37页。